本书出版得到国家“双一流”建设学科和辽宁省一流学科辽宁大学应用经济学资助

国民经济评论

REVIEW OF NATIONAL ECONOMY

总第三辑（2018年第1期）

中国财经出版传媒集团
经济科学出版社
Economic Science Press

图书在版编目（CIP）数据

国民经济评论. 总第三辑，2018 年. 第 1 期/刘瑞，林木西，赵丽芬主编. —北京：经济科学出版社，2018. 8
ISBN 978 - 7 - 5141 - 9719 - 8

Ⅰ. ①国… Ⅱ. ①刘…②林…③赵… Ⅲ. ①中国经济 - 国民经济发展 - 文集 Ⅳ. ①F124 - 53

中国版本图书馆 CIP 数据核字（2018）第 207048 号

责任编辑：于海汛　李迎悦
责任校对：杨　海
版式设计：齐　杰
责任印制：李　鹏

国民经济评论
总第三辑（2018 年第 1 期）
经济科学出版社出版、发行　新华书店经销
社址：北京市海淀区阜成路甲 28 号　邮编：100142
总编部电话：010 - 88191217　发行部电话：010 - 88191522
网址：www. esp. com. cn
电子邮件：esp@ esp. com. cn
天猫网店：经济科学出版社旗舰店
网址：http：//jjkxcbs. tmall. com
北京密兴印刷有限公司印装
787 × 1092　16 开　14 印张　270000 字
2018 年 9 月第 1 版　2018 年 9 月第 1 次印刷
ISBN 978 - 7 - 5141 - 9719 - 8　定价：42. 00 元
（图书出现印装问题，本社负责调换。电话：010 - 88191510）

序　言

《国民经济评论》是由中国人民大学经济学院、辽宁大学经济学院和中央财经大学经济学院共同创办的全国首份国民经济学的专业刊物，该刊同时也被定为中国宏观经济管理教育学会的会刊。《国民经济评论》承载着国民经济学人的梦想，寄托着伟大时代对国民经济学科建设的呼唤！它的诞生，必将在国民经济学科建设道路上竖起又一个新的里程碑！

学科建设需要有学科专属的理论阵地。中国特色社会主义伟大变革和成就已经为中国经济理论创新提供了非常丰富的素材。伟大实践呼唤伟大理论。以研究国民经济运行和管理规律为己任的国民经济学人，身临其境，理应积极总结和回应这场伟大经济变革的深刻内涵。事实上，目前全国从事国民经济学教学科研的机构和教师已经成百上千了，专业性论文也层出不穷。可是一直以来，我们没有一个专业性刊物，国民经济学科论文散布在国内各种其他类型的期刊上。由于学术成果得不到集中展示，专业学术队伍也得不到凝聚。这十分不利于形成一个中国特色的国民经济学科共同体。办一本高水平的专业期刊以加速促成国民经济学术共同体的形成，这就是我们办刊的目的。

学科理论刊物是专业精神与开放态度的结合。《国民经济评论》立足于采用国民经济学科的立场与观点、原理与方法来研究解决经济问题，这当然意味着它不是其他经济学专业杂志的重复。学科专业杂志是术有专攻、以文会友的平台，因而本刊欢迎全国同行尤其是青年学子在本刊发表国民经济学专业论文，尽力从学科的独有视野分析国民经济系统如何运行，研究国民经济系统如何管理，并就如何完善国民经济学科体系提出意见。当然，国民经济学离不开经济学科大家庭的营养和滋润，何况当代的学科发展存在着融合趋势，因此本刊也欢迎采用其他学科的原理与方法进行分析并发表对国民经济运行和管理的看法，鼓励以问题为导向打破学科概念藩篱研究国民经济综合性问题。说到底，研究经济综合性问题都是国民经济学研究的真命题。

学科理论刊物是现实问题的理论抽象高地。理论总是来自实践的，任何理论假设都需要有一个现实中的典型样本或案例做支撑。因此《国民经济评论》强调问题导向和实践精神，欢迎实证性的研究论文和严谨的一线调研报告。当代数学工具大量应用在经济分析之中，提升了经济学的科学性和严谨性。但是数学逻辑必须首先经得起经济逻辑和历史逻辑的检验，它们之间的关系不能颠倒。因此本刊倡导思想性与技术性相结合的论文，力图对当今时代的国内外经济问题做出实事求是的分析。

《国民经济评论》的创办宗旨是打造一个具有“国民经济学”自身学科气质的学术阵地，凝聚学术氛围、展示学术成果、推动学科发展及人才队伍建设。我们热诚欢迎海内外作者的投稿，也希望作者能够在国民经济学的学科范围内进行选题，兼顾重大现实问题与长期理论价值。本刊设立了国民经济战略与规划、国民经济核算、国民经济运行、宏观调控、微观规制、国民经济基本理论、国民经济学研究方法、人物专访、会议综述、国民经济热点前沿等专题栏目。

办好一份学术理论刊物不是一件容易的事情。尤其在当下流行以期刊价值导向而非论文价值导向的学术评价体系下，《国民经济评论》横空出世，必定要经历一段学术影响寂寞期。但是我们有信心和决心，坚持办刊初心，出专业学术精品，持之以恒，争取早日将《国民经济评论》办成国内一流专业学术杂志，愿意与每位论文作者一起，实现这个梦想！

目　录

微观运行与规制

〔国民经济前沿热点〕

中国经济增长与发展趋势：一个文献综述

林丽萍　丁守海　杨璐嘉*

摘　要：近年来，中国经济步入新常态，从高速增长转向中高速增长，结构转换也加速推进。在这一背景下，国内学术界就新形势下经济运行问题进行了深入探讨，并重点突出了供给侧改革、五大发展理念等新元素，同时，在宏观政策导向方面也出现了一些新的主张。本文试图从经济下滑原因探析、供给侧改革与增长动能转换、基于五大理念的新发展模式、调控政策的基本方向等四个方面对这些最新成果进行梳理，希望能对当下中国宏观经济的稳健运行提供些许借鉴。

关键词：经济增长　动能转换　供给侧改革　发展理念

一、经济下探趋势的基本原因

近年来中国经济不断下滑，尽管2017年出现了较强的反弹，但一般认为，未来仍处于下降通道，仍有探底的可能。究其原因，主要有以下几方面的因素。

（一）供给面的冲击

诸多研究表明，供给冲击是导致2012年以来中国经济增速放缓的决定性因素。郑挺国等（2016）基于DSGE模型的分析框架，利用反事实方法比较分析了1992~2015年中国3次经济下行区间冲击来源的异同。结果显示，前两轮经济下行区间的主要冲击来源为负向偏好冲击，而自2011年第二季度开始的经济下行区间的主要冲击为负向全要素生产率冲击，其主要源于

* 林丽萍（1991~　），福建闽侯人，中国人民大学农业与农村发展学院技术经济及管理专业硕士研究生，研究方向：经济管理。丁守海（1972~　），安徽全椒人，中国人民大学经济学院教授、博士生导师，研究方向：国民经济管理，电子邮箱：dingshouhai@163.com。杨璐嘉（1993~　），吉林省吉林市人，中国人民大学经济学院硕士研究生，研究方向：国民经济管理。

“人口红利”渐逝、人力资本增速趋缓以及投资结构失衡等因素。类似地，林建浩等（2016）研究发现，新常态下的增速换挡是潜在增长率下降和外部负向需求冲击长期化的叠加。一方面，与制度、技术和结构等因素紧密相关的供给冲击所主导的经济潜在增长率进入下行通道；另一方面，需求冲击主导的经济增长周期持续为负，表明负向需求冲击是新常态下增速换挡的助推因素。总体来说，2012 年以来的中国经济增速下滑以供给面因素的影响为主。

（二）人口老龄化的影响

从供给角度看，根据新古典经济增长模型，经济增长的动力主要来自资本和劳动等要素投入以及技术进步或全要素生产率的提高。在过去几年，我国人口出生率明显下降，老龄化问题严重，人口红利逐渐消失。

有研究显示，人口老龄化在当今中国已经对经济增长产生了一定的负面影响。老龄化会降低家庭储蓄率和教育投资率，而成年子代向老年父代的代际转移比例越高，家庭储蓄率、教育投资率以及经济增长率就越低，当前的生育政策调整虽然能够在一定程度上减缓但无法根本扭转人口老龄化对经济增长的不利冲击（汪伟，2016）。孟令国等（2016）同样认为，如果“全面二孩”政策导致的人口数量增长水平有限，很可能难以改变我国老龄化以及劳动力供给下降的问题。进一步地，谭海鸣等（2016）将人口迁移因素纳入分析范畴。他们预测，受到人口老龄化的影响，中国经济增速在 2021 ~ 2025 年可能会出现台阶式下行，并触发房价下跌和“逆城镇化”现象。

郭凯明等（2016）还从生育率下降改变整体社会企业家精神的角度分析了人口因素对中国经济增长的影响。他们认为，以生育率下降为特征的中国人口转变不利于形成创新和创业的企业家精神，这会扩大企业家和工人间的收入差距。而当收入差距较大时，将会对经济增长产生抑制作用。

十八届三中全会以来，党中央决定开始研究制定渐进式延迟退休政策，以应对人口老龄化问题。延迟退休政策一旦开始实施，将会从两个途径影响内生人口出生率。一方面，延迟退休使得老年时期收入增加，进而减少年轻时的储蓄，年轻时就可以投入更多的时间抚育子女，这使得出生率上升；另一方面，延迟退休使得资本存量减少，为实现年轻时期的消费，个体必须提供更多的劳动，这使得人口出生率下降。严成樑（2016）研究发现，延迟退休对人口出生率的正向影响大于负向影响，而其进一步对经济增长的影响依赖于经济增长模式。在新古典经济增长模式下，延迟退休通过提高人口出生率使得经济增长率上升；而在内生经济增长模式下，延迟退休通过人口出生率渠道对经济增长的正向影响不足以弥补其通过资本积累渠道对经济增长的负向影响。

（三）全要素生产率的下降

增加劳动参与率和全要素生产率都能提高中国的潜在增长率。不过，提高劳动参与率只能获得短期的增长效应，在长期将出现递减现象；而提高全要素生产率产生的增长效应呈现单调递增的趋势。未来中国的经济增长将越来越依赖全要素生产率的提高，而不是传统的要素投入（陆旸、蔡昉，2016）。然而，近年来中国全要素生产率增速却不断下滑。有学者测算发现，2008 年以来，我国技术引进速度和自主创新速度开始在波动中双双下降，且自主创新增长速度不足以填补技术引进速度的降低，进而导致我国技术进步速度放缓，TPF 增长率由 2007 年的 11.6735% 大幅下降到 2009 年的 6.0614% 和 2011 年的 3.8361%（方福前、马学俊，2016）。具体来看，在过去几年间，国企改革、扩大民营企业市场进入程度等市场化改革进度过慢，以及政府主导的大规模投资导致过剩产能不断扩大是导致全要素生产率增速加速下滑的重要因素（赖平耀，2016）。另外，徐晔等（2016）还分析了金融资源配置效率对中国全要素生产率的影响。他们以一个改进的三部门内生增长模型为基础，构建了金融资源扭曲度与全要素生产率关系的非线性动态面板回归模型，研究发现，我国金融资源错置通过直接效应引致全要素生产率减损 0.8021%，并分别通过对人力资本市场、外商直接投资市场和对外贸易市场产生抑制作用，间接带来全要素生产率的减损。

（四）投资特别是固定资产投资的饱和

目前，投资依然是保证中国经济稳定增长的最有效手段。2016 年，中国全年全社会固定资产投资 606466 亿元，占 GDP 总量的 81.5%①。不过，民间投资增幅严重下滑问题愈发严重，2016 年，中国全年民间固定资产投资额为 365219 亿元，增速仅为 3.2%。具体来看，首先，盈利预期是影响民间投资的重要因素，在市场上弥漫着悲观的盈利预期时，民营企业既没有意愿去投资，也没有好的项目用来投资，这导致民间投资萎靡不振（张树成，2016）；其次，近些年来非金融企业通过金融渠道获利占比日益上升，这种经济金融化行为显著影响了企业的决策，进而导致企业的实体投资率降低（张成思、张步昙，2016）。

在民间投资增速下滑的同时，为了完成保增长的任务，政府投资一直保持在高位。例如，2016 年全社会基础设施投资总额 118878 亿元，增速高达 17.4%。但值得注意的是，增加政府投资的同时也带来了潜在的债务风险。按照债务率高低，可将经济运行分为债务正常状态和债务非正常状态。在债务正常状态下，经济运行对债务具有反馈作用，即在一定条件下，债务随经

① 中华人民共和国 2016 年国民经济和社会发展统计公报［J］. 下同。

济增长而不断积累，从而会使经济体从债务正常状态转向非正常状态。当经济进入非正常状态时，高负债开始反过来对经济运行产生负反馈作用，进而导致经济危机（龚刚、徐文舸、杨光，2016）。因此，我国在通过政府投资保证经济稳定增长的同时，一定要注意高债务率可能导致的经济危机。

消费在经济增长中扮演的角色也越来越重要。2016 年，最终消费对中国经济增长的贡献率为 64.6%，比上年提高 4.9 个百分点，这有助于缓解经济过度依赖投资的局面。如果我们探寻日本经济上世纪从高速增长期到中速增长期、再到经济低迷期两次增速换挡过程中的需求动力变化趋势，并与现在的中国进行对比，可以预期消费作为经济增长的稳定性力量，将逐渐成为中国经济的首要贡献因素；投资仍然是中高速增长的重要贡献因素，但基础设施业对投资的重要性将下降；而出口对中国经济的重要性将有所回调，但仍具有较大成长空间（魏杰、白成太，2016）。

二、通过供给侧改革注入经济增长新动能

改革一直是过去三十多年来中国经济高速发展的重要动力来源。一般来说，改革通过要素投入和全要素生产率两种渠道，通过效率改善、技术提升和要素投入增加等三种效应促进经济增长。有研究表明，改革开放以来，呈现出改革对经济增长的贡献大于技术进步、改革所带来的效率提升效应大于要素增加效应、改革对资本积累的影响大于劳动投入的影响等经验事实和典型特征（郭春丽、曾铮、王蕴，2016）。吕朝凤等（2016）从市场潜力的角度分析市场化改革对经济增长的影响机制，他们利用 1999 ~ 2009 年间中国各省份的 38 个工业行业数据检验发现，市场化改革可以通过扩大市场潜力对经济增长率产生正向影响，市场化程度越高的省份市场潜力越大，对经济增长的带动作用也更明显。

然而，随着时间的推移，原有改革政策带来的红利正在逐步弱化，一些新的问题也开始显现。一方面，我国的下游行业基本实现了市场化改革，民营企业可以自由进出，市场在资源配置中的作用越来越大。但在煤炭等上游行业，仍然存在着明显的国有企业垄断现象。在一定程度上，国有企业垄断上游行业阻碍了整体的技术进步，恶化了资源配置效率，使得低效率的国有企业进入市场，并挤出了高效率的非国有企业（王永进、刘灿雷，2016）。另一方面，在经济新常态的背景下，经济增长速度的回落是由许多结构性原因造成的，此时需求管理政策短期内虽然可能会起到较好的刺激作用，但仍然无法挽救经济的下行趋势，甚至可能由于刺激政策使结构性问题暂时掩盖，导致未来爆发更严重的经济危机，这就要求加深供给端的改革力度（刘志国、李丹，2016）。

为了解决上述问题，在 2015 年 11 月的中央财经领导小组第十二次会议

上，习近平提出：在适度扩大总需求的同时，着力加强供给侧结构性改革，着力提高供给体系质量和效率，增强经济持续增长动力，推动我国社会生产力水平实现整体跃升。随着“供给侧改革”的概念正式提出，其主要任务可以概括为“三去一降一补”，即去产能、去库存、去杠杆、降成本、补短板。洪银兴（2016）对供给侧改革的目标进行了详细的阐述。首先，要寻求供给侧的经济发展动力，这既包括物质资源和低成本劳动力的供给能力，也涵盖了创新驱动、结构调整等方面；其次，要建立有效供给的长效机制，有效供给不足实际上是结构性短缺，现有供给在质量和数量上都不能满足消费者的需求。与此同时，低端和无效产能又占用资源，造成库存和积压，这就要求通过供给侧改革推动产业优化升级、提高产品的技术档次；最后，要注意充分释放企业活力，包括减轻企业负担，减少对企业的行政干预，建立激励性体制，克服影响供给质量和效率的道德风险之类的机会主义行为。

提高全要素生产率是供给侧改革的核心。正如前文所述，我国近些年来全要素生产率增速逐年下滑，是导致经济增速放缓的重要原因之一。一般来说，提升全要素生产率的途径包括技术进步（技术变化）、技术效率提升以及产业结构转换。所以，政府制定政策时应该从加快科技创新步伐、助力企业提质增效、引导产业结构转换三方面着手，以提高全要素生产率（李平，2016）。

为此，国家制定“普惠互联网”、“互联网＋”等战略。郭家堂等（2016）基于 2002～2014 年中国省级面板数据进行实证分析发现，互联网对中国的技术进步具有促进作用，而对中国的技术效率提升具有抑制作用。综合来看，互联网的普及对属于技术进步推动型的中国全要素生产率有着显著的促进作用。

提升全要素生产率的另一种有效措施是增加人力资本投资。曹翔等（2016）测算了 2000～2012 年中国四大区域供给侧要素投入的阻尼效应及其变化趋势，结果显示，劳均人力资本对中国四大区域供给侧要素投入的“增长红利”起着决定性作用，并且已经出现了增速放缓的趋势。这说明，在供给侧改革过程中要关注劳均人力资本的积累速度，避免出现人力资本投资增速下滑而抑制生产率提升的现象发生。

供给侧改革另一重要方针是减轻企业税负，而增值税改革正是财政减税的重要手段之一。自 1994 年分税制改革引入增值税以来，为了实现减税的目的，中国的增值税改革先后经历了两个阶段：首先，在 2004 年，中国开始从生产型增值税逐步转向消费型增值税，并于 2009 年 1 月 1 日将改革范围推广至全国；其次，2012 年开始，在上海地区针对部分行业进行营业税改征增值税改革，并进一步在 2016 年 5 月 1 日起在全国范围内全面推开“营改增”。为了研究增值税改革的效果，申广军等（2016）利用财政部和税务总局“全国税收调查”微观数据，实证检验了 2009 年生产型增值税转为消费型增值税这一政策的经济效应。结果显示，减免增值税有利于促进企业增加固定资产投资，不仅可以提升短期总需求，还可以在长期内改善供给效率。不过，针对 2016 年开始的全面推行“营改增”将如何影响企业的生产经营和宏观经济运行，仍需要进一步的讨论。

推进供给侧改革，还要通过提升制度质量来释放市场活力。一国短期经济增长的动力主要来自要素的重新配置，而长期经济增长一大动力来源便是制度质量。在制度质量没有显著提高的经济体中，要素在不同效率部门之间的转移完成的时候就是经济出现新常态的时候。在目前的中国，制度质量对经济增长的作用在不断地加强，是中国跨越“中等收入陷阱”的关键因素（韩其恒、李俊青、刘鹏飞，2016）。

最后，从 2016 年中国经济实际运行情况来看，供给侧结构性改革的着力点还没有完全找到。例如，2016 年煤炭价格一路走高，钢铁价格也多次出现剧烈波动，给相关行业去产能造成了负面影响；大量高负债国有企业开始大规模进军土地市场、海外并购市场和金融投资市场，为整治“僵尸企业”带来了难度；中国人民大学宏观经济分析与预测课题组（2016）发现，“去杠杆”各类举措开始布局，但宏观债务率加速上扬；“降成本”如火如荼地展开，但各类宏观税负指标却在持续上扬。这些扭曲现象也说明了在 2017 年继续实施供给侧结构性改革的急迫性。

三、新发展模式是未来经济增长与发展的基本指针

在 2015 年 10 月的十八届五中全会上，党中央提出了“创新、协调、绿色、开放、共享”的五大发展理念，为未来经济发展提供了基本方向。五大发展理念集发展方向、发展方式、发展条件、发展维度、发展路径、发展目标为一体，高度概括和综合了社会主义基本经济规律多维度加深扩展的内涵，丰富了马克思主义的科学发展观，将对我国经济的持续健康发展起到重大指导作用（吴宣恭，2016）。

（一）通过创新来提质

近年来，我国人口红利消失、资本边际报酬下降和对外开放带来的技术赶超空间收窄，导致我国潜在产出增速持续下滑。中国人民大学宏观经济分析与预测课题组（2016）指出，这就要求我国将以技术模仿为动力的赶超型模式转变为促进前沿创新的经济治理模式。

我国目前对技术创新的政策支持仍有待调整，这可以从无形资产投资水平上体现。无形资产是决定创新的关键因素，其影响着中国经济增长、结构转型升级和全球价值链攀升。总体来说，我国无形资产对经济增长贡献率约为 30%。从数量来看，2012 年中国无形资产投资规模已达 46600 亿元，2001 ~

2012 年年均现价和不变价增长率分别为 25.28% 和 21.81%，快于全社会固定资产投资增速，但投入强度仍低于世界发达国家水平；从结构上看，我国无形资产投资结构呈现出高计算机化信息资产和创新资产比重、低经济竞争力资产比重的“两高一低”特点，反映出了我国对经济竞争力无形资产的支持政策不足（田侃、倪红福、李罗伟，2016）。

专利保护政策对无形资产投资及创新发展起着重要作用。正常情况下，专利资助政策可有效保护产权，起到激励创新和技术进步的作用。但在中国，各省份为激励创新所制定的政府专利资助政策导致了专利授权数量的快速增加。同时，考虑到中国当前制度不完善和监管机制的缺位，专利资助政策激励了大量低质量专利以及缺乏产业运用价值专利的产生，导致了专利“泡沫”现象的发生，使得专利对中国经济增长速度以及质量的促进作用呈现弱化甚至扭曲效应（张杰、高德步、夏胤磊，2016）。

（二）通过协调发展来解决结构性矛盾

首先，农村劳动力向城镇流动一直是中国经济增长的动力之一。伍山林（2016）研究发现，农业劳动力流动对中国 1985～2011 年经济增长的贡献具有递减趋势，与经济增长具有相似波动特征，其关键原因是非农劳动部门的制度异质性被固化和农村劳动力教育增速放缓。为了提升农业劳动力流动对经济增长的促进作用，应该推进城乡一体化，建立统一的劳动力市场。

其次，工农业发展关系的协调对现阶段中国经济转型升级尤为重要。一方面，工业部门不仅对农业增长具有乘数效应，还因为其生产率优势、溢出效应，具有明显的资源配置优势，资源配置工业化能够提高全社会边际投入产出；另一方面，农业发展滞后也会限制工业资源配置优势的扩大。因此，工农业之间的协调发展是实现全社会经济可持续增长的必要条件（徐飞、李强谊，2016）。

最后，值得注意的是，随着服务业的比重逐步上升，其必然取代工业成为未来国民经济的支柱。在这一转型进程中，一定要注重服务业与工业的协调推进，工业份额的减少应以工业效率提高为前提，而服务业比重增加同样不能抑制整体经济效率的改进。如果对工业化时期的资源配置方式不做任何调整，而只是一味强调服务业规模的扩大，中国经济很有可能陷入类似于拉美的长期调整和经济震荡（袁富华、张平、刘霞辉、楠玉，2016）。

（三）通过绿色发展提高环境承载力

中国在保持 30 余年经济高速增长的同时，环境污染问题也愈发严重。为了实现绿色发展，中国的环境规制政策力度不断加强。黄清煌等（2016）利用 2001～2013 年中国 30 个省的面板数据，运用联立方程组模型进行实证研究证明，环境规制会影响不同地区的经济增长数量和质量。具体来说，环境规制会抑制各地区经济增长数量，但其对经济质量的影响存在地区性差异，东部地区环境规制倒逼经济增长质量提升，而中西部环境规制却导致经济增长质量下滑。类似地，陈菁泉等（2016）利用 2001～2012 年各省份工业行业面板数据，实证检验了环境规制与全要素生产率的关系，结果显示，随着环境规制强度不断增强，全要素生产率先下降后上升，且东部地区要早于中西部地区达到拐点。在达到拐点以后，东部地区的全要素生产率对环境规制变动的反映要强于中西部地区。

除了宏观的讨论环境规制对经济发展的影响。也有学者开始分析某项具体环境保护政策的经济效应。汤维祺等（2016）就从供给侧和需求侧两方面分析了碳排放交易市场的建立对高耗能产业转移的作用机制。他们认为，不同的排放权分配方式会对不同生产者产生差异化的激励作用。我国目前按照历史排放强度分配排放权，这种机制弱化了减排政策对中西部能源大省经济产出的影响，实际上并不利于中国经济的平稳增长。而以拍卖的方式分配排放权由于未偏向于高耗能、低效率的行业和生产者，能够有效地推动产业升级和技术进步。

环境税的征收是否会增加企业税收负担，进而加大经济的下行压力？范庆泉等（2016）对此进行了讨论。研究发现，在不征收环境税时，能源过度消耗不能得到有效抑制，环境污染产生了较高的生产效率损失与社会福利损失；而如果征收过于严格的环境税，则有可能导致投资不足，造成产出增长乏力以及社会福利长期处于较低水平；最后，渐进递增的动态环境税政策通过对能源过度使用的矫正，不仅能够促进经济增长与降低污染水平，还实现了社会福利最大化的目标。

（四）开放发展注入新内涵

过去 30 多年，我国坚持对外开放基本国策，实施“引进来、走出去”战略，在经济全球化的进程中受益较多。不过，中国对外开放越来越具有垂直专业化分工的性质，其本质是利用别国的市场用足本国的低端生产要素，且出口导向特征明显。这种分工模式虽然使中国在未掌握核心环节的情况下能够进入高新技术产业，从而改善产业结构和贸易结构，但因为我国以土地和廉价劳动力等为基础的比较优势正逐步消失，传统的开放模式面临着巨大的转型压力（安礼伟，2016）。在经济新常态的新背景下，中国对外开放面临“三期叠加”，即金融危机后世界经济的深度调整修复期、全球经济治理变革与新一轮经贸规则构建期、中国对外经济关系特别是比较优势的转换期。为此，新时期中国对外开放战略需要作出重大调整，要从以往以“出口创汇”为核心目标，调整为“新兴大国的竞争力升级战略”，以加速推进国际竞争力升级、积极参与全球经济治理等为重点，以提升我国在全球价值链中的地位（隆国强，2016）。

（五）通过共享发展缩小收入差距

我国在经历了大规模脱贫和财富总量迅猛增长两个阶段后，现已进入既要提升生产总值和人均收入，又要缩小贫富差距的共享发展阶段。发展中国特色共享经济，关键在于把握好社会主义市场经济所蕴含的公平分配的内在逻辑，完善和落实公平分配的体制和机制（庞庆明，2016）。实现共享发展，一定要建成合理的收入分配格局，因为这不仅关系到社会公平，还会影响经济的发展。居民收入差距通过改变消费需求分布，为工业化中前期新兴产业的崛起和工业化中后期产业结构的转型升级提供了需求支撑（张来明、李建伟，2016）。因此，对于正处于工业化后期的中国来说，缩小收入差距、扩大中等收入群体、实现共享发展，是未来稳定经济增长的必然选择。

四、重构宏观政策体系

过去十年间，面对经济下行的压力，中国宏观经济政策在不断地调整与应对，既包括 2008 年“四万亿”计划的强刺激政策，也有近年来推出的注重结构性调整的微刺激政策。但一方面强刺激政策带来了严重的后遗症，例如政府债务风险的扩张；另一方面近几年微刺激政策效果不断减弱。针对这一问题，国内多位学者就如何重构中国宏观经济政策体系进行了探讨。曹远征等（2016）从经济新常态背景入手，认为我国目前对高 GDP 具有强烈偏好的宏观经济政策框架已经无法适应经济新常态的特征以及大调整、大变革和大开放战略的要求。在重构宏观政策框架时，要将宏观经济及金融的稳定与国际收支平衡设定为显性目标，财政政策应主要指向结构调整期的短期阵痛，货币政策要侧重于宏观经济及金融稳定。陈彦斌等（2016）则进一步指出了中国目前宏观经济政策框架存在的三点明显缺陷，包括宏观调控与微观干预的关系未能厘清，常出现以宏观调控之名行微观干预之实的现象；宏观调控目标过于宽泛，难以使公众形成稳定预期；货币政策处于从属地位，弱化了宏观经济政策的逆周期调节能力等。为此，他们认为未来宏观经济政策应大幅简化宏观调控目标，并构建以货币政策为核心的新政策框架。

在重构宏观经济政策体系时，要尤其注意政策不一致性导致的经济效应。

张玉鹏等（2016）选取我国 1991 年 1 月至 2014 年 7 月的月度宏观经济数据，基于 VAR 模型和反事实分析实证考察了中国政策不确定性的经济效应及其作用机制。研究发现，在经济低迷时期，政策不确定性对产出增长存在显著的正向冲击效应，此时政策不确定性会通过提振消费者信心和刺激企业投资需求对产出增长产生正面影响；而在经济繁荣时期，政策不确定性对产出增长存在显著的负向冲击效应，因为消费者信心和银行信贷渠道对政策不确定性的产出增长效应几乎无影响。因此，在经济繁荣时期，中国政府在采取抑制经济过热的宏观调控政策时，需明确考虑政策不确定性对产出增长率的负向冲击效应；而在经济低迷时期，政府应及时进行政策调整，无须担心政策调整过程是否会产生很高的政策不确定性，但需考虑宏观调控工具选择和具体实施过程对政策不确定性性质的影响，尽量使政策调整过程产生“好的”政策不确定性。

田磊、林建浩（2016）进一步分析了政策不确定性的产出效应和通胀效应。他们利用2001年1月至2013年3月间的宏观经济数据实证分析发现，面对经济政策不确定性冲击，实际产出只呈现出微弱的负向反应，而价格水平则呈现出强度和持续性均显著的负向脉冲响应。他们将这一现象归因于经济运行方式，只有在市场经济运行机制下，政策不确定性带来的“实物期权效应”才能充分发挥作用。未来随着中国深化改革程度的深入，政策不确定性对宏观经济周期的影响会变得日益重要。

从货币政策角度看，我国央行新创设了定向降准、再贷款和常备借贷便利等结构性货币政策工具，以促进产业结构优化升级。彭俞超等（2016）对此研究后发现，再贷款利率、再贷款比例、存款准备金率和准备金存款利率四种结构性货币政策均能够有效促进产业结构升级和经济稳定，且相对于对称结构性货币政策，非对称结构性货币政策更为有效。因此，中国可以在必要时通过使用非对称结构性货币政策促进产业升级转型。

此外，面对急剧上升的经济杠杆率，中央银行试图通过放缓货币增长率的政策达到降杠杆的目的。然而，随着货币增长率放缓，中国经济杠杆率却越来越高。对于这一现象，刘晓光等（2016）认为，降低货币供应量会带来投资和消费增长的下滑，进而带来产出更大幅度下降，最后反而会提高经济杠杆率。货币政策“稳增长”和“降杠杆”并非两难选择，而是具有一致性，简单采取紧缩性货币政策来降杠杆的做法很可能适得其反。

随着经济发展，利率管制政策对中国经济的负面作用越来越大，推进利率市场化已经成为学术界的共识。陈斌开等（2016）从中国经济长期以来呈现出的多重失衡现象入手，认为要实现中国经济的“再平衡”，需要从金融市场改革开始。只有让利率充分反映市场信息，经济主体才能在价格机制的引导下做出最优的生产和消费决策，中国多重失衡才能逐步缓解，经济效率才能稳步提高。

中国近年来逐步提高资本市场开放程度，但同时仍坚持较为严格的资本管制。实际上，资本管制一方面可以防范金融风险，但另一方面却可能带来资源错配，进而损害一国长期经济的增长。游宇等（2016）利用78个国家从1995年到2010年的资本管制数据，检验了资本管制对经济增长的影响。结果显示，对债券进行管制能够促进经济增长，对股票进行资本管制阻碍了经济增长，而对直接投资进行资本管制对经济增长的影响不显著。这说明我国应该尽量简化或解除对股票和直接投资类资本的过度管制，而坚持对债券类资本的管制。

最后，还有学者就利率市场化和开放资本市场的先后顺序进行了研究。黄志刚等（2016）采用动态随机一般均衡框架建立了一个小国开放经济模型，他们通过模拟分析发现，金融自由化改革的不同次序对于宏观经济的稳定具有重要影响，其重要程度取决于一国经济的主要波动根源。如果经济只面临国内扰动，不同改革路径对经济波动性的影响差别不大；如果经济同时还面临明显的国外扰动时，资本账户开放先行的经济波动性会显著高于利率市场化先行。因此，对于中国这样面临多种扰动的开放经济，只有先实现完全灵活的市场利率制度，再推进资本账户开放改革，才能使得宏观经济平稳过渡。

参考文献

[1] 郑挺国，黄佳祥．中国宏观经济下行区间的冲击来源及其差异性分析［J］．世界经济，2016（9）．

[2] 林建浩，王美今．新常态下经济波动的强度与驱动因素识别研究［J］．经济研究，2016（5）．

[3] 汪伟．人口老龄化、生育政策调整与中国经济增长［J］．经济学（季刊），2016（4）．

[4] 孟令国，李丽冰．全面两孩政策对社会经济可持续发展影响的辩证思考［J］．经济学家，2016（11）．

[5] 谭海鸣，姚余栋，郭树强，宁辰．老龄化、人口迁移、金融杠杆与经济长周期［J］．经济研究，2016（2）．

[6] 郭凯明，余靖雯，龚六堂．人口转变、企业家精神与经济增长［J］．经济学季刊，2016（2）．

[7] 严成樑．延迟退休、内生出生率与经济增长［J］．经济研究，2016（11）．

[8] 陆旸，蔡昉．从人口红利到改革红利：基于中国潜在增长率的模拟［J］．世界经济，2016（1）．

[9] 方福前，马学俊．中国经济减速的原因与出路［J］．中国人民大学学报，2016（11）．

[10] 赖平耀．中国经济增长的生产率困境：扩大投资下的增长下滑［J］．世界经济，2016（1）．

[11] 徐晔，宋晓薇．金融资源错置会带来全要素生产率减损吗［J］．产业经济研究，2016（2）．

[12] 刘树成．民间投资增速严重下滑与宏观经济波动［J］．中国工业经济，2016（11）．

[13] 张成思，张步昙．中国实业投资率下降之谜经济金融化视角［J］．经济研究，2016（12）．

[14] 龚刚，徐文舸，杨光．债务视角下的经济危机［J］．经济研究，2016（6）．

[15] 魏杰，白成太．日本增速换挡过程中需求结构变迁对中国的启示［J］．经济理论与经济管理，2016（9）．

[16] 郭春丽，曾铮，王蕴．改革影响经济增长的机理、经验事实和情景预测［J］．经济学家，2016（5）．
[17] 吕朝凤，朱丹丹．市场化改革如何影响长期经济增长？——基于市场潜力视角的分析［J］．管理世界，2016（2）．
[18] 王永进，刘灿雷．国有企业上游垄断阻碍了中国的经济增长？——基于制造业数据的微观考察［J］．管理世界，2016（6）．
[19] 刘志国，李丹．供给侧改革与我国经济的有效增长策略［J］．马克思主义研究，2016（3）．
[20] 洪银兴．准确认识供给侧结构性改革的目标和任务［J］．中国工业经济，2016（6）．
[21] 李平．提升全要素生产率的路径及影响因素——增长核算与前沿面分解视角的梳理分析［J］．管理世界，2016（9）．
[22] 郭家堂，骆品亮．互联网对中国全要素生产率有促进作用吗［J］．管理世界，2016（10）．
[23] 曹翔，傅京燕．供给侧要素投入的“增长红利”与“增长尾效”研究［J］．经济学家，2016（9）．
[24] 申广军，陈斌开，杨汝岱．减税能否提振中国经济？——基于中国增值税改革的实证研究［J］．经济研究，2016（11）．
[25] 韩其恒，李俊青，刘鹏飞．要素重新配置型的中国经济增长［J］．管理世界，2016（1）．
[26] 中国人民大学宏观经济分析与预测课题组．供给侧结构性改革下的中国宏观经济［J］．经济理论与经济管理，2016（8）．
[27] 吴宣恭．五大发展理念是社会主义基本经济规律内涵的深化拓宽和高度概括［J］．马克思主义研究，2016（8）．
[28] 中国人民大学宏观经济分析与预测课题组．全球技术进步放缓下中国经济新动能的构建［J］．经济理论与经济管理，2016（12）．
[29] 田侃，倪红福，李罗伟．中国无形资产测算及其作用分析［J］．中国工业经济，2016（3）．
[30] 张杰，高德步，夏胤磊．专利能否促进中国经济增长——基于中国专利资助政策视角的一个解释［J］．中国工业经济，2016（1）．
[31] 伍山林．农业劳动力流动对中国经济增长的贡献［J］．经济研究，2016（2）．
[32] 徐飞，李强谊．后金融危机时期我国工农业乘数效应研究［J］．经济理论与经济管理，2016（10）．
[33] 袁富华，张平，刘霞辉，楠玉．增长跨越经济结构服务化、知识过程和效率模式重塑［J］．经济研究，2016（10）．
[34] 黄清煌，高明．环境规制对经济增长的数量和质量效应——基于联立方程的检验［J］．经济学家，2016（4）．
[35] 陈菁泉，刘伟，杜重华．环境规制下全要素生产率逆转拐点的空间效应——基于省际工业面板数据的验证［J］．经济理论与经济管理，2016（5）．
[36] 汤维祺，吴力波，钱浩祺．从“污染天堂”到绿色增长——区域间高耗能产业转移的调控机制研究［J］．经济研究，2016（6）．
[37] 范庆泉，周县华，张同斌．动态环境税外部性、污染累积路径与长期经济增长——

兼论环境税的开征时点选择问题．经济研究［J］，2016（8）.
［38］安礼伟．战略性资产缺失、结构性矛盾与开放型经济发展模式转型［J］．经济学家，2016（7）.
［39］隆国强．新兴大国的竞争力升级战略［J］．管理世界，2016（1）.
［40］庞庆明．中国特色共享经济：本质特征与关键路径［J］．马克思主义研究，2016（7）.
［41］张来明，李建伟．收入分配与经济增长的理论关系和实证分析［J］．管理世界，2016（11）.
［42］中国人民大学宏观经济分析与预测课题组．新常态下我国宏观经济政策框架的重构．经济理论与经济管理，2016（4）.
［43］陈彦斌，刘哲希．中国宏观经济政策体系面临的困境与改革方向［J］．中国人民大学学报，2016（9）.
［44］张玉鹏，王茜．政策不确定性的非线性宏观经济效应及其影响机制研究［J］．财贸经济，2016（4）.
［45］田磊，林建浩．经济政策不确定性兼具产出效应和通胀效应吗？——来自中国的经验证据［J］．南开经济研究，2016（4）.
［46］彭俞超，方意．结构性货币政策、产业结构升级与经济稳定［J］．经济研究，2016（7）.
［47］刘晓光，张杰平．中国杠杆率悖论——兼论货币政策“稳增长”和“降杠杆”真的两难吗［J］．财贸经济，2016（8）.
［48］陈斌开，陆铭．迈向平衡的增长利率管制、多重失衡与改革战略［J］．世界经济，2016（5）.
［49］游宇，黄宗晔．资本管制对融资结构和经济增长的影响［J］．金融研究，2016（10）.
［50］黄志刚，郭桂霞．资本账户开放与利率市场化次序对宏观经济稳定性的影响［J］．世界经济，2016（9）.

China's Economic Growth and Development Trend: A Literature Review

Lin Liping　Ding Shouhai　Yang Lujia

Abstract: in recent years, China's economy has entered a new normal, from high-speed growth to medium and high speed growth, and structural transformation has also accelerated. Under this background, the domestic academic circles have discussed the problems of economic operation under the new situation, and highlighted the new elements such as the supply side reform, the five development ideas and so on. At the same time, some new ideas have appeared in the direction of macro policy. This article tries to sort out the latest achievements from four aspects, such as the reasons for the economic downturn, the supply side reform and the transformation of the growth kinetic energy, the new development model based on the five concepts, the basic direction of the regulation policy, and so on, hoping to provide some reference for the steady operation of the present macro economy in China.

Keywords: economic growth, kinetic energy conversion, supply side reform, development concept

〔国民经济战略与规划〕

R&D 对经济增长影响的跨国分析

刘　康*

摘　要： 过去30年，我国经历了改革开放带来的快速经济增长；如今新常态下，经济增速放缓，创新越来越成为驱动经济增长的动力源泉。本文通过将46个国家1996~2014年面板数据分成总样本、中等收入国家样本和高收入国家样本进行比较分析，表明R&D对我国及中等收入国家的影响要高于对高收入国家的影响，这要求我国应继续加大R&D投入强度。增长差异的比较分析结果表明，我国和中等收入国家R&D经费投入带来的预期增长都显著大于高收入国家，且我国同高收入国家预期增长的差异比同中等收入国家预期增长的差异更加显著。反事实预测的结果表明在其他变量不变的情况下，R&D投入的增减并不会对经济增长产生显著的影响，说明单独的R&D投入无法产生有效的结果，需要其他社会经济变量与之匹配，才能最终对经济增长产生显著影响。

关键词： R&D　创新　经济增长　反事实预测

一、引　　言

创新是一国经济增长的动力源泉，增加创新研发的投入是促进经济持续发展的必要途径。20世纪80年代开始，以罗默（Romer，1986）、卢卡斯（Lucas，1988）、阿吉翁和豪威特（Aghion & Howitt，1992）为代表的内生增长理论突破了新古典增长理论关于技术进步外生性的假设，强调技术进步是内生的，提出了R&D驱动的经济增长理论，认为资本积累和创新都是促进技术进步和经济增长的重要力量。90年代，熊彼特增长理论得到了学者的广泛推崇，并试图以此来解决东亚经济危机等实际问题，其理论核心是内生的研发和创新是推动技术进步和经济增长的决定性因素（严成樑、龚六堂，2009）。对于中国而言，研发创新对于30年增长奇迹的贡献是巨大的，而

---

* 刘康（1993~　），安徽安庆人，中央财经大学经济学院硕士生，研究方向为经济增长与创新。

“新常态”下经济增速的放缓，经济增长的要素禀赋结构发生了重大变化，要求中国必须重视研发创新的驱动作用（白俊红、王林东，2016）。

我国研发投入逐年增长，但与发达国家上有差距。《中华人民共和国2016年国民经济和社会发展统计公报》的数据显示，我国2016年全年R&D经费支出15500亿元，比上年增长9.4%，增长趋势有所放缓；研发投入强度（R&D与国内生产总值之比）为2.08%，达到了欧盟28国的平均水平，甚至已经超越了部分发达国家，但中国R&D投入强度还没有达到最优的投入强度，还应加大投入强度（唐静、赵兰香、万劲波，2014）。此外中国在研发投资结构上与发达国家还有差距。成立为、李翘楚（2017）研究发现中国的信息科技产业、医疗保健、非必需消费品消费领域的研发投入和发达国家差距最大。恩加米和萨马尼哥（L. R. Ngai & R. M. Samaniego，2009）认为“技术机会”，即知识保护，是导致不同产业研发强度和生产力发展出现差异的关键因素。

国内外很多经济学家研究了R&D投入规模与经济增长以及与经济增长密切相关的经济变量之间的关系。严成樑（2009）、曹贤忠和曾刚（2016）等学者通过对中国省际面板数据的分析，较为全面地解释了R&D投入与经济增长的关系。尽管方法各异，但基本都得出了R&D投入对经济增长有一般促进作用。同时学者们也发现R&D投入引起的技术冲击将会引起与生产、生活密切相关的经济变量的波动，从而间接地影响经济增长；同时良好的经济运行环境也更有利于创新研发活动的开展。张建良（J. B. ANG，2010）以印度为研究对象，认为金融改革（金融自由化、金融深化）有利于创新研发活动的开展和知识积累。库尔特（S. Kurt，2015）以金砖国家为研究对象，认为研发创新不仅提高了资本效率，同时与劳动生产率也有正向的关系，从而也促进了经济增长。吴继贵、叶阿忠（2016）则通过分析能源、环境等与R&D和经济增长的关系，提出R&D在一定程度上既抑制了环境污染，却又刺激了能源消耗，能源消耗的刺激作用只是短期的，长期来看我国亟待提升R&D规模和效率，降低能源消耗依赖性。

对于不同执行部门R&D投入的影响，王晓娆和李红阳（2017）对比分析了中、美两国不同执行部门的R&D投入对全要素生产率影响效果的差异，发现在中国工业企业R&D效果最强，其次为科研机构和高校，而美国高校R&D投入的影响最大，可以看出我国对高校的研发活动重视程度是不足的。对于企业研发，尹恒、柳荻（2016）认为R&D投入回报的企业异质性是理解平均意义上R&D投入回报较低与宏观层面R&D投入对经济增长具有重要作用的现实并存的钥匙：在充分考虑了影响的不确定性、非线性和企业异质性之后，中国制造业所有行业的R&D投入都能够显著地促进企业生产率发展。对于政府研发对经济增长的影响，研究结论一般认为是负向的，比如严成樑、朱明亮（2016）发现政府R&D投入对全要素生产率和投资率都有负向影响，从而抑制了我国经济增长，进而提出加大企业的 R&D 投入、提高政府 R&D 支出的使用效率才能发挥创新驱动的作用。韩凤芹和赵伟（2015）研究发现政府资金投入占比与政府科技投入效率负相关，说明政府资金投入占比越高，政府科技投入效率越低。

对于不同类型 R&D 投入，三类研发活动侧重点各不相同，其中基础研究更多地是为了获得关于现象和可观察事实的基本原理的新知识而进行实验性或理论性的研究；而应用研究和试验发展更着眼于特定的实际目标或新产品的实际生产。虽然应用研究和试验发展所追求的最终目标是一样的，但它们的直接目的或目标却有着本质的差别：应用研究是创造知识的过程，而试验发展并不增加科学技术知识。宋吟秋（2012）的研究发现中国对基础和应用研究的投入比例严重不足，而对试验发展的投入比例相对过高。张德茗、吴浩（2016）的研究显示，不管是跨国研究还是中国研究，基础研究和应用研究的促进作用都是大于试验发展，且基础研究和应用研究对全要素生产率产生着显著的促进作用。

本文为了分析 R&D 投入与经济增长的关系及跨国比较，主要参考了丁和奈特（S. Ding & J. Knight，2009）的研究思路。丁和奈特运用 GMM 估计方法，利用了跨国面板数据，解释了中国过去 30 年飞速的经济增长，同时分析了中国同其他国家或地区增长的差异，认为中国快速的经济增长主要归因于较高的物质资本投入、条件收敛于自身稳态、就业和产出结构的巨大改善以及较低的人口增长等。而在丁和奈特的文章《增强索洛模型能否解释中国经济增长奇迹？——一个全国面板数据分析》中，作者着重分析了物质资本和人力资本对中国经济增长的促进作用，提出创新投资和私人投资的作用和带来的福利是巨大的。

本文在前人的基础上，利用跨国面板数据，试图站在全球化的角度分析 R&D 投入对各国经济增长的普遍效应，探究 R&D 对我国曾经的经济腾飞究竟有多大的促进作用，比较不同收入水平国家之间 R&D 投入回报的差异。一方面是对前人研究思路的一种融合，将增长分析和跨国分析有效结合起来，对前人的理论进行发展；另一方面则是希望明确，我国在经济发展的攻坚期，R&D 投入与人力资本的投资依然具有不可替代的作用，只有在这两方面有所突破，才能从增长放缓中走出来，更快地追赶发达国家。

二、研究设计

（一）样本选取与数据来源

本文研发支出数据来自经济合作与发展组织（OECD）数据库，人力资本数据来自 PWT 数据库，其余所有指标均来自世界银行数据库（WDI）。由于研发支出是本文研究的核心指标，故剔除了研发支出数据缺失或不完整年份过多的国家或地区，最终提取出共 46 个国家的总样本。本文按照世界银行数据库对高、中、低收入国家的划分，将全部 46 个国家分为高收入国家样本（29 个国家）与中等收入国家样本（17 个国家）。其中高收入国家样本包括：奥地利、比利时、塞浦路斯、捷克、德国、丹麦、西班牙、爱沙尼亚、芬兰、法国、英国、希腊、克罗地亚、匈牙利、意大利、日本、韩国、立陶宛、拉脱维亚、荷兰、挪威、波兰、葡萄牙、新加坡、斯洛伐克、斯洛文尼亚、瑞典、特立尼达和多巴哥、美国；中等收入国家包括：阿根廷、亚美尼亚、保加利亚、巴西、中国、哥伦比亚、印度、哈萨克斯坦、吉尔吉斯斯坦、墨西哥、蒙古、巴拿马、罗马尼亚、俄罗斯、塞尔维亚、土耳其、乌克兰。为避免样本容量过少，本文按照世界银行规定的标准划分为中高收入和中低收入国家，合并为中等收入国家样本，对上述所有数据取其自然对数消除可能存在的异方差影响。

（二）模型构建及变量设定

本文主要参考了丁和奈特（2009）选取的变量和回归方程，并加入 R&D 投入之一衡量创新能力的关键指标，对其模型进行修正，得到以人均 GDP 作为被解释变量，R&D 经费投入量为核心解释变量，人力资本水平、投资规模、农业规模、人口总量作为控制变量的模型：

$$\ln gdp = \lambda_i + \alpha \ln rd_{it} + \beta_1 \ln gc_{it} + \beta_2 \ln hc_{it} + \beta_3 \ln ag_{it} + \beta_4 \ln po_{it} + u_{it} \quad (1)$$

式中：i 为截面个体；t 为时间；λ_i 代表各国不可观测的个体效应项，不随时间变化；gdp 是以 2010 年为基年计算得到的 1996 ~ 2014 年 46 个国家的人均 GDP 数据；rd 是 R&D 经费投入量，是由 R&D 经费投入占地区生产总值的比例乘以该地区生产总值（以 2010 美元为基础算得）得到的；hc 是人力资本数据（基于受教育年限和教育回报算得的一个指标），以此来衡量各国的人力资本水平，数值越高人力资本水平越高；gc 代表资本形成总额，用以衡量一个地区各年的投资水平；ag 代表农业增加值，是由各年农业增加值占 GDP 的比重乘以该地区生产总值（以 2010 美元为基础算得）得到的；po 代表人口总量；u_{it}是误差项，表示各国各时期受到的外部冲击，一般假设其为同方差且序列不相关；α、β_1、β_2、β_3、β_4 分别为人均 GDP 对各要素的弹性。

三、实证分析

（一）描述性统计

最小值、最大值是通过比较该样本各国 1996 ~ 2014 年数据的平均数得出的，总均值则是通过对各国时间层面取平均数后在国家层面再取平均得出的样本均值。

从表 1 和表 2 可以看出，高收入国家和中等收入国家在人均 GDP、R&D 经费投入量、人力资本水平、资本形成总额、农业增加值、人口总量等方面存在着巨大差异。人均 GDP、R&D 经费投入、人力资本水平、资本形成总额这几个变量的描述性统计量显示，高收入国家的最小值、最大值以及均值均明显大于中等收入国家的最小值、最大值以及均值，这表明高收入国家样本的经济发展水平与发达程度是高于中等收入国家的。与此不同的是，中等收入国家的农业增加值和人口总量的最小值、最大值及均值是要高于发达国家农业增加值和人口总量的最小值、最大值及均值的，表明高收入国家已经脱离了依靠第一产业拉动经济增长的发展模式，而中等收入国家仍偏重发展农业，没有摆脱对农业和劳动密集型产业的依赖。从离散程度上看，在人均 GDP、R&D 经费投入量上高收入国家数据更为分散，而人力资本水平、资本形成总额、农业增加值、人口总量上高收入国家数据则更为密集，但总体上两个样本的变异系数并没有明显差异。上述描述性统计结果表明，高收入国家样本和中等收入国家样本间存在着经济发展不平衡这一客观事实，这种发展不平衡一定程度上也会使得不同经济变量，如 R&D 经费投入量，对不同样本的经济增长产生差异的影响。

表 1　　高收入国家样本主要变量描述性统计

	最小值	最大值	总均值	变异系数
人均 GDP（美元）	10006.96	85205.00	31155.65	0.57
R&D 经费投入量（亿美元）	0.13	3641.25	296.06	2.47
人力资本水平	2.27	3.63	3.15	0.10
资本形成总额（亿美元）	308.17	29337.20	2721.14	2.12
农业增加值（亿美元）	1.11	1692.08	196.19	1.74
人口总量（百万人）	1.02	295.32	32.53	1.81

表 2　　中等收入国家样本主要变量描述性统计

	最小值	最大值	总均值	变异系数
人均 GDP（美元）	773.96	9826.62	5528.77	0.55
R&D 经费投入量（亿美元）	0.07	633.24	70.69	2.21
人力资本水平	1.86	3.21	2.71	0.15
资本形成总额（亿美元）	9.99	18223.43	2027.40	2.16
农业增加值（亿美元）	11.47	4642.20	630.93	1.90
人口总量（百万人）	2.56	1299.18	185.13	2.13

（二）面板回归分析

由于本文数据包含年份和国家两个层面，故采用面板回归分析的方法。存在个体效应的固定效应模型、随机效应模型和不存在个体效应的混合回归模型是对于面板数据常用的三个回归模型。由于混合回归模型假设所有解释变量对被解释变量的边际影响与个体无关，这与本文研究思路和一般事实不符，故排除该模型。进而通过对三个样本进行 Hausman 检验，发现结果的 p 值均为 0，故选择固定效应模型进行估计，估计结果如表 3 所示。

表 3 固定效应模型估计结果

	高收入国家样本	中等收入国家样本	总样本
lnrd	0. 087 *** (6. 47)	0. 206 *** (8. 52)	0. 168 *** (13. 05)
lngc	0. 312 *** (20. 08)	0. 268 *** (14. 92)	0. 269 *** (24. 17)
lnhc	2. 270 *** (18. 45)	1. 220 *** (5. 31)	1. 748 *** (14. 20)
lnag	-0. 090 *** (-4. 57)	0. 118 *** (2. 94)	0. 031 (1. 63)
lnpo	-1. 198 *** (-16. 16)	-0. 642 *** (-4. 13)	-0. 810 *** (-10. 65)
Constant	19. 379 *** (14. 36)	4. 845 ** (2. 01)	10. 145 *** (8. 14)
Countries	29	17	46
Obs	551	323	874
R-squared（within）	0. 848	0. 818	0. 813

注：各变量回归系数下方的括号内为 t 统计值；*** 、** 和 * 分别表示在 1%，5% 和 10% 的水平上显著。

表 3 的估计结果表明，无论是对总样本、高收入国家样本还是对中等收入国家样本而言，R&D 经费投入量对于经济增长（人均 GDP）的影响在 1% 的显著性水平下都是显著的。对总样本而言，R&D 经费投入量的系数为 0. 168，表明 R&D 经费投入量提高 10% 会使人均 GDP 增长 1. 68%；对于高收入国家而言，系数为 0. 087，这表明若 R&D 经费投入量提高 10% 会带来高收入国家 0. 87% 的短期经济增长；对于中等收入国家而言，其系数为 0. 206，表明 R&D 经费投入量提高 10% 会带来中等收入国家 2. 06% 的短期经

济增长。三个样本的 R&D 经费投入量的系数都与本文预期相符，值得注意的是，中等收入国家样本的系数要高于高收入国家样本，这可能是由于高收入国家整体人均 GDP 水平和科技研发水平较高，而中等收入国家仍处于研发的萌芽或快速增长阶段，所以高收入国家的研发投入对经济增长的促进作用并没有中等收入国家显著。人力资本水平、资本形成总额对高收入国家、中等收入国家和总样本国家经济增长的影响在 1% 的显著性水平下也是显著为正的，这与本文的预期以及其他类似文献一致。中等收入国家的农业增加值对于经济增长的影响在 1% 的显著水平下显著为正，而高收入国家的系数显著为负且影响很小，这可能是由于高收入国家农业增加值呈现出逐年下降的趋势，且增量相比中等收入国家而言较小造成的。人口总量对高收入国家、中等收入国家和总样本国家经济增长的影响在 1% 的显著性水平下都是显著为负的，且对高收入国家的负效应更加明显，表明人口给经济增长带来了负担，而近年来人口增速的放缓甚至负增长则在一定程度上缓解了这种负效应。

对于高收入国家而言，R&D 活动对于经济增长的影响在 1% 显著水平下显著为正，系数为 0. 087，与此同时，人力资本水平对于经济增长的影响的系数为 2. 27，是所有解释变量中系数最大的。这一实证结果可以解释如下：由于高收入国家的经济增长受到人力资本水平的影响最大，因而促使该地区不断提高人力资本水平，也即更加重视国民教育和劳动力培训等方面，较高的国民教育水平和劳动力素质更有利于发达国家开展的 R&D 活动，从而又进一步促进了经济增长。资本和人口两大要素对于高收入国家经济增长的影响均强于其他国家，这与发达国家巨大的资本积累和人口负增长的事实相吻合。高收入国家，如美国、英国、日本等国家，一直以来都非常重视国民高等教育，注重科技的创新和保护，因此高收入国家相较于其他国家而言的研发环境更加优越，条件更完善，人才储备更多。尽管高收入国家研发支出的经济促进效应较小，但它们通过较早的投入科研，已经更早地抢占了技术市场和资源，拥有更为发达的科研系统，这种长期积累下来的利益是巨大的。

对于中等收入国家而言，R&D 活动对于经济增长的影响在 1% 显著水平下显著为正，系数为 0. 206，高于高收入国家的系数；人力资本水平对于中西部的经济增长的影响系数 1. 22 则低于高收入国家。结果可解释如下：中等收入国家劳动力素质和国民受教育程度较低，人力资本水平对其经济增长的影响较小，但是由于中等收入国家人均收入水平和科研水平不高，所以科研投入对经济增长的影响还是相当显著的。我国也包括在中等收入国家的样本范围内，所以回归结果一定程度上还是可以代表我国目前研发投入和经济增长现状的，下文也会多次利用中等收入国家的回归系数来替代我国的回归系数。

因此，上述结果分析说明，无论是 R&D 活动、人力资本水平还是农业增加值，这些影响经济增长的解释变量在不同发达程度的国家的作用与影响确实是不同的，对于整体而言，它们对经济增长的影响是对不同国家经济增长的影响折中的结果。

（三）增长分析

丁和奈特（2009）将中国同撒哈拉地区国家、高收入国家、其他发展中国家等进行了增长差异的比较分析，本文采用了同样的分析方法，具体分析如下。

中国与高收入国家之间各变量预期的增长差异如表4所示，中国与中等收入国家之间各变量预期的增长差异如表5所示。两样本同变量系数乘以均值的差表明该变量在不同样本中所对应的人均GDP的差距。预期增长差异占总差异的百分比是用之前预期的增长差异除以不同样本人均GDP的均值差所得出的比值，表明该变量的差异可以多大程度解释人均GDP水平的差异。

表4 中国与高收入国家各变量预期的增长差异和差异百分比

	中国系数（A1）	中国均值（A2）	系数*均值（A3=A1*A2）	高收入国家系数（B1）	高收入国家均值（B2）	系数*均值（B3=B1*B2）	我国与高收入国家预期增长的差异（D=A3-B3）	预期增长差异占总差异的百分比
lngdp		7.938			10.168			
lnrd	0.206	24.502	5.035	0.087	22.003	1.906	3.130	-1.404
lnhc	1.220	0.819	0.999	2.270	1.142	2.592	-1.594	0.715
lngc	0.268	28.049	7.526	0.312	24.937	7.783	-0.257	0.115
lnag	0.118	26.819	3.172	-0.090	22.518	-2.036	5.208	-2.336
lnpo	-0.642	20.984	-13.466	-1.198	16.237	-19.457	5.991	-2.687

注：中国包含在中等收入国家样本中，且没有单独的中国系数，故使用了中等收入国家样本的回归系数代替。

表5 中等收入国家和高收入国家各变量预期的增长差异和差异百分比

	中等收入国家系数（C1）	中等收入国家均值（C2）	系数*均值（C3=C1*C2）	高收入国家系数（B1）	高收入国家均值（B2）	系数*均值（B3=B1*B2）	中等收入国家与高收入国家预期增长的差异（E=C3-B3）	预期增长差异占总差异的百分比
lngdp		8.366			10.168			
lnrd	0.206	20.260	4.164	0.087	22.003	1.906	2.258	-1.253
lnhc	1.220	0.982	1.198	2.270	1.142	2.592	-1.394	-0.617

续表

	中等收入国家系数（C1）	中等收入国家均值（C2）	系数 * 均值（C3 = C1 * C2）	高收入国家系数（B1）	高收入国家均值（B2）	系数 * 均值（B3 = B1 * B2）	中等收入国家与高收入国家预期增长的差异（E = C3 − B3）	预期增长差异占总差异的百分比
lngc	0. 268	24. 235	6. 502	0. 312	24. 937	7. 783	−1. 281	0. 918
lnag	0. 118	23. 381	2. 766	−0. 090	22. 518	−2. 036	4. 802	−3. 750
lnpo	−0. 642	17. 307	−11. 106	−1. 198	16. 237	−19. 457	8. 351	1. 739

表 4 和表 5 显示，我国和中等收入国家 R&D 经费投入带来的预期增长（预期人均 GDP）都是显著大于高收入国家的，而从发展中国家整体来看，我国的 R&D 投入回报略高；由于高收入国家农业增加值的系数为负值，故我国和中等收入国家农业发展带来的预期增长也是要高于高收入国家的，在这一要素上我国和中等收入国家的差距并不是十分显著；而在人口方面，我国和中等收入国家受到人口的负效应要小于高收入国家，故我国人口预期的负增长是要小于高收入国家的，而中等收入国家整体受到人口增长的负效应就更小了；在人力资本和资本形成总额方面，我国和中等收入国家的预期增长都要小于高收入国家，可能是由于国民教育水平、资本利用率和资本结构等多方面的不足导致的，这也是中等收入国家所共有的发展问题。

综合来看，我国同高收入国家预期增长的差异比同中等收入国家预期增长的差异要更加显著。其中，R&D 活动为我国带来的经济增长与高收入国家的差异是 3. 13，而与中等收入国家的差异只有 0. 872，表明在高收入国家科技研发的边际报酬开始下降的时候，我国和中等收入国家开始享受科技带来的更快的经济增长，这与前文的分析一致。

从两表的各变量预期增长的差异占总差异的比值可以看出，尽管实际中我国的人均 GDP 要低于高收入国家均值和中等收入国家均值，但我国的 R&D 活动有助于我国缩短与高收入国家、中等收入国家之间的差距，同时由于人力资本的不足会进一步拉大差距，故我国应当加大科研、教育、培训力度，以研发创新为生产力来追赶其他国家。

（四）反事实预测

反事实预测方法是基于模型估计，通过改变关键变量的平均值来预测因变量变化。因为这些模拟包含一个可疑的假设，即一个变量的变化不会改变方程中的其他变量。然而，如果一个变量（例如 R&D）的不利变化导致另一个变量（例如资本总量、人口增长）的不利变化，则模拟将低估对增长的影响；反之，则会高估对增长的影响。

从中等收入国家来看，lnhc（人力资本水平对数形式）的平均值为

0.98。如果降低了 10%，根据之前固定效应模型的系数，意味着在其他变量不变的情况下，lngdp（人均 GDP 对数形式）将下降 1.2%；如果增加了 10%，则 lngdp 将上升 1.4%，变化不太显著。如果同时减少或增加 10% 的 lnhc 和 lnrd，lngdp 的变化同样不是非常显著。相比而言，若将 lnrd 和 lngc（资本形成总额对数形式）同时降低 10%，其他变量不变，lngdp 将会下降 12.7%，大于 R&D 投入和资本形成总额的变动幅度，这表明 R&D 研发投入和人力资本的变动并没有对人均 GDP 产生同样大的影响，而研发与资本形成总额的联合变动则会导致经济产生较大的波动。作为较大的农业国，我国 lnag（农业增加值的对数形式）均值为 23.38，将 lnrd 和 lnag 同时降低 10%，其他变量不变，lngdp 将会下降 8.3%；同时降低 20%，其他变量不变，lngdp 将会下降 16.6%，影响还是比较显著的（如表 6 所示）。

由于人口增长对于中等收入国家和高收入国家的影响都是负的，所以我们在此假设人口增加（而非减少）对人均 GDP 会有什么影响。从中等收入国家来看，lnpo（人口总量的对数形式）均值为 17.31。将 lnrd 降低 10%，lnpo 增加 10%，lngdp 将会下降 18.4% 到 6.84，变化幅度巨大；变动达到 20% 时，lngdp 将会下降 36.5%。相比前文的结果，可以看出人口的增长对于中国经济增长有着非常不利的影响。

表 6 中等收入国家样本人均 GDP 的反事实预测

预期 lngdp 数值		lnrd				
		增加 20%	增加 10%	均值（20.2602）	降低 10%	降低 20%
lnhc	增长 20%	9.438	9.022	8.606	8.189	7.773
	增长 10%	9.318	8.902	8.486	8.069	7.653
	均值（0.982）	9.199	8.782	8.366	7.950	7.533
	降低 10%	9.079	8.663	8.246	7.830	7.413
	降低 20%	8.959	8.543	8.126	7.710	7.294
lngc	增长 20%	10.499	10.083	9.667	9.250	8.834
	增长 10%	9.849	9.433	9.017	8.600	8.184
	均值（24.235）	9.199	8.782	8.366	7.950	7.534
	降低 10%	8.548	8.133	7.716	7.299	6.883
	降低 20%	7.898	7.482	7.066	6.649	6.233
lnag	增长 20%	9.752	9.336	8.919	8.503	8.087
	增长 10%	9.475	9.059	8.643	8.226	7.810
	均值（23.381）	9.199	8.782	8.366	7.950	7.534
	降低 10%	8.922	8.506	8.089	7.673	7.257
	降低 20%	8.646	8.229	7.813	7.397	6.980

续表

预期 lngdp 数值		lnrd				
		增加 20%	增加 10%	均值（20.2602）	降低 10%	降低 20%
lnpo	增长 20%	6.978	6.562	6.145	5.729	5.313
	增长 10%	8.088	7.672	7.256	6.839	6.423
	均值（17.307）	9.199	8.783	8.366	7.950	7.534
	降低 10%	10.309	9.893	9.477	9.061	8.644
	降低 20%	11.420	11.004	10.587	10.171	9.755

从高收入国家来看，若 lnrd 降低 20% 而其他变量不变，lngdp 也只会下降 3.8%，与中等收入国家相比变化小了很多；lnhc 的平均值为 1.14，即使 lnhc 降低 20%，而其他变量保持不变，lngdp 只会下降 5%；同样，即使 lnhc 获得了 20% 的增加，lngdp 也只从 10.16 增加到 10.68，变化幅度很小。这表明对于高收入国家而言，人力资本和 R&D 投入对经济增长的联合影响更小了，这可能是高收入国家人力资本和创新都达到了比较高的水平，所以追加投入的影响就会逐渐降低。由于中等收入国家的 lnhc 和 lnrd 的平均值分别为 0.98 和 20.26，如果将发达国家的人力资本和 R&D 降低到这个水平，我们发现高收入国家的 lngdp 为 9.65，高于中等收入国家的 8.37。在这个假设下，我们可以认为，一是高收入国家其他变量对于经济增长的促进作用更强，二是高收入国家对于 R&D 和人力资本的利用效率更高。对于资本形成总额，如果将发达国家的资本总量和 R&D 投入降低到中等收入国家的水平，我们发现高收入国家的 lngdp 为 9.8，高于中等收入国家，意味着高收入国家的其他经济变量，或者说高收入国家的整体经济基础就要优于中等收入国家（如表 7 所示）。

与中等收入国家不同的是，高收入国家固定效应估计中 lnag 的系数是负的，因此 lnag 的增加反而会使 lngdp 降低，这与中等收入国家不同。将 lnag 增加 10%，其他变量不变，lngdp 反而降低了 1.3%，但变动非常不显著。将发达国家的农业产出增加值和 R&D 投入变化到中等收入国家的水平（意味着农业增加额提高而 R&D 投入降低），我们发现高收入国家的 lngdp 为 9.94，因为农业的增加反而降低了人均 GDP。人口增长负效应同样是高收入国家面临的问题，如果 lnrd 减少 20% 而 lnpo 增加 20%，其他变量不变，lngdp 将会下降 42%，经济将会崩溃，同样也证实了人口增长对于经济增长的不利影响。

表 7 高收入国家样本人均 GDP 的反事实预测

预期 lngdp 数值		lnrd					
		增加 10%	增加 20%	均值（22.003）	降到中等国家水平（20.2602）	降低 10%	降低 20%
lnhc	增加 20%	11.067	10.877	10.686	10.536	10.496	10.305
	增加 10%	10.808	10.618	10.427	10.276	10.236	10.046
	均值（1.142）	10.549	10.358	10.168	10.017	9.977	9.787
	降低到中等国家水平（0.982）	10.187	9.996	9.806	9.655	9.615	9.424
	降低 10%	10.290	10.099	9.909	9.758	9.718	9.527
	降低 20%	10.031	9.840	9.649	9.498	9.459	9.268
lngc	增加 20%	12.105	11.915	11.724	11.574	11.534	11.343
	增加 10%	11.327	11.137	10.946	10.795	10.756	10.565
	均值（24.937）	10.549	10.358	10.168	10.017	9.977	9.787
	降低到中等国家水平（24.235）	10.330	10.139	9.949	9.798	9.758	9.568
	降低 10%	9.771	9.580	9.389	9.239	9.199	9.009
	降低 20%	8.993	8.802	8.612	8.461	8.421	8.231
lnag	增加 20%	10.142	9.951	9.761	9.610	9.570	9.379
	增加 10%	10.346	10.155	9.965	9.813	9.774	9.583
	增加到中等国家水平（23.381）	10.549	10.358	10.168	10.017	9.977	9.787
	均值（22.518）	10.471	10.281	10.090	9.939	9.899	9.709
	降低 10%	10.753	10.562	10.371	10.221	10.181	9.991
	降低 20%	10.956	10.766	10.575	10.424	10.384	10.194
lnpo	增加 20%	6.658	6.467	6.277	6.126	6.086	5.895
	增加 10%	8.603	8.413	8.222	8.071	8.032	7.841
	变化到中等国家水平（17.307）	10.549	10.358	10.168	10.017	9.977	9.787
	均值（16.237）	9.267	9.077	8.886	8.735	8.696	8.505
	降低 10%	12.495	12.304	12.114	11.963	11.923	11.733
	降低 20%	14.441	14.250	14.059	13.908	13.869	13.678

四、结　　论

本文结合内生增长理论及实证分析，证实 R&D 经费投入确实对一国的经济增长具有促进作用，且对于中国、中等收入国家和高收入国家的影响是有差异的。基于丁和奈特的理论框架，本文首先运用固定效应模型估计了总样本、高收入国家样本和中等收入国家样本的 R&D 及其他变量对人均 GDP 的影响，结果显示对总样本而言，R&D 经费投入量提高 10% 会使人均 GDP 增长 1.68%；对于高收入国家和中等收入国家而言，R&D 经费投入量提高 10% 会使人均 GDP 分别增长 0.87% 和 2.06%，表明 R&D 对中等收入国家的影响要高于高收入国家样本可能是由于高收入国家整体人均 GDP 水平和科技研发水平较高，而中等收入国家仍处于研发的萌芽或快速增长阶段导致的。进一步，本文进行了不同样本间增长差异的比较分析，结果表明我国和中等收入国家 R&D 经费投入带来的预期增长都是显著大于高收入国家的，且我国同高收入国家预期增长的差异比同中等收入国家预期增长的差异要更加显著，表明在高收入国家科技研发的边际报酬开始下降的时候，我国和中等收入国家开始享受科技带来的更快的经济增长。最后本文运用反事实分析的方法，通过改变 R&D 和其他变量的平均值来预测人均 GDP 的变化，结果显示在其他变量不变的情况下，R&D 投入的增减并不会对经济增长产生显著的影响，这个结论对于高收入国家 R&D 和人力资本同幅度变动时仍然成立。这表明单独的 R&D 投入无法产生有效的结果，需要其他社会经济变量与之匹配，才能最终对经济增长产生显著影响。

受限于数据可获得性，本文无法在更长的时间里分析 R&D 对经济增长的影响，且本文的研究方法较为简单，还需要对模型和回归方法进行进一步的发展，尤其是对于中国的分析需要结合中国的数据和国情来进一步深化。下一阶段的研究可以通过利用跨国数据分析 R&D 结构对于经济增长的不同影响，或者可以比较各国科研高新区的 R&D 与经济增长的关系，从而可以一定程度上消除落后地区科研水平过低导致对 R&D 促进作用的低估。

参考文献

[1] 白俊红，王林东．创新驱动是否促进了经济增长质量的提升 [J]．科学学研究，2016，34 (11)：1725－1735.

[2] 曹贤忠，曾刚．基于面板数据的研发投入对区域经济增长影响分析 [J]．长江流域资源与环境，2016，25 (2)：208－218.

[3] 成力为，李翘楚．企业研发投入结构特征与经济增长模式——基于中国与主要国家企业研发数据的比较 [J]．科学学研究，2017，35 (5)：700－708.

[4] 韩凤芹，赵伟．R&D 中政府投入效率测度及影响因素分析——基于省级面板数据的研究 [J]．财政研究，2015，11：75－85.

[5] 宋吟秋．中美两国 R&D 经费支出结构的比较 [J]．科研管理，2012，33 (4)：102－107.

[6] 唐静，赵兰香，万劲波．中国最优 R&D 投入强度测算 [J]．科研管理，2014，35 (6)：102－107.

[7] 王晓娆，李红阳．不同执行部门 R&D 投入对全要素生产率的影响——基于中美比较的视角 [J]．科学学研究，2017 (6)：853 -862.

[8] 吴继贵，叶阿忠．环境、能源、R&D 与经济增长互动关系的研究 [J]．科研管理，2016，37 (1)：58 -67.

[9] 严成樑．政府研发投资与长期经济增长 [J]．经济科学，2009 (2)：45 -59.

[10] 严成樑，龚六堂．熊彼特增长理论：一个文献综述 [J]．经济学 (季刊)，2009 (4)：1163 -1196.

[11] 严成樑，朱明亮．我国 R&D 投入对经济增长的影响及其传导机制分析 [J]．产业经济评论 2016 (1)：20 -29.

[12] 尹恒，柳荻．理解 R&D 投入回报之谜：引入不确定性、非线性和企业异质性 [J]．财经研究，2016 (9)：121 -132.

[13] 张德茗，吴浩．高校和科研机构的 R&D 对 TFP 的溢出效应研究 [J]．科学学研究 2016 (4)：548 -557.

[14] AGHION P, and HOWITT P. A Model of Growth through Creative Destruction [J]. Econometrica, 1992, 60: 323 -351.

[15] ANG J B. Financial Reforms, Patent Protection and Knowledge Accumulation in India [J]. World Development, 2010, 8: 1070 -1081.

[16] DING S and KNIGHT K. Can the Augmented Solow Model Explain China's Remarkable Economic Growth? A Cross-country Panal Data Analysis [J]. Journal of Comparative Economics, 2009, 37: 432 -452.

[17] DING S and KNIGHT K. Why has China Grown So Fast? The Role of Physicaland Human Capital Formation [J]. Oxford Bulletin of Economics and Statistics, 2011.

[18] KURT S. Innovation and Labour Productivity in BRIGS Countries: Panel Causality and Co-integration [J]. Procedia - Social and Aehavioral Sciences, 2015, 195: 1295 -1302.

[19] LUCAS R E. On the Mechanism of Economic Development [J]. Journal of Monetary Economics, 1988, 22: 3 -42.

[20] NGAI L R and SAMANIEGO R M. Accounting for Research and Productivity Growth Across Industries [J]. Review of Economic Dynamics, 2009.

[21] ROMER P. Increasing Returns and Long-run Growth [J]. Journal of Political Economy, 1986, 94: 1002 -1037.

Transnational Analysis of the Impact of R&D on Economic Growth

Liu Kang

Abstract: Over the past 30 years, China has experienced rapid economic growth brought by Reform and Opening. Today, under the New Normal, economic growth has slowed down and innovation has increasingly become a vital driving force for economic growth. In this paper, the panel data of 46 countries from 1996 to 2014 are divided into total sample, sample of middle-income countries and high-income countries, and the results show that R&D has higher impact on China and middle-income countries than high-income countries, which requires China to continue to increase R&D investment intensity. The results of the comparative analysis of growth differences show that the expected growth in R&D expenditure in China and middle-income countries is significantly higher than that in high-income countries, and the growth differences between China and higher-income countries is expected to be more significantly than that of middle-income countries. The results of the counter-factual predictions show that the increase or decrease in R&D inputs does not have a significant impact on economic growth when the other variables remain unchanged, indicating that individual R&D inputs cannot produce effective results and require other socioeconomic variables to match it. Thus the R&D inputs will ultimately have a significant impact on economic growth.

Keywords: R&D, Innovation, Economic Growth, Counter-factual Predictions

〔宏观调控〕

中央与地方财政事权与支出责任划分改革研究*

杨志安　高陈慧宁**

摘　要：如何划分中央与地方财政事权和支出责任是我国财税体制改革最难啃的一块“硬骨头”。建立事权和支出责任相适应的财税制度，不仅是当前我国财税体制改革乃至牵动整个经济社会发展的一个焦点问题，也是世界各国共同面临的一个难题。本文基于此背景，从财政事权和支出责任的概念入手，阐述了我国事权和支出责任划分的演变历程，着重分析当前存在的问题及原因，从美国、英国、日本三国的实践出发，总结出以上各国在央地财政事权与支出责任划分领域值得借鉴的先进经验，从而探究我国央地财政事权与支出责任划分的改革路径，在操作层面给出具体方案，以期为推进我国财税体制改革建言献策。

关键词：财政事权　支出责任　财税体制改革　国家治理

党的十九大明确提出“建立权责清晰、财力协调、区域均衡的中央和地方财政关系”的要求。这一重要论断为我国财税体制改革尤其是划分中央与地方事权和支出责任给出了明确的目标导向。央地财政事权和支出责任划分具有重要意义，一方面，科学的划分有利于理顺中央和地方的财力配置，界定清晰的事权范围，发挥中央和地方“两个积极性”。另一方面，财政事权与支出责任划分领域的改革会助推我国财税体制改革，加快改革进程。央地财政事权与支出责任的划分，不单属于财税领域改革范畴，更属于国家治理范畴，它是我国国家治理现代化的重要一步。以此认识为基石，方能更好的理解央地财政事权与支出责任划分这一改革的重要意义，探索科学合理的改革路径，为推进我国

---

* 基金项目：教育部哲学社会科学研究重大课题攻关项目“对政府全口径预算与决算的审查与监督研究”（13JZD021）；辽宁省财政科研基金项目“供给侧改革背景下创新财政发展理念与对策研究”（17C008）；辽宁省经济社会发展研究重点课题“辽宁供给侧改革的财税政策研究”（2018lslktzd－015）

** 杨志安（1963～　），辽宁绥中人，辽宁大学经济学院教授，博士生导师，研究方向：财政、税收与宏观经济，电子邮箱：zhianyang@163.com。高陈慧宁（1993～　），辽宁铁岭人，辽宁大学经济学院硕士研究生，研究方向：财政、税收理论与政策，电子邮箱：31853683@qq.com。

治理体系和治理能力的现代化献策献力（楼继伟，2018）。

一、财政事权和支出责任划分的理论基础

（一）公共产品理论与政府间分权原理

充分理解公共产品理论、政府间分权原理是理解整个问题的前提和基石。公共产品理论是新政治经济学的一项基本理论，也是正确处理政府与市场关系、转变政府职能、构建公共财政收支、公共服务市场化的基础理论（史朝阳、王丹，2016）。公共产品的主要特征是消费的非竞争性和收益的非排他性，正是由于公共产品的这两种特征，每一位消费者都不想付出成本而享受公共物品，因此提供公共物品的职能只能由政府出面加以履行。公共产品理论还提出，人们享用公共产品和劳务理应付出相应的代价，于是税收成为公共产品的"价格"，从而将公共产品供应的成本和收费有机地连结起来（马万里，2017）。

另一个需要理解的范畴是政府间分权原理，这里我们主要针对于财政分权。财政分权是指中央政府与地方政府及地方政府间财政分工的方式（李靖，2014），财政分权是建立在政府职能或事权基础上、符合经济效率与公平、体现民主精神采取民主方式并有法律保障、各级政府有相对独立的财政收入与支出范围、处理中央政府与地方政府及各政府间关系的一种财政体制，财政分权的主要特征是效率性与最优化。当然对公共产品及政府间分权原理的理解不能仅仅停留在概念、特征层面。公共产品的受益范围差异及需求偏好差异，从根本上决定了政府间的事权划分。在一定范围内，通常为一国，受益范围局限于某一区域，且外溢程度不高的公共产品被判定为地方性公共产品，理应由地方承担相应支出责任（孙克竞，2017）。相反，受益范围跨越多区域，外部效应遍及全国的公共产品被判定为全国性公共产品，理应由中央承担相应支出责任。与受益范围这一概念相对，需求偏好差异更具有主观性。理论上，消费者对于大部分公共产品的需求偏好是存在显著差异的，马斯格雷夫在《财政理论与实践》中提出："越是低层级的政府，越易于了解和处理当地居民对于公共服务的偏好信息。"即较低层级的政府能够以最小的成本获取这种偏好差异的程度、特征等信息。因此，需求偏好差异较大的公共产品的支出责任理应交给地方政府，需求偏好差异较小的交给高层级政府。

（二）财政事权与支出责任

2016 年国家通过了《关于推进中央与地方财政事权和支出责任划分改革的指导意见》（国发［2016］49 号，以下简称《意见》），该《意见》当中明确：合理划分中央与地方财政事权和支出责任是政府有效提供基本公共服务的

前提和保障，是建立现代财政制度的重要内容，是推进国家治理体系和治理能力现代化的客观需要（孟丁凡、王希瑞，2017）。为此，首先要明确并正确界区“财政事权”“支出责任”以及“财力”等概念。财政事权是一级政府应承担的运用财政资金提供基本公共服务的任务和职责，支出责任是政府履行财政事权支出义务和保障。通俗讲，这两个概念主要说明了“政府掏钱办什么事”和“哪一级政府该掏钱”的问题。另一个概念是“财力”。财力指的是政府在一定时期内拥有多少货币资源，即“政府有多少钱”（于树一，2017）。

二、中央和地方财政事权与支出责任划分历程、存在问题及原因

（一）我国财政事权和支出责任划分的演变历程

我国财政事权与支出责任划分大致经历了三个历史阶段：第一阶段，从新中国成立至 1979 年。这一阶段，我国的财政管理体制高度集中，全国采取“统收统支”模式，事权集中于中央，这与当时我国高度集中的行政管理体制保持一致（白景明、朱长才、叶翠青、朱克俊、程丹润、汪文志，2015）。第二阶段，从 1980 年至 1993 年。这一阶段“统收统支”的局面被逐渐打破，中央对各省市实行“分灶吃饭”的管理体制，极大增强了地方政府的财政自主权，伴随着地方政府的财力增加，地方需要承担的支出责任也有所增加。中央的财政收入在这一阶段大幅下降，财力削减。第三阶段，从 1994 年至今。这一阶段实行了分税制改革，分税制改革是我国在规范中央与地方财政关系的探索中迈出的里程碑式的一步。分税制改革以分权、分税、分管和转移支付为主要内容，初步确定了中央和地方的事权划分及财政支出界限，确立了分税制的基本框架。自 1994 年分税制改革后，我国不断对政府间财政事权和支出责任的划分进行调整。经过长期探索，逐步形成了目前的划分体系。

（二）我国财政事权和支出责任划分存在的问题分析

1. 央地财力与支出责任不匹配

1994 年的分税制改革奠定了我国财税体制的结构和现状，总的来说就是中央和地方财力与支出责任不匹配。以 2017 年为例，2017 年全国一般公共预算收入 172567 亿元，其中地方财政收入 91448 亿元，占 53%，同年全国一般公共预算支出 203330 亿元，地方一般公共预算支出 173471 亿元，地方占 85%，地方政府拿着约 53% 的收入，却承担着 85% 的财政总支出，差额部分则由中央转移支付。如图 1 所示，纵观近五年中央与地方财政收支情况，中央财政盈余，而地方财政赤字的状况从未改变，造成了中央承担的事权和支出责任不足，而地方政府承担了过多的事权，支出压力过大，政府间财力与支出责任不匹配的现状（成军，2014）。而近年，财力逐渐向上集中，

支出责任不断向下移动的趋势，使得本就不合理的政府间财政事权和支出责任关系“雪上加霜”，地方财政“捉襟见肘”，诱发一系列地方“土地财政”“债务危机”问题，甚至出现了多座城市由于债务危机导致的地铁在建工程被叫停现象。

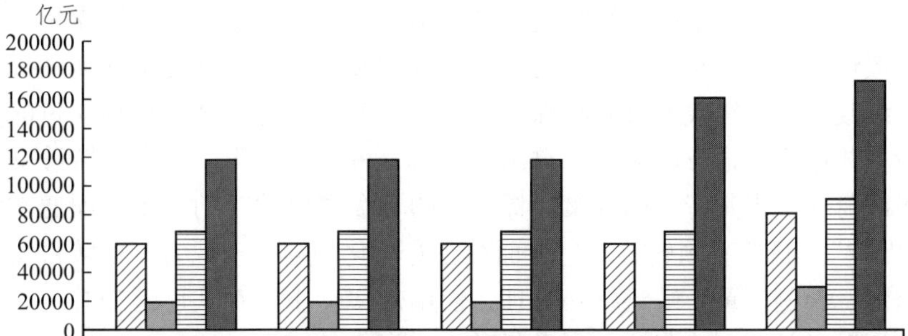

	2013年	2014年	2015年	2016年	2017年
中央财政收入	60174	64490	69234	72357	81119
中央财政支出	20472	22570	25549	27404	29859
地方财政收入	68969	75860	82983	87195	91448
地方财政支出	119272	129092	150219	160437	173471

图 1　2013～2017 年中央地方财政收支情况

资料来源：中华人民共和国财政部官网 http：//www. mof. gov. cn/index. htm.

2. 政府与市场界限不清晰

我国政府正处于转型期，地方政府基于本地区政绩的考量，不恰当地介入市场竞争，干预微观经济活动，使政府事权范围“越位”“缺位”“错位”现象层出不穷。例如，在政府应发挥主导作用的公共基础设施、公共服务领域，如教育、社保、医疗等，政府作用未得到充分发挥。而在经济发展领域，我国政府支出比例较高。与发达国家相比较，发达国家财政支出占总支出比重由高到低排名在前三位的项目分别是社会保障与就业支出、医疗卫生支出和教育支出。而我国财政支出占总支比重由高到低排名在前三位的项目分别是经济事务支出（工业支出、房产金融支出、农林水事务支出、交通运输支出等）、公共基础设施投资支出和教育支出。这种政府直接参与投资、参与微观经济活动、政府与市场边界不清的现象，严重影响了政府事权的界定和划分，损害了资源配置效率，干扰了国家产业政策的调整。

3. 转移支付制度不完善

转移支付制度是解决财政事权与支出责任划分的关键手段，但从总体上看，目前我国转移支付存在规模庞大且结构不合理的现状（马海涛、任强，2015）。首先，我国转移支付规模巨大。如图 2 所示，以 2017 年为例，2017 年我国中央一般公共预算支出 95076. 99 亿元（包括本级支出、对地方税收返还和转移支付)，其中中央本级一般公共预算支出 29858. 89 亿元，对地方转移支付和税收返还 65218. 1 亿元，占总支出的比例约为 69%。一方面，规模庞大的转移支付使得地方政府过度依赖中央政府，缺乏自主性，易导致资金的浪费和效率的低下。另一方面，转移支付数额大也意味着中央直接支出比重小，公共服务的支出责任被下放给了地方。

其次，我国政府间转移支付结构不合理。我国政府间转移支付主要包括一般性转移支付和专项转移支付。一般性转移支付又称均衡性转移支付，指上级政府对下级政府没有特殊指定用途的转移支付。这种转移支付的资金不设具体用途，地方政府拥有自由支配权，可自行使用。而专项转移支付是上级政府为实现其特定的政策目标给予的下级政府的补助支出，即通常所说的“专款”。目前我国转移支付方面存在专项化问题，表现为专项转移支付名目繁多、分割严重，缺乏统一管理、使用效率低下，在实际运行中，“专款不专用”的情况时有发生，导致转移支付资金的错配。

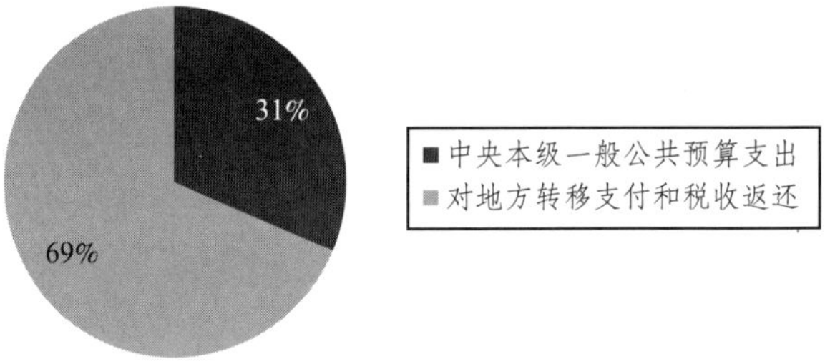

图 2 2017 年两项支出占中央一般公共预算支出比例

资料来源：中华人民共和国财政部官网 http：//www. mof. gov. cn/index. htm。

4. 法律法规约束不健全

到目前为止，我国尚未形成一部完整的关于政府间财政事权与支出责任划分的法律法规，当前仅有的也只是国务院及财政部的相关指导意见和说明，未上升到法律层次的高度。这意味着现存的意见与说明存在“朝令夕改”、不断“打补丁”的风险。同时，没有法律的约束会导致上级政府有权直接决定下级政府的事权范围，有可能使得下级政府事权范围扩大，从而更加“步履艰难”。诚然，我国目前处于财税体制改革探索阶段，条条框框需要在探索中予以总结，如果能尽早出台有关财政事权与支出责任划分方面的法律规范，尽早将其写入《预算法》，有利而无害。同时，从长远角度，财政事权与支出责任划分的法制化、制度化也将大大推动我国的财税体制改革稳步向好发展。

（三）我国财政事权和支出责任划分存在问题的原因分析

1. 我国政治体制偏重集权式

我国是一个社会主义国家，在政治体制上属于单一制国家，区别于西方实行联邦制的国家，我国政府需要集中大量的财力物力，“集中力量办大事”。主要体现在我国政府一方面要承担公共事业管理和服务，另一方面还要对国民经济进行必要的宏观调控，确保国民经济的正常运行。为此，中央政府必须拥有绝对的权威，尤其在财力方面。体现在中央政府可以通过行政命令、法律法规等影响财政事权与支出责任的划分，影响政府间的税收征管权等（乔天锋、韩克恩、王婷婷，2017），这是我国政治体制的一大特色，也是一大优势。中央政府集中财力，通过对经济的干预，可以使得经济的运行更有效率。但同时这也成为了导致我国政府间财政事权与支出责任不对称的最主要原因。

2. 我国财政体制权力型特征明显

我国财政体制具有鲜明的权力型特征，即财政管理以权力为中心，侧重权力的划分，而忽视责任的划分（马国贤，2016）。这种现状的形成，一方面是由于我国经历了一段时期的计划经济；另一方面，1994 年的分税制改革，我国几乎全盘照搬了美国的分税制模式，西方体制多是以权利为中心（王振宇，2018）。举例来说，在我国十项财政支出项目中，仅有国防被作为中央财政的支出重点，中央承担 96% 以上的支出责任（陈颂东，2017），其余中央应重点支出的项目，如公共秩序与安全、教育、健康支出、社会保障等最高不超过 20%，一般在 10% 以下。财政体制权力型特征的弊端已经显现，表现在以下三个方面：其一，各级政府都有责，但实际谁都无责，更不愿负责；其二，级次高的政府财力大事权多，但具体执行层面主要靠地方县市一级政府，导致权责脱节；其三，中央对本级应自己承担的支出责任承担太少，公共服务提供严重不足，制约了地区的公共服务均等化。

3. 我国政府层级结构复杂

我国现行的是中央、省、市、县、乡的五级行政管理体制，层级结构复杂，而大多数国家实行的是三级政府，如美国为联邦、州、地方三级政府，日本为中央、都道府县和市町村三级政府。复杂的行政管理体制一方面使得政府间权力和责任划分界限不甚明晰，另一方面使得除中央和地方各自独立承担的事权外，二者共担事权范围较大，容易出现事权的交叉重叠或是空白。并且在共担的事权上，地方政府往往处于被支配地位。

三、美、英、日央地财政事权和支出责任划分做法及经验借鉴

（一）美、英、日央地财政事权和支出责任划分做法

1. 美国

美国是联邦制国家的典型代表，政府分为联邦、州、地方三级，采用分权制衡原则。美国政府间事权划分最大的特色在于其保持了地方的自主性，从根本上来说，这主要是由于美国联邦制的国家属性，各级政府权利来源不

同，上级政府不具有直接领导下级政府的权利，下级政府也不隶属于上级政府。这为政府间事权的划分提供了必要的制度基础。从法制化角度，美国政府间事权划分依据美国宪法，宪法明确规定了联邦政府所拥有的事权，如规定联邦政府在国防、外交、货币放行、征税等方面享有事权。与此同时，宪法还明确了联邦政府不享有的事权，如联邦政府对各州之间的贸易不得征税等。从而约束了联邦政府的权利范围，保证了州政府和地方政府的权利。从财力划分上，美国规定，财产税权全部归地方政府所有。由于美国是一个以直接税为主的国家，主要征收所得税和财产税，财产税税收收入占地方政府全部税收收入的 75% 左右，由此可见，地方政府享有相当一部分可观的收税收入，拥有一定的财力。从收支来看，美国联邦政府与州政府和地方政府的收入支出规模基本持平，基本保持在 50% 的水平。这与我国中央和地方政府收支不平衡的现状形成了鲜明的对比（如表 1 所示）。

表 1 美国各级政府事权和支出责任划分

级次	事权范围	支出责任
联邦	联邦级行政、国防、外交、征税、借款和货币发行；对州、地方政府的补助，规定对内对外贸易政策；管理全国邮政，统一版权与专利；社会保证；对能源、环境、农业、住宅、交通等项目的资助等	全国性公共产品和使全体公民受益的服务开支，包括国防、国防事务、空间科学技术、大型公共工程、农业补贴、社会保障、联邦行政管理费用等，其中，重点是军事，退伍军人福利，社会保险和医疗保险，收入保险等开支，社会保险和国防几乎全是由联邦政府承担
州	收入再分配，提供基础设施和社会服务	公路建设、基础设施、公共福利项目、医疗保健开支、收入保险、警察、消防、煤气及水电供应、州政府债务还本付息等
地方	由州宪法和相关法律规定，因此受制于州政府	地方行政管理、治安、消防、交通管理、公用事业、地方教育和地方基础设施投资建设与管理等

资料来源：白景明，朱长才等．建立事权与支出责任相适应财税制度操作层面研究［J］．经济研究参考，2015（43）：3－21．

2. 英国

英国是中央集权型单一制国家，采用准三级政府结构，即中央（地区）郡（市）（区）教区或镇，其中，郡及以下统称为地方政府，以上称为中央政府。英国作为欧洲发达国家的典型代表，与我国同属单一制政体，在公共财政管理方面具有丰富的经验，可为我国财税领域的改革提供一定的借鉴。

从法制化角度，英国中央管理地方政府最主要的手段就是法律，英国政府和议会通过颁布、修改法律影响地方政府的权力运作。英国相继颁布《地方政府法》、《地方财政法》等，明确规定地方政府的主要职责，如地方治安、消防、公共基础设施建设等。2011 年，联合政府出台了《地方主义法》，该法首次明确提出了中央政府要给予地方政府适当的财政自由度，大力推进管理分权改革。同年英国中央政府规定了 2011 ~ 2015 年地方政府应承担的 1354 项法定责任，通过立法规定了地方政府应提供和履行的服务的最低标准。英国的中央政府与地方政府的事权均由法律进行明确划分，一一对应。中央政府拥有对地方政府的绩效评估权，根据评估结果，对地方政府进行奖惩（如表 2 所示）。

表 2　　英国地方政府的法定职责（相关法律条数）

负责审查地方事权相关法律条文的中央政府部门或机构	法定职责数目	相关法律条文数目
首相办公室	3	3
商务、创新与技能部	66	66
文化媒体与体育部	52	52
教育部	101	101
环境、食品与农村事务部	190	190
交通部	299	299
人力与社会保障部	35	35
能源与气候变化部	6	6
卫生部	105	105
食品标准部	33	33
税务总局	11	11
财政部	4	4
内政部	54	54
法制部	73	73
政府平等权利办公室	7	7
社区与地方政府部	221	221
合计	1354	1354

资料来源：黄景驰，蔡红英．英国财政事权及支出责任机制研究［J］．河南大学学报（社会科学版），2016（1）：45 – 53.

从财力划分上，英国实行严格的分税制，中央与地方的预算收入完全按照税种进行划分，除营业税共享以外，其余不设中央地方共享税，从而在财力方面界限清晰。从收支来看，英国中央政府支出约占全国公共预算支出的 76%，地方政府的财政支出约占 23%，中央主要负担国防、外交、高等教育、社会保障等方面的支出；地方政府主要负担中小学教育、地方治安、消防等方面的支出，中央占整个公共财政支出的较大比例，约 77% 左右。由于英国地方财政支出缺口较大，因此中央对地方的转移支付份额也较大，且中央对地方给予的转移支付，地方政府可以自由支配（黄景驰、蔡红英，2016）。

3. 日本

日本是单一制的国家，政府分为中央、都道府县和市町村三级，由于日本与我国文化传统相类似，官僚传统浓厚，因此其政府间财政事权与支出责任的改革历程对我国有一定的借鉴意义。从法制化角度，日本改革最大的特色在于其政府间事权划分主要靠法制进行明晰。20 世纪 90 年代末，日本开始推行地方分权改革，修改《地方自治法》，颁布《地方分权一览法》，依靠法律的修订和颁布扩大了地方的自主权，并限制了中央政府干预地方事务的权利，明确了各级政府的独立平等地位。改革之后，中央政府支出比例提高，占到四成。从财力划分上，日本的税收权集中于中央政府，主要包括所得税、消费税、法人税等，而都道府县一级政府主要征收地方消费税、不动产取得税、事业税等，市町村一级政府主要征收资产、规划税及矿产税等。从收支来看，日本总体上是一个税负较轻的国家，税收占 GDP 的比重低于 30%。其中，税收收入主要依靠国税，占到一半以上，税收总体比较稳定。从支出角度，日本近年财政支出尤其是中央政府支出呈现逐年上升趋势。

（二）美、英、日央地财政事权和支出责任划分的经验借鉴

1. 央地财政事权与支出责任划分法制化是关键

中央与地方财政事权与支出责任的划分是世界各国共同面临的一大难题，发达国家在探索二者合理划分的道路上，也经历了一个波浪式前进和螺旋式上升的过程。但无一例外，以美、英、日为代表的发达国家均在法制化层面投入巨大力量。以日本为代表的大陆法系国家，采用清晰的列举方法，界定支出责任；以美、英为代表的海洋法系国家，虽基于历史惯例，在法律界定上具有较大灵活性，但也明确划分支出责任，明令禁止中央强制地方负担非地方事权范围内的支出。总的来看，美、英、日三国央地财政事权与支出责任划分在法制化层面呈现出以下三个特点：其一，通过宪法和法律明确界定了中央与地方享有的权利和不享有的权利，并赋予地方一定的自主权。其二，在法律层面上对中央干预地方的权限进行限制。其三，中央对地方拥有法律意义上的监督权。

2. 合理划分支出责任要以明确事权为前提

事权和支出责任看似一个问题的两个方面，实则有逻辑上的先后顺序，明确事权是划分支出责任的前提，是理顺政府间财政关系的逻辑起点，更是现代财政制度有效运转的基础和支撑。只有先清晰事权，才能接下来对各级政府的支出责任进行划分，进而理清中央与地方的收入划分，形成事权与支出责任相匹配的财政体制（刘永刚，2014）。纵观发达国家的改革历程，划分不同层级政府的支出责任也均是以明确事权为前提，进而划分收入，匹配财力的。

3. 中央政府的支出责任需要不断强化

由于历史原因、时代发展导向以及各级政府间的博弈等因素的存在，当今世界主要发达国家在支出责任方面呈现出中央政府支出逐年上升的趋势。一方面，这是中央政府事权不断扩大的结果，另一方面，这也是经济规律的要求。从公共服务均等化角度来看，越是下级政府，促进公共服务均等化的能力就越弱，应对经济危机、公共风险的能力也就越弱。公共服务均等化与公共服务的规模化、辖区间的外溢性紧密相连（刘尚希、马洪范、景弯博、于雯杰，2017），这一领域的问题要靠更高一级的政府来协调解决。这要求更高一级别的政府不仅要拥有财力，还要匹配相应的支出责任。伴随市场经济的发展、公共服务均等化的要求，中央政府的支出责任强化是必然趋势（杨志安、邱国庆，2018）。

四、对我国央地财政事权和支出责任划分的对策建议

（一）完善央地财政事权与支出责任相匹配制度

1. 调整央地事权划分

在调整中央与地方事权划分这一问题上，应总体按照十九大提出的“权责清晰”的思路，强化中央事权，明晰央地财政事权划分。中央事权可采用列举法详列，其余归地方。总体而言，强化中央事权可将国防、一般公共服务、教育、社会保障与就业、医疗卫生、科学技术、节能环保等关系国计民生、涉及全国统一市场的事权上划中央，减少中央和地方共同负担的事权，从而减少央地遇事相互推诿，中央将事权强制委派给地方，地方“叫苦不迭”的情况发生。

具体应划归中央政府的事权建议如下：一般公共服务类别下的中央政府本级党政机关事务支出、质检、统计、税务、审计、知识产权、海关、民族、宗教、港澳台、民主党派及工商联支出；国防、外交类别下的外交、国防、人民防空以及武器弹药仓库支出；公共安全类别下的武装警察、反恐、国内安全保卫、出入境管理支出；教育类别下的义务教育、部分高等教育支出；科学技术类别下的基础研究、应用研究、社会科学、科技交流与合作支出；文化体育与传媒类别下的国家级文物保护、国家级图书馆、博物馆、纪念馆、特殊文化保护等支出；社会保障与就业类别下的基础养老保障补助、基本医疗保险补助（城镇职工医疗保险、新农合）、退役安置、抚恤等支出；医疗卫生类别下的食品和药品监督管理支出；农林水事务下的国家粮食安全、跨省森林保护、水利建设等支出；交通运输类别下的跨省高速公路、国道、铁路、民用航空运输、区域性机场建设、大型港口设施、石油价格改革对交通运输的补贴、邮政等支出；资源勘探、电力信息等事务类别下的资源

勘探开发、电力监管、中央国有资产监管等支出；金融监管事务类别下的支出，包括行政支出、监管支出、发展支出、调控支出以及其他金融支出；援助其他地区支出、国土资源气象等事务支出类别下的援助其他地区、国土海洋气象等支出；粮油物资储备事务类别下的粮油物资储备等支出。其中节能环保支出可由中央政府委托市县政府单独承担事权，城乡社区事务可单独由市县政府承担事权，商业服务业等事务可由市县政府单独承担事权、住房保障可由中央政府委托市县政府单独承担事权，其余地方政权机关运转及地方所需在本地区经济、事业发展等方面的支出由省、市、县负担。

2. 调整央地收入划分

调整央地收入划分应总体按照党的十九大提出的“财力协调、区域均衡”的思路，在保证中央足额财力收入的同时，将部分中央税或中央和地方共享税收入交给地方，同时建立地方主体税种，形成地方主体税源，加快房地产税、遗产税的立法，从而保证地方政府的足额财政收入，也可以在一定程度上化解目前正处于“红色警戒”的地方债务危机。对于调整央地收入划分，在税收领域，笔者对部分税种的划归提出了建议，如表 3 所示。

表 3 部分税种划归建议

类别	税种	现行划归	建议划归
流转税	增值税	共享税	中央税
	消费税	中央税	共享税
	关税	中央税	中央税
所得税	个人所得税	共享税	共享税
	企业所得税	共享税	共享税
财产税	房产税	地方税	地方税
	遗产税	地方税	地方税
	契税	地方税	地方税
	车船使用税	地方税	地方税
行为目的税	印花税	共享税	共享税
	城市维护建设税	共享税	地方税
	土地增值税	地方税	地方税
	车辆购置税	中央税	地方税
	耕地占用税	地方税	地方税
资源税	资源税	共享税	共享税
	城镇土地使用税	地方税	地方税

资料来源：中华人民共和国财政部官网 http：//www. mof. gov. cn/index. htm。

（二）准确把握政府职能与市场边界

市场是资源配置最直接有效的途径，政府不应过多的干预市场配置，要准确把握政府与市场的边界。李克强总理在国务院全体会议上强调："要最大限度减少政府对市场资源的直接配置，最大限度减少对市场活动的直接干预。"市场能够解决的问题，政府要交给市场解决，减少干预，市场不能解决的，政府要及时补位（汪同三，2016）。政府应尊重价值规律和竞争规律，让市场在资源配置中发挥决定性作用，政府更多地发挥在提供公共服务、公共设施领域中的作用。具体来说，政府主要发挥维护市场秩序、提供公共产品、调节收入分配、调控宏观经济的作用。在市场失灵时或在市场自发调解不到的领域，政府进行宏观调控，运用合适的财政政策和货币政策纠正市场弊端，发挥调解收入分配，维护市场秩序的作用。最终达到市场与政府优势互补、相互促进的目的（罗万金、杨宗政，2018）。在社会主义市场经济条件下，必须把握好政府和市场这"两只手"的关系，使二者相互配合、有机统一，唯此才能充分发挥我国社会主义市场经济的优势。

（三）完善转移支付制度

1. 缩减转移支付总体规模

解决我国政府间转移支付存在的两大难题，首先就是要缩减转移支付的总体规模，从根本上改变中央政府"只给财力不给财权"的现状。具体来说，就是要将支出责任向上转移。向上层面，按照"适度加强中央政府的直接支出责任"的要求，提高中央政府市本级支出水平；向下层面，减少地方政府在各项公共支出中的直接支出责任。按照政府间分权原理，将需求偏好差异较大的公共产品的支出事权交给地方政府，反之，交给中央政府。

2. 优化转移支付结构

优化转移支付结构主要是要解决专项转移支付规模较大、名目繁多的问题。一方面，可加大一般性转移支付的力度，要有计划、有目的地减少专项转移支付，具体可以先采用合并同类型的方式，使得转移支付结构更加合理。另一方面，要在法律层面，建立规范的转移支付制度，为转移支付提供蓝本，同时建立专项转移支付的追责制度，对其形式、程序、条件等进行追责，进而从根本上解决专项转移支付不透明、管理权责不清晰、政策目标不协调等问题，使专项转移支付更加法制化、规范化。从而建立起一个以一般转移支付为主导，专项转移支付为辅助，专项拨款为补充的结构优化的转移支付制度。

（四）推进政府事权和支出责任法制化

中央与地方财政事权和支出责任划分的改革是我国财税体制改革的关键

一环，也是长期以来困扰政策制定者和执行者的一个“老大难”问题。解决这一难题首先要深入我国财政体制的“病灶”，“对症下药”，而最佳良药就是“法治”。要以法治匹配财政体制，建立财政领域基本法，完备财政法律法规体系，从而以国家法律的形式规范政府间的权责划分（马万里，2018），一方面强调事权与财权的法定，一方面强调财力与支出责任的法治安排，使得凡是涉及政府间财政事权与支出责任的划分问题，必定有法可依、依法进行（贾康、孙京春，2016）。首先，应直面我国现行相关法律中存在的不自恰现象，在不违背宪法的前提下，着重解决行政法规与地方性法规同时规定事权的矛盾，厘清其他相关法律法规内容。其次，在《宪法》中明确中央和地方各自独立事权与共同事权原则。例如，关系全国统一市场规则的国防、外交等权利，要明确中央事权，而涉及区域性公共事务与服务的要明确地方事权，涉及部分社会保障及跨区域重大项目的事权要明确中央和地方的共同事权。法制化是合理划分中央与地方财政事权与支出责任的关键一招，深化事权与支出责任的法制化改革，是推进我国国家治理体系与治理能力现代化的必经之路。

参考文献

[1] 楼继伟．深化事权与支出责任改革推进国家治理体系和治理能力现代化［J］．财政研究，2018（1）：2－49.

[2] 史朝阳，王丹．我国地方债务规模与政府职能关系的几点思考［J］．当代经济，2012（6）：134－135.

[3] 马万里．关于政府间事权与支出责任划分的几个理论问题［J］．地方财政研究，2017（4）：4－18.

[4] 李靖．财政分权下我国三大产业发展情况的研究——基于林毅夫的分权模型［J］．现代经济信息，2014（5）：20－22.

[5] 孙克竞．推进事权与支出责任相适应的财政体制改革：顶层设计与实施方案［J］．财政科学，2017（9）：52－61.

[6] 孟丁凡，王希瑞．财政事权和支出责任划分视阈下的地方政府治理问题探析［J］．现代商业，2017（1）：41－42

[7] 于树一．现阶段我国财政事权与支出责任划分：理论与实践探索［J］．地方财政研究，2017（4）：19－24.

[8] 白景明，朱长才等．建立事权与支出责任相适应财税制度操作层面研究［J］．经济研究参考，2015（43）：3－21.

[9] 成军．中央与地方政府间的支出事项及责任划分研究［J］．经济研究参考，2014（16）：44－48.

[10] 马海涛，任强．我国中央对地方财政转移支付的问题与对策［J］．华中师范大学学报，2015（6）：43－49.

[11] 乔天锋，韩克恩，王婷婷．中央与地方事权及支出责任划分存在的问题及对策［J］.

中国经贸导刊，2017（9）：22－23.
［12］马国贤．现代国家治理与责任型分级财政体制［J］．当代财经，2016（12）：24－31.
［13］王振宇．财权与事权不匹配新一轮财税体制改革要以分税制为前提［J］．环境经济，2018（2）：42－45.
［14］陈颂东．IMF 成员国中央财政支出责任比较与借鉴［J］．地方财政研究，2017（4）：43－49.
［15］黄景驰，蔡红英．英国财政事权及支出责任机制研究［J］．河南大学学报（社会科学版），2016（1）：45－53.
［16］刘永刚．新一轮财税体制改革是一场关系国家治理体系和治理能力现代化的深刻变革——财税体制改革三大重点如何推进［J］．中国经济周刊，2014（8）：22－28.
［17］刘尚希，马洪范，景弯博，于雯杰．国外支出责任的理论考察与实践经验［J］．财政科学，2017（9）：62－67.
［18］杨志安，邱国庆．财政政策对区域公共服务均等化的影响效应、作用机理及调控路径［J］．当代经济管理，2018（2）：72－78.
［19］汪同三．在新常态下处理好政府和市场关系．中国社会科学院学部委员［N］．人民日报，2016－8－24.
［20］罗万金，杨宗政．积极推进央地财政事权与支出责任划分改革［J］．中国经贸导刊，2018（5）：49－50.
［21］马万里．政府间事权与支出责任划分：逻辑进路、体制保障与法治匹配［J］．当代财经，2018（2）：26－35.
［22］贾康，苏京春．现阶段我国中央与地方事权划分改革研究［J］．财经问题研究，2016（10）：71－77.

The Reform Path of Responsibilities and Expenditure Assignment between Central and Local Governments

Yang Zhian　Gao Chenhuining

Abstract: How to divide the central government's fiscal responsibilities and expenditure responsibilities is the biggest hard nut to crack in the reform of China's fiscal and taxation system. The establishment of the fiscal and tax system adapted to the responsibility and the responsibility of expenditure is a focus of the reform of the current financial and tax system and even the development of the whole economy and society, and it is also a difficult problem faced by all the countries in the world. Based on this background, this paper, starting with the concept of financial power and expenditure responsibility, focuses on the analysis of the current situation, problems and causes of the division of responsibility and expenditure in China. From the practice of the three countries such as the United States, Britain and Japan, it summarizes the advanced experience in the division of financial power and expenditure responsibility in the central region. In order to promote the reform of our country's fiscal and tax system, we will explore the reform path of the division of financial power and expenditure responsibility of China's central land, and give specific plans at the operational level, in order to promote the reform of our fiscal and tax system.

Keywords: Governmental Responsibility, Expenditure Assignment, Fiscal and Taxation Systerm Reform, State Governance

区域性金融改革成效评价

赵　述*

摘　要： 随着我国经济发展方式转变进入关键时期和金融改革的不断深入，金融领域存在的一些突出问题暴露出来。在金融矛盾问题显著而宏观战略层面改革受限的情况下，区域性金融改革试验采用“试验区”的形式，通过局部试点积累经验再推广的方式，成为我国金融改革与发展的另一个突破口。本文尝试搭建了由共有指标和特有指标共同构成的区域性金融改革建设成效评价指标体系。选择国家级金融综合改革试验区作为分析重点，以温州为例，对金融综合改革试验区建设情况进行纵向评价，对温州、珠三角、泉州、云南广西沿边、青岛五个金融综合改革试验区建设成效进行横向比较，并对进一步深化区域性金融改革试验提出政策建议。

关键词： 金融改革　试验区　成效评价　先试先行

一、引言和文献综述

我国金融改革的实践，从改革的路径来看可分为两个维度：一是全局性金融改革，通过顶层制度设计，“自上而下”地统一部署，在全国范围内实施和推进；二是区域性金融改革，以试验区形式推进，具有专项性，尊重“自下而上”的市场选择，采取“先试点、再总结、后推广”的模式推进。自改革开放以来，我国金融体制改革采取了全局性金融改革的模式，已持续了三十多年的时间，并取得了举世瞩目的成绩。通过打破单一金融机构、建立浮动汇率制度、利率市场化改革、国有银行股份制改革、资本市场股权分置等一系列渐进式改革，计划经济时代高度集中的“大一统”金融体系早已不复存在，实现了由计划金融向市场金融、封闭型金融向开放型金融的转变。实践证明，这种全局性、强制的、渐进式的金融改革方式对于推进中国经济崛起起到了显著作用。但随着我国经济金融的发展，经济与金融发展不协调，金融发展滞后于经济发展等问题凸显出来。一方面，全球金融危机之后，我国经济进入增长速度换档期、结构调整阵痛期、前期刺激政策消化期“三期叠加”的调整期，经济发展中存在的深层次矛盾和结构性问题暴露出

---

* 作者简介：赵述（1982～　），辽宁沈阳人，中国人民银行沈阳分行主任科员，经济学博士，研究方向：区域经济学，电子邮箱：15054830@qq.com。

来，经济增长下行压力加大，经济发展步入“新常态”。在“新常态”下，如何定位和发挥好金融业作用，服务于经济结构调整和产业优化升级，支持实体经济发展，成为迫切需要解决的问题。另一方面，从金融体制发展自身来看，虽然我国金融体系的市场化程度在加深，但与其他领域相比，金融改革仍是我国经济体制改革的滞后环节，存在着与社会主义市场经济体制不相适应的诸多问题。主要体现在：金融机构数量和种类不足，无法满足金融主体日益增长的多元化需求；资本市场发展不均衡，不能满足小微企业的融资需求；民间金融发展受限，民间资本不能更好地支持实体经济发展；金融国际化程度不高，阻碍了开放型经济发展的步伐，这些金融领域存在的问题已成为制约我国经济结构发展和调整的“短板”。

党的十八届三中全会确立了全面深化改革的总目标，对金融重点领域和关键环节的改革进行了全面部署。为配合“自上而下”的全局性金融改革，加快探索全面深化改革的新模式和新途径，避免走大的弯路，国家开始有针对性地选择一些基础条件较好或区域金融特点显著的地区进行金融改革试验。2012 年 3 月温州金融综合改革试验区的成立，标志着我国区域金融改革路线图的全面推开，我国金融改革步入了“自下而上”的维度。目前，我国已经形成了区域性金融改革试验的热潮，成为了推动我国金融改革的重要力量。针对民间资本难以进入正规金融领域、民间金融发展受到限制等问题，设立了温州金融改革试验区（2012），尝试民间金融的规范化和合法化改革。针对小微企业和“三农”融资困难、金融服务获取不足等问题，设立了丽水农村金融改革试验区（2012）、吉林农村金融改革试验区（2015）、台州小微企业金融服务改革试验区（2015），探索为小微企业和“三农”提供金融服务的新模式。针对我国金融开放程度不高，国际影响力较弱等问题，陆续开展了上海（2013），天津、福建、广东（2015），辽宁、浙江、河南、重庆、四川、陕西（2017）等自贸区的金融改革，探索国内外投融资便利化、推动我国人民币国际化进程。针对我国日益增长的财富积累与居民投资渠道有限等问题，设立了青岛财富管理试验区（2014），开展财富管理金融服务等方面的改革探索。针对社会资本“脱实向虚”、产业空心化等现象，开展了泉州金融服务实体经济试验区（2013），引导金融资本回归实体经济，促进实体经济发展。这些区域性金融改革试验，有的已经取了很好的成效，有的正在积极进行中，通过试验，将会为全国金融改革提供丰富的经验。

面对各地区高涨的金融改革热情，对区域性金融改革成效进行研究，具有理论价值和实践意义。区域性金融改革建设成效评价指标体系的构建是评价过程的一大难点。由于指标体系没有统一的标准，国内对金融改革试验区涉及指标体系及其评价的研究甚少。从现有文献看，只有中国人民银行杭州中心支行课题组（2014）基于金融生态理论和温州经济金融发展实际情况，建立了温州金融改革试验区评价指标体系研究，但没有涉及评价方法和实证分析。张守志（2015）通过考察广西沿边金融改革试验区生态环境现状，从推进试验区生态环境建设角度构建了广西金融生态环境评价体系，并运用因子分析法对广西金融生态环境进行了测评，但是没有对广西沿边金融改革试验区的改革成效进行评价和分析。应国虎（2015）基于惠普金融价值理念，从丽水农村金融改革的总体目标出发，尝试构建了丽水农村普惠金融的评价体系。该指标体系由工作措施指标、整体成效指标、最终效果指标三类指标共同构成，通过对浙江丽水农村金融改革的推进情况和成效进行评价，总结了改革指标体系需要改进和完善的方面。本文试图依据金融改革试验区设立的背景、目标和改革任务，结合试验区经济发展实际，尝试构建区域性金融改革成效评价指标体系，对金融改革试验区改革与创新发展情况进行评价，以期为深化区域性金融改革提供有益参考和政策建议。

二、区域性金融改革建设成效评价指标体系

（一）总体思路

一是围绕区域性金融改革试验任务，反映和监测试验区建设进程。以区域性金融改革目标为导向，金融改革试验区基本任务为基准，作为设计指标体系的出发点。指标体系要综合评价金融改革试验区的建设情况，发现试验区建设中存在的问题，为进一步推动区域性金融改革提供理论与实证依据。

二是重点关注金融自身的发展。金融改革的最终目标是通过提升金融服务实体经济的能力，支持实体经济转型。但需要注意的是，实体经济的转型升级需要金融、财政、产业、税收等多种政策的配套组合，金融改革只是从金融层面，通过促进金融产业自身发展，构建与经济发展相适应的金融体制，提升金融服务实体经济的水平。因此，在评价指标体系设计上，要从提升金融体制效率和金融服务实体经济层面来分析，不能把评价改革成效的标准扩大到对所有经济发展问题的解决上。

三是体现研究的针对性。国内大多数衡量金融生态、金融中心竞争力的指标体系都采用显示性指标（描述金融发展水平的指标，如金融机构实力、金融市场规模等）和解释性指标（与金融发展密切相关的指标，如区位优势、基础设施、经济水平等）相结合的指标选择方式，强调的是评价的综合性，评价的针对性稍显不足。与上述指标体系不同，本文在构建指标体系时，为突出金融本身的发展，更加关注显示性指标，尽量不设置解释性指标。

（二）基本原则

一是科学性和实用性原则。指标体系应当充分反映和体现金融改革试验

的目的和本质。具体指标要求做到能够科学、全面、客观地反映金融改革试验区建设的进展与现状。针对试验区发展的特点，因地制宜地制定指标体系，使构建的指标体系能反映出各个试验区建设的特点。

二是系统性和层次性原则。区域性金融改革是一项复杂的系统工程，这就决定了其评价指标体系必须具有系统性强、层次多、涵盖广的特点。指标体系上下层之间要有明确的隶属关系，每一层的指标应互为补充，能够系统、全面地反映试验区建设的各个方面，以便确定指标权重和对其建设成效进行评价。

三是可比性和可靠性原则。评价指标体系应具有动态纵向可比性和横向可比性。纵向可比体现在时间序列上，反映金融改革试验区的发展进程与效果；横向可比体现在尽量能和其他试验区进行比较，反映试验区之间的差异。选取的各项指标应含义明确、统计口径一致、符合国际规范和国内现行统计制度的要求，或者采用合理的处理方法能够得出明确的统计结果，以保证统计数据的可靠性。

四是动态性和稳定性原则。评价指标体系指标既要在一定时期内保持相对稳定，又要能够随着时间推移、条件变化而不断更新和完善。区域性金融改革试验区建设和发展是逐渐递进的发展过程，指标体系需要考虑这种阶段性和循序渐进的特征，以便分析对区域性金融改革试验区的建设过程并预测发展趋势。

五是可计量性和可得性原则。评价指标体系的设计应该充分考虑指标的可量化和可获得性，尽可能选择容易量化的指标，对于意义重大的定性指标，也应该采取一定的量化手段，以便计算和评价。对于指标理论上可行，但是缺乏数量来源的，宁可暂缺，以避免主观判断。本文的指标体系中均采用定量指标，没有定性指标，这主要是为了保证客观性和真实性，最大程度减少主观因素的影响。

（三）评价指标

1. 指标体系的结构设计

从金融改革试验区的改革目标、任务和内容看，都可以将改革内容归纳为金融组织体系建设、金融市场发展、金融产品与服务、金融管理水平等四个方面，这四个方面又共同体现了金融产业自身的发展。因此，根据试验区指标情况，将各个试验区都有的改革指标作为试验区改革成效评价的共有指标，根据各个试验区不同的改革侧重点，有针对性地设计出该试验区的特有指标，并根据实际情况，赋予不同的指标权重。从总体结构上看，区域性金融改革试验区建设成效指标体系包含共有指标体系和特有指标体系；其中，共有指标体系分为金融产业、金融组织、金融市场、金融服务和金融管理五个方面、19 个具体指标；特有指标体系是根据不同试验区模式选定的特有指标。需要说明的是，在具体分析每个试验区建设成效时，需将特有指标纳入共有指标体系相应的五类指数中。

2. 共有指标体系构成

由于每个金融改革试验区确定的范围不同，有的以省为界，有的以省的一部分地区为界，有的以地级市为界，为解决各个试验区在土地面积、人口数量和经济规模上的差异，共有指标体系的指标尽量选择相对量指标，如表 1 所示。

表 1　　区域性金融改革评价共有指标体系

一级指标	二级指标	三级指标	指标性质	指标计算
金融改革试验区建设成效评价指数	金融产业指数	金融业增加值占 GDP 比重（%）	正指标	金融业增加值/地区生产总值
		金融发展深度（%）	正指标	(存款总额 + 贷款总额)/地区生产总值
		保险深度（%）	正指标	保费收入/地区生产总值
		证券市场交易额占 GDP 比重（%）	正指标	证券市场成交额/地区生产总值
	金融组织指数	金融机构网点密度（%）	正指标	金融机构网点数/常住人口数量
		新型金融组织密度（%）	正指标	新型金融组织数量/常住人口数量
		金融从业人员占比（%）	正指标	金融从业人员数量/全市从业人员数量
		银行业资产总额占 GDP 比重（%）	正指标	银行业金融机构资产总额/地区生产总值
	金融市场指数	每百万人上市公司数量（家）	正指标	上市公司数量/常住人口数量
		直接融资占比（%）	正指标	直接融资/融资总额
		股票市场总市值占 GDP 比重（%）	正指标	股票市场总市值/地区生产总值
		金融发展广度（%）	负指标	贷款总额/金融业增加值
		人民币流通深度（%）	正指标	跨境人民币结算总额/常住人口数量
	金融服务指数	小微企业贷款占比（%）	正指标	小微企业贷款总额/贷款总额
		涉农贷款占比（%）	正指标	涉农贷款总额/贷款总额
		保险密度（%）	正指标	保费收入/常住人口数量
	金融管理指数	每万人中小微企业信用档案数量（户）	正指标	中小微企业信用档案数量/城镇人口数量
		每万人农户信用档案数量（户）	正指标	农户信用档案数量/农村人口数量
		银行不良贷款率（%）	负指标	不良贷款总额/贷款总额

注：1. 新型金融组织数量是指试验区小额贷款公司和村镇银行数量之和。

2. 直接融资指上市公司通过股票市场和债券市场筹资的总额。融资总额是指银行新增贷款总额、股票融资总额和债券市场筹资总额之和。

3. 特有指标体系构成

特有指标体系主要反映区域性金融改革侧重点。以国家级金融综合改革试验区为例（见表 2）。温州金融改革试验区侧重民间融资规范化发展，其特有指标可以包含：每万人股份有限公司数量、中长期贷款占比、民间借贷备案金额、民间借贷合同纠纷收案数量、民间贷款利率与银行贷款利率之差等。珠三角金融改革试验区侧重金融改革创新和扩大金融业对外开放，其特有指标可以包含：非国有银行资产总额占比、存贷比、贷款总额/银行业资产总额等。泉州金融改革试验区侧重探索金融服务实体经济的新途径和新模式，其特有指标可以包含：重点行业新增贷款占比、每万人小微企业授信户数、每万人农户授信户数、上市公司境外资本市场筹资总额等。云南广西沿边金融改革试验区以人民币跨境使用为重点探索沿边金融改革，其特有指标可以包含：外资银行数量、跨境人民币结算参与企业数量等。青岛金融改革试验区重点是金融财富管理试验，其特有指标可以包含：金融地税收入占地税总收入比重、私人银行数量、外资银行数量、储蓄存款、高等学校在校大学生数量等。

表 2　区域性金融改革评价特有指标体系

试验区	三级指标	指标性质	指标计算
温州	每万人股份有限公司数量（家）	正指标	股份有限公司数量/常住人口数量
	中长期贷款占比（%）	正指标	中长期贷款余额/贷款总额
	民间借贷备案金额（亿元）	正指标	—
	民间借贷合同纠纷收案数量（万件）	负指标	—
	民间贷款利率与银行贷款利率之差（%）	负指标	民间贷款利率－银行贷款利率
珠三角	非国有银行资产总额占比（%）	正指标	（银行业资产总额－国有银行资产总额）/银行业资产总额
	存贷比（%）	正指标	贷款总额/存款总额
	贷款总额占银行业资产比重（%）	负指标	贷款总额/银行业资产总额
泉州	重点行业新增贷款占比（%）	正指标	重点行业新增贷款总额/新增贷款总额
	每万人小微企业授信户数（户）	正指标	小微企业授信户数/常住人口数量
	每万人农户授信户数（户）	正指标	农户授信户数/常住人口数量
	上市公司境外资本市场筹资总额（亿元）	正指标	—
云南广西沿边	外资银行数量（家）	正指标	—
	跨境人民币结算参与企业数量（家）	正指标	—

续表

试验区	三级指标	指标性质	指标计算
青岛	金融地税收入占地税总收入比重（%）	正指标	金融地税收入/地税总收入
	私人银行数量（家）	正指标	—
	外资银行数量（家）	正指标	
	储存存款（亿元）	正指标	—
	高等学校在校大学生数量（万人）	正指标	—

（四）评价方法

在确定了指标体系后，主要采用多指标综合评价方法，通过灰色关联分析确定评价指标体系关联度和指标权重，运用线性加权方法来计算区域性金融改革成效评价指数，最终得到各层指标指数及总指数。

1. 评价指标的标准化处理

指标之间由于单位量级不同，导致了指标之间不能进行相互比较和计算，因此为了在进行分析时不受量纲的影响、消除数值突变带来的对评价效果的不利影响、保证所用数据的一致性，需要对评价指标进行标准化处理。

本文采用绝对比较法进行标准化处理：

正指标：$X_{正}=\frac{x_i}{x_{max}}$

逆指标：$X_{逆}=\frac{x_{min}}{x_i}$

其中，X 为标准化的具体指数值，x_i 为原始指数值，x_{max}为指标最大值，x_{min}为指标最小值。

2. 指标权重的确定

指标权重是在度量金融改革试验区建设成效评价的一个重要参数，权重赋值的合理性对评价结果有着重要影响。本文采用灰色关联分析法对相应指标赋权，主要是因为：灰色关联分析是灰色系统理论（中国学者邓聚龙（1982）首创）的重要组成部分，是一种研究样本数据少、信息贫乏等不确定性问题的客观赋权法。灰色系统模型主要根据已有信息描述和监控其系统演化规律和运行行为，对观测数据是否足够、是否有规律性没有特殊要求和限制，拥有十分广泛的应用领域。金融综合改革试验区建设时间不长，发展过程较短，因此可获取的数据样本量较小，而且试验区之间发展不平衡，金融改革本身数据存在灰度较大，统计口径差别较大、非线性以及人为因素影响等，可能会导致部分数据没有典型分布规律、重复出现、大起大落等情况发生，采用灰色关联分析方法可以弥补上述问题。

灰色关联分析技术路线。应用灰色关联分析方法计算得出的灰色关联度就是指标的权重系数。主要分析方法为：

定义：设 $X_0=(x_0(1), x_0(2), \cdots, x_0(n))$ 为系统特征行为序列，并且

$$X_1=(x_1(1), x_1(2), \cdots, x_1(n))$$
$$\cdots \quad \cdots \quad \cdots$$
$$X_i=(x_i(1), x_i(2), \cdots, x_i(n))$$
$$\cdots \quad \cdots \quad \cdots$$
$$X_m=(x_m(1), x_m(2), \cdots, x_m(n))$$

为相关因素序列。给定实数 $\gamma(x_0(k), x_i(k))$，若实数 $\gamma(X_0, X_i)=\frac{1}{n}\sum_{k=1}^{n}\gamma(x_0(k), x_i(k))$ 满足下述四个条件：

①规范性：$0<\gamma(X_0, X_i)\leqslant 1$，$\gamma(X_0, X_i)=1 \Leftarrow X_0=X_i$

②接近性：$|x_0(k)-x_i(k)|$ 越小，$\gamma(x_0(k), x_i(k))$ 越大

③偶对称性：对于 $X_i, X_j\in X$，有 $\gamma(X_i, X_j)=\gamma(X_j, X_i)\Leftrightarrow X=\{X_i, X_j\}$

④整体性：对于 $X_i, X_j\in X=\{X_s \mid s=0, 1, 2, \cdots, m; m\geqslant 2\}$，

有 $\gamma(X_i, X_j)\neq\gamma(X_j, X_i)(i\neq j)$

则称 $\gamma(X_0, X_i)$ 为 X_i 与 X_0 的灰色关联度，$\gamma(x_0(k), x_i(k))$ 为 X_i 与 X_0 在 k 点的关联系数。并将条件（1）、（2）称为灰色关联公理。规范性表明系统中任何两个行为序列都不可能是严格无关联的。接近性表明灰色关联分析模型是基于两个行为序列对应点之间的距离测度系统因素变化趋势的相似性。

定理：设系统行为序列为：

$$X_0=(x_0(1), x_0(2), \cdots, x_0(n))$$
$$X_1=(x_1(1), x_1(2), \cdots, x_1(n))$$
$$\cdots \quad \cdots \quad \cdots$$
$$X_i=(x_i(1), x_i(2), \cdots, x_i(n))$$
$$\cdots \quad \cdots \quad \cdots$$
$$X_m=(x_m(1), x_m(2), \cdots, x_m(n))$$

对于 $\xi\in(0, 1)$，令

$$\gamma(x_0(k), x_i(k))=\frac{\min\limits_i \min\limits_k |x_0(k)-x_i(k)|+\xi\max\limits_i \max\limits_k |x_0(k)-x_i(k)|}{|x_0(k)-x_i(k)|+\xi\max\limits_i \max\limits_k |x_0(k)-x_i(k)|}$$

$$\gamma(X_0, X_i)=\frac{1}{n}\sum_{k=1}^{n}\gamma(x_0(k), x_i(k))$$

则 $\gamma(X_0, X_i)$ 满足灰色关联公理，其中 ξ 称为分辨系数。$\gamma(X_0, X_i)$ 称为 X_0 与 X_i 的灰色关联度。灰色关联度 $\gamma(X_0, X_i)$ 常简记为 γ_{0i}，k 点关联系数 $\gamma(x_0(k), x_i(k))$ 简记为 $\gamma_{0i}(k)$。按照定理中的公式即可得出灰色关联度，计算步骤如下：

第一步：求各序列的初值像（或均值像）。

令 $X'_i = X_i / x_i(1) = (x'_i(1), x'_i(2), \cdots, x'_i(n))$，$i = 0, 1, 2, \cdots, m$

第二步：求 X_0 与 X_i 的初值像（或均值像）对应分量之差的绝对值序列。

记 $\Delta_i(k) = |x'_0(k) - x'_i(k)|$，$\Delta_i = (\Delta_i(1), \Delta_i(2), \cdots, \Delta_i(n))$，$i = 1, 2, \cdots, m$

第三步：求 $\Delta_i(k)$ 最大值与最小值。

分别记为 $M = \max\limits_i \max\limits_k \Delta_i(k)$，$m = \min\limits_i \min\limits_k \Delta_i(k)$

第四步：求关联系数。

$$\gamma_{0i}(k) = \frac{m + \xi M}{\Delta_i(k) + \xi M},\ \xi \in (0, 1),\ k = 1, 2, \cdots, n;\ i = 1, 2, \cdots, m$$

第五步：计算关联度。

$$\gamma_{0i} = \frac{1}{n}\sum_{k=1}^{n} \gamma_{0i}(k);\ i = 1, 2, \cdots, m$$

根据该理论，计算出的关联度即是指标权重的原始值，经过归一化处理后得到指标权重值。针对本章评价指标体系，采用灰色关联分析法计算指标权重的过程如下：

（1）考虑一个指标评价体系，设其中 n 个评价指标，m 个评价对象，那么被评价对象的指标体系可写成如下矩阵形式 V：

$$\begin{pmatrix} V_{11} & V_{12} & \cdots & V_{1n} \\ V_{21} & V_{22} & \cdots & V_{2n} \\ \cdots & \cdots & \cdots & \cdots \\ V_{m1} & V_{m2} & \cdots & V_{mn} \end{pmatrix}$$

（2）确定参考列 $V_0 = (V_{01}, V_{02} \cdots V_{0n})$，一般取第 j 个指标在所有评价对象中的最优值作为 r_j 的值。若指标为正向指标，则取最大值作为最优值；若指标为负向指标，则取最小值作为最优值。

（3）根据灰色关联理论，原始数据要满足无量纲。对原始数据进行标准化处理，对于正指标 $S_{ij} = \frac{V_{ij}}{V_{max}}$，对于负指标 $S_{ij} = \frac{V_{min}}{V_{ij}}$。得到新矩阵 S 如下：

$$\begin{pmatrix} s_{11} & s_{12} & \cdots & s_{1n} \\ s_{21} & s_{22} & \cdots & s_{2n} \\ \cdots & \cdots & \cdots & \cdots \\ s_{m1} & s_{m2} & \cdots & s_{mn} \end{pmatrix}$$

（4）记 $S_i = (S_{i1}, S_{i2}, \cdots, S_{in})$，$i = 0, 1, 2, \cdots, m$，作为比较数列；将规范化后的数列 $S_0 = (S_{01}, S_{02}, \cdots, S_{0n})$ 作为参考数列，计算 S_j 的第 j 个指标与 S_0 的第 j 个指标的关联系数 $E_{ij}(i = 1, 2, \cdots, m, j = 1, 2, \cdots, n)$ 如下：

$$E_{ij} = \frac{\min\limits_i \min\limits_j |s_{0j} - s_{ij}| + \rho \max\limits_i \max\limits_j |s_{0j} - s_{ij}|}{|s_{0j} - s_{ij}| + \rho \max\limits_i \max\limits_j |s_{0j} - s_{ij}|}$$

其中，ρ 取［0，1］，一般令 ρ=0.5。计算得到关联系数矩阵 E 如下：

$$\begin{pmatrix} E_{11} & E_{12} & \cdots & E_{1n} \\ E_{21} & E_{22} & \cdots & E_{2n} \\ \cdots & \cdots & \cdots & \cdots \\ E_{m1} & E_{m2} & \cdots & E_{mn} \end{pmatrix}$$

（5）计算 $Y_i = \frac{1}{m}\sum_{i=1}^{m} E_{ij}$，则 Y_i 为第 i 个评价对象与参考对象的关联度大小。

（6）将计算出的指标间关联度系数进行归一化处理，得到最终指标权重。

3. 综合得分的计算

指标权重的计算和“价值”的量化是计算综合评价结果的前提，解决了这两个关键性的问题后，即可计算区域性金融改革建设成效评价指标体系的综合得分。本文采用线性加权法，从最低层向最高层逐层计算指标体系的综合得分。

其一般形式为：$F = \sum_i X_i W_i$

其中，X_i 为指标数据无量纲化值，W_i 为指标 X_i 的权重。

三、区域性金融改革成效评价

基于构建的区域性金融改革成效评价指标体系，本文以温州为例，对温州金融综合改革试验区建设情况进行纵贯分析，并选择 2016 年温州、珠三角、泉州、云南广西、青岛五个金融综合改革试验区建设情况进行横向比较。

（一）温州金融改革试验区建设成效评价

1. 建设成效指标计算

温州作为全国首个金融综合改革试验区，一直坚持围绕民营经济和资本推进金融改革，破解民间金融发展难题。通过计算灰色关联度确认指标权重，见表 3。

表 3 温州金改试验区建设成效评价指标体系及权重

二级指标	二级权重	三级指标	指标性质	三级权重
金融产业指数	0.1939	金融业增加值占 GDP 比重	正指标	0.0486
		金融发展深度	正指标	0.0485
		保险深度	正指标	0.0485
		证券市场交易额占 GDP 比重	正指标	0.0482

续表

二级指标	二级权重	三级指标	指标性质	三级权重
金融组织指数	0.1938	金融机构网点密度	正指标	0.0485
		新型金融组织密度	正指标	0.0484
		金融从业人员占比	正指标	0.0484
		银行业资产总额占 GDP 比重	正指标	0.0485
金融市场指数	0.2379	每百万人上市公司数量	正指标	0.0482
		股票市场总市值占 GDP 比重	正指标	0.0482
		直接融资占比	正指标	0.0456
		每万人股份有限公司数量	正指标	0.0476
		中长期贷款占比	正指标	0.0484
金融服务指数	0.1453	小微企业贷款占比	正指标	0.0484
		涉农贷款占比	正指标	0.0485
		保险密度	正指标	0.0484
金融管理指数	0.2292	每万人中小微企业信用档案数量	正指标	0.0485
		民间借贷备案金额	正指标	0.0350
		民间借贷合同纠纷收案数量	负指标	0.0486
		民间贷款利率与银行贷款利率之差	负指标	0.0485
		银行不良贷款率	负指标	0.0485

根据温州金融改革试验区 2011 ~ 2016 年的指标原始数据，计算得出二级指数和总指数（见表 4）。

表 4　　温州金融改革试验区建设成效评价指数

指数	2011 年	2012 年	2013 年	2014 年	2015 年	2016 年
总指数	64.84	65.30	69.98	79.46	89.99	95.98
金融产业指数	74.03	68.72	64.86	64.16	91.45	86.38
金融组织指数	74.03	91.37	86.86	91.88	95.77	96.98
金融市场指数	31.75	40.37	53.84	78.14	92.44	96.44
金融服务指数	68.79	73.05	90.95	97.11	97.11	98.28
金融管理指数	81.46	61.34	63.49	73.01	76.20	84.13

2. 建设成效评价

从评价总指标看，2012 年 2 月温州金融改革试验区获批，随着金融改革的深入推进，温州金融改革试验区建设成效指数总体呈逐步上升的趋势。建设成效总指数由2011年（改革前）的64.84上升到2016年的95.98，提高了38.93%。从总指数增速来看，2012年增速较低，仅为0.71%，主要是因为2011年下半年温州金融风险发生，不良贷款增长较快。2013年开始总指数增速提高，平均增速为10.16%。

从建设成效评价二级指数来看，一是金融产业指数。随着温州金融危机的爆发，2012年至2014年金融产业指数一直处于负增长，但是降幅在逐年下降，说明虽然温州受到了金融危机影响使金融业发展受到了一定影响，但随着金融改革的推进，温州金融产业在逐步恢复，2015年金融产业指数增长明显。虽然金融业增加值占GDP比重总体处于下降水平，但保险密度逐年提高，尤其是2015年温州证券市场成交额突破5万亿元，使金融产业指数得到明显提升。

二是金融组织指数。除2013年下降外，其余年度金融组织指数处于上升状态，年均增速5.95%。其各项三级指数处于总体上升趋势，金融机构网点密度、新型金融组织密度逐步增加，因为温州金融改革后，积极引进多家外地商业银行、打造村镇银行“温州品牌”，使金融机构网点、新型金融组织不断增加。

三是金融市场指数。金融市场指数是温州二级指标中增速最大的，年均增速25.66%，说明温州金融市场水平发展迅速，改革取得了较好成效。通过大力推动多层次资本市场建设，2016年温州每万人上市公司数量、直接融资占比分别比2011年（金改前）增长了1.25倍和13.32倍。中长期贷款比重逐年增加，说明企业短贷长用的问题得到了有效缓解。通过推动中小企业去“家族化”实施股份制改造，使股份有限公司不断增加，温州每万人股份有限公司数量是金改前的7.03倍。

四是金融服务指数。2011～2016年温州小微企业贷款占比、涉农企业贷款占比逐年提高，保费深度也在逐年增加，说明温州金融服务水平在稳步提高。

五是金融管理指数。金融管理水平的提升是检验温州金融改革成效的重要指标。温州金融管理指数在温州五个二级指数中平均得分最低、并且增速处于负增长状态。其中，2011年金融管理指数值由81.46下降到2012年的61.34，下降了32.8%，说明温州金融风险处于蔓延趋势，加上温州金融改革刚刚起步，改革的效应还没有显现出来，2013年之后金融管理指数不断提高，改革成效开始显现。主要体现在温州通过核销、打包出售和上划等方式，加大了对不良贷款的处置力度；通过发布“温州指数”，实现了对民间融资利率的全面监测，使民间融资利率有所下降；建立了“温州民间借贷登记备案管理系统”，民间借贷备案数量逐年增加，民间借贷阳光化取得阶段性成效，但随着民间金融危机的爆发，法院收到的民间借贷纠纷合同收案数量呈现波动上升。

（二）区域性金融改革建设成效比较分析

1. 评价指标计算

根据区域性金融改革成效共有指标体系，依据灰色关联分析方法确定区域性金融改革成效评价共有指标的相应权重，如表 5 所示。

表 5　区域性金融改革成效评价体系共有指标权重

二级指标	二级权重	三级指标	指标性质	三级权重
金融产业指数	0.2269	金融业增加值占 GDP 比重	正指标	0.0606
		金融发展深度	正指标	0.0558
		保险密度	正指标	0.0577
		证券市场交易额占 GDP 比重	正指标	0.0528
金融组织指数	0.2153	金融机构网点密度	正指标	0.0536
		新型金融组织密度	正指标	0.0559
		金融业从业人员占比	正指标	0.0486
		银行业资产总额占 GDP 比重	正指标	0.0572
金融市场指数	0.2573	每百万人上市公司数量	正指标	0.0482
		直接融资占比	正指标	0.0542
		股票市场总市值占 GDP 比重	正指标	0.0517
		金融发展广度	负指标	0.0551
		跨境人民币结算密度	正指标	0.0482
金融服务指数	0.1551	涉农贷款占比	正指标	0.0519
		小微企业贷款占比	正指标	0.0502
		保险深度	正指标	0.0529
金融环境指数	0.1455	每万人中小微企业信用档案数量	正指标	0.0447
		每万人农户信用档案数量	正指标	0.0478
		银行不良贷款率	负指标	0.0529

选取 2016 年五个金融综合改革试验区的共有指标数据进行分析研究。原始数据经过标准化处理计算得到相关指数，如表 6 所示。

表 6　2016 年区域性金融改革成效评价总指数、二级指数

指数	温州	珠三角	泉州	云南广西沿边	青岛
总指数	71.36	75.23	63.99	53.20	63.36
金融产业指数	90.29	99.25	58.41	62.54	65.50

续表

指数	温州	珠三角	泉州	云南广西沿边	青岛
金融组织指数	78.20	66.02	41.41	57.70	76.21
金融市场指数	61.04	89.11	65.79	44.33	63.85
金融服务指数	81.70	52.65	84.02	40.74	63.74
金融管理指数	38.93	50.93	85.83	60.93	39.76

2. 试验区建设成效的横向比较

从建设成效评价总指数来看，2016 年珠三角金融改革试验区总体建设成效指数最高、温州次之、泉州第三、青岛排在第四、云南广西沿边试验区最低，建设成效评价指数较为客观地反映了各个金融改革试验区的整体实力。

从建设成效评价二级指数来看，一是金融产业指数。珠三角金融产业指数最高，说明珠三角金融产业发展在各试验区中，总体处于较高水平；其次是温州，比珠三角低 8.96，但比排在第三的青岛高 33.75，说明青岛、云南广西沿边、泉州三个试验区与珠三角、温州相比，还存在较大的差距；泉州金融产业指数最低。珠三角、温州金融产业指数较高主要是因为珠三角金融总量全国第一，金融业增加值占 GDP 比重排在五个试验区第一位；温州在金融发展深度、保险深度、证券成交额占 GDP 比重这三个三级指数上排在前列。这也说明了虽然珠三角金融体量大，但珠三角实体经济获得的金融资源与其对经济的贡献，与温州相比有一定的差距，也说明了温州金融改革在金融产业发展方面取得了较好的成效。云南广西沿边试验区证券市场交易额占 GDP 比重指数只有 14.88，明显低于其他试验区相应指标，拉低了云南广西沿边金融产业指数，说明云南广西沿边在证券市场发展比较落后。泉州金融产业指数最低，主要原因是泉州金融业增加值占 GDP 比重、金融发展深度、保险密度均处于较低水平。

二是金融组织指数。温州金融组织指数最高，青岛次之，珠三角排在第 3 位，第 4 名是云南广西沿边，泉州与其他金融改革试验区金融组织指数差距明显，排在最后，与温州相差 36.79 分。温州金融组织指数高，主要是因为其金融从业人员占比、银行业金融机构资产总额占 GDP 比重明显高于其他金融改革试验区。青岛金融机构网点密度最高，反映出青岛在金融机构组织建设和网点布置方面做出的努力。云南广西沿边的新型金融组织密度较高，主要原因是云南广西小额贷款公司发展很快，2015 年两省小额贷款公司已经达到 647 家，比珠三角多 207 家，但其金融从业人员占比处于较低水平，拉低了云南广西沿边的金融组织指数。泉州银行业金融机构资产总额占 GDP 比重，相对其他金融改革试验区处于较低水平。

三是金融市场指数。珠三角金融市场发展水平明显高于其他试验区，比排名第二的青岛高出 26.26，珠三角保持着金融强省地位，并拥有深圳证券交易所，领先优势明显。温州、泉州金融市场发展差距不大，排在第三名、第四名，云南广西沿边金融市场指数相对最低。珠三角金融市场指数较高，因为珠三角股票市场总市值占 GDP 比重、金融发展广度、人民币流通深度 3 个三级指标均排在其他试验区之首，但珠三角金融贷款/金融业增加值却相对最低，说明珠三角虽然金融总量规模大，但是在金融市场化水平上不及其他金融改革试验区。青岛每百万人上市公司数量比珠三角要高出 14.19，处于相对优势。泉州金融市场指数排在第四主要是因为其股票市场总市值占 GDP 比重、直接融资占比均处于较低水平，说明泉州资本市场发展不活跃，依然主要依靠银行贷款融资，多元化融资能力不及其他试验区。云南广西沿边金融市场指数最低的原因主要是每百万人上市公司数量较少、人民币流通深度相对较低。从跨境人民币结算数据来看，珠三角跨境人民币结算总额为 2.7 万亿元，云南广西沿边跨境人民币结算总量为 2367.1 亿元，排在第 2，说明珠三角跨境人民币业务明显多于其他试验区，相应的人民币流通深度也明显最高，但是云南广西沿边的人民币流通深度却低于其他试验区。

四是金融服务指数。泉州金融服务指数最高，说明泉州金融服务实体改革成效明显，温州金融服务指数排在第二，青岛、珠三角金融服务指数分别排在第三、第四，云南广西沿边金融服务指数最低。泉州金融服务指数较高的原因是泉州涉农贷款占比、小微企业贷款占比处于较高水平。为解决小微企业融资难的问题，温州加大了对小微企业的信贷扶持力度，在金融改革试验区中处于领先水平。从保险密度来看，青岛保险密度最高，为 3469.5 元/人，云南广西沿边保险密度最低，仅为 1039.23 元/人，说明青岛保险服务范围较广，而云南广西沿边保险服务水平有待提高。

五是金融管理指数。金融管理指数方面，选择了可以数据量化的信用体系建设和银行不良贷款率来衡量。从计算结果看，泉州金融管理指数最高，说明泉州金融管理方面改革成效显著，云南广西第二，温州金融管理指数处于较低水平。因为 2015 年泉州建立的中小微企业信息交换共享平台，使泉州中小微企业和农户信用档案数量明显提高。云南广西沿边在农户信用档案建设上成效明显，加上两省不良贷款率处于五区最低水平，拉高了其金融管理指数。温州金融管理指数处于较低水平，说明虽然温州努力化解区域金融风险，2014 年开始，不良贷款总额和不良贷款率已呈“双降”趋势，但是由于风险具有蔓延性，不良贷款率仍在其他试验区中处于较高水平。

四、结论与政策建议

（一）结论

本文依据区域性金融改革的背景、目标和具体任务，构建了区域性金融改革成效评价体系，通过实证分析可以得出结论：成效评价体系能够较为准确地反映试验区改革情况。本文构建的评价体系采用共性与个性指标相结合的方式，既体现出了各试验区改革的相同任务，也体现出了每个试验区改革特色。以温州为例，其改革的总体目标是要解决温州金融面临的中小企业多、融资难，民间资本多、投资难的“两多两难”问题，建立和“融资难”的中小企业“门当户对”的金融体系，引导脱离于实体经济的“游资”回归到实业。从温州金融改革试验区建设进展来看，温州金融改革的首要任务是整顿、治理和规范民间借贷，引导民间资本合法流入到金融体系，支持民营经济发展，并在民间金融制度建设方面取得突破。因此在指标体系设计时，充分考虑了民间借贷治理和金融监管情况，更加注重体现金融管理指数。从成效评价指标计算结果来看，随着改革的推进，金融管理指数逐年上升，金融管理指数反映出了温州金融改革成效，与温州金融改革实际情况相符。从五个试验区改革进展来看，温州侧重金融组织体系建设和金融管理水平提升，不断鼓励民间资本参与金融组织建设，建立地方民间融资法律体系，加快推进不良贷款处置；珠三角侧重金融市场建设，推进人民币跨境使用，加快粤港澳金融合作，发展多层次资本市场；泉州侧重金融服务实体经济，不断创新金融服务模式、完善小微企业服务体系、扩大支农服务范围；云南广西沿边试验区最大的特点是跨境，探索沿边金融、跨境金融创新；青岛注重引进财富管理机构和人才，培育财富管理资本市场和要素市场。从建设成效评价指标计算结果来看，温州的金融组织指数，珠三角的金融产业指数和金融市场指数，泉州的金融服务指数和金融管理指数分别在五个试验区中位居首位，与改革实际情况相符。温州“两多两难”问题突出，金融管理指数较其他试验区虽增长缓慢，但增速较快。云南广西沿边试验区金融市场体量不及珠三角，因此金融市场指数处于相对较低水平，与改革实际情况相符。

（二）存在的问题

从区域性金融改革的实践来看，依然存在一些机制体制的问题。一是改革政策和配套制度支持有限。由于我国金融管理体制是垂直的，金融政策制定是全国统一的，因此，区域金融改革试验的一些改革任务难免会面临着管理冲突的问题，妨碍市场公平准入的各种玻璃门依然存在。由于每个部门都有着不同的管理体制和特点，不少金融领域的改革通常难以及时得到其他政策的配套，配套政策不到位也制约了金融改革。二是区域金融风险有所显现，主要体现在不良贷款率上升。全国宏观经济下行压力加大，企业资金链趋紧、担保链风险问题突出；企业贷款逾期、欠息现象增多，部分逾期贷款被“过桥”贷款暂时掩盖，使得银行信贷风险进一步暴露。而金融创新具有杠杆化、虚拟性、逐利性、复杂性特点，金融改革试验区金融产品或服务的创新，也给区域金融风险增加了隐性因素。三是地方金融监管资源分散、法治基础缺失。金融改革试验区金融监管在机构设置、职责权限、履职手段等方面还没有统一规定，缺乏法律保障，日常监管难度较大。如虽然温州新设立的地方金融管理局和泉州金融工作局已经明确其监管职责，但是，由于其与现行金融管理体制存在一些冲突，相当多的职能仍由其他部门具体负责，并没有真正实现一体化监管。四是政府管理界限不清晰。目前我国中央金融管理机构掌握着金融发展与改革的管理权和监管职能，省级层面并不掌握相关金融立法权。在金融改革试验区的改革实践中，地方政府一直是改革的主要推动者。但在具体实施过程中，即使是总体方案框架内的改革任务，只要涉及国家部委审批的事项，都需要层层上报和审批，耗时长、效率低。

（三）政策建议

一是加强政策倾斜和配套制度建设。如在机构准入方面，对于金融改革试验区的机构准入，金融监管部门在综合考虑风险与资金要求的基础上，给予地方监管分局（部门）一定的金融改革政策制定权力，并通过完善相关法律法规或建立试验区的制度试行办法，适度降低地方性金融机构的进入门槛。在加强配套制度上，加大政策的支持力度，如对银行开展的“支小支农”业务进行风险补偿、相关业务收入免征营业税或减征所得税等。二是强化金融监管与风险控制。建立健全地方性金融监管规章，通过制定省级层面的金融管理条例等，推动中央政府完善相关金融法律法规。探索差异化的监管措施，如对真正从事差异化业务、服务薄弱领域的中小金融机构，考虑建立更加灵活、特色的监管指标体系，增强中小金融机构的服务信心。完善金融风险防范处置机制，建立适合地方金融的区域金融风险识别、监测、报告机制，确保区域金融风险的可控性和可化解性。三是正确处理好政府的管理边界。建立和完善中央层面协调工作机制，协调各部门配合改革的推进，确保各项改革相互促进和改革成效最大化。给予地方更大的改革自主权，下放机构准入、业务审核、产品创新、高管核准等权限。对区域性金融改革试验定红线、定底线，实现从重视微观管理向重视宏观审慎转变，从正面清单向负面清单转变。四是推动试验区差异化发展。对于已成立的金融改革试验区，应积极探索与周边城市、其他金融改革试验区的有效竞争模式，体现特色，实现错位发展，防止无序竞争和政府“跑政策”的冲动。对于未来可能的金融改革试验区的设立，建议既要突出金融改革重点、试验空白点，又要兼顾各地区的均衡问题。五是加快改革经验的复制和推广。为全国金融改革提供可复制、可推广的经验是金融改革试验的重要目标之一。建议从国家层面建立金融改革试验区经验推广体系，将试验区总结的各类成功改革经验做法，通过国家、地方两个层面，做好推广和宣传，真正发挥改革试点的作用，起到以点带面的效果。借鉴试验区的改革经验，使其他地区少走弯路，降低改革成本。

参考文献

[1] 李永平，苟成娟．区域金融创新水平的测度研究［J］．区域金融研究，2015（6）：18－22.

[2] 刘建军．天津滨海新区金融改革创新能力评价研究［J］．华北金融，2013（1）：11－17.

[3] 刘思峰等．灰色系统理论及其应用（第五版）［M］．北京：科学出版社，2010.

[4] 潘功胜．“自下而上”的区域金融改革：探索、成效与经验［J］．清华金融评论，2014（7）：20－24.

[5] 杨雪．区域金融改革实践发展概况、主要特点及借鉴［J］．西南金融，2014（5）：24－26.

[6] 应国虎．浙江丽水农村金融改革评价研究——兼论普惠金融评价体系构建［J］．浙江金融，2015（2）：74－79.

[7] 张守志．广西沿边金融改革试验区金融生态环境评价指标体系构建及实证研究［J］．区域金融研究，2015（5）：59－67.

[8] 中国人民银行杭州中心支行课题组．温州金融改革成效评价指标体系研究［J］．浙江金融，2015（3）：4－11.

Evaluation of the Effectiveness of Regional Financial Reform

Zhao Shu

Abstract: With the key period of the transformation of economic development mode and continuously deepening of the financial reform in China, our financial field has exposed some prominent problems. Under the significant financial problem and the reform limitation of macro-development strategic level, regional financial reform experiment, taking the ‘experimental region’ form by accumulating experience in parts of the area as the reason of avoiding some obviously mistakes, becomes a breakthrough point in the financial reform and development area of China. The paper sets up evaluation system of the effectiveness of regional financial reform with common indicators and unique indicators. By selecting the national financial comprehensive reform pilot area as the focus of the analysis, it conduct a longitudinal evaluation of the construction of the Wenzhou reform pilot area and also horizontal compares effectiveness of the Wenzhou, the Pearl River Delta, Quanzhou, edgeways of Yunnan and Guangxi, along with Qingdao experimental regions. Therefore we can give some policy suggestions for the further financial reform in experimental regions.

Keywords: Financial Reform, Experimental Regio, Validity Analysis, First Conducted

〔国民经济运行〕

农地收益权优化配置与农民收入增长关系研究*

沈秋彤　赵德起**

摘　要： 市场机制下农地资源流动性不断增强，其所产生的收益也不断增长，农地收益是农民的主要收入来源之一。但农民农地收益权得不到充分保障、农民自主配置收益权的能力不强使农民不能获得与其农地收益权相匹配的收入。基于这一事实，本文主要研究如何优化配置农地收益权，从而提高农民收入。文章首先从理论上探究了市场机制下农地收益权配置促进农民收入增长的一般机理，并深入探究了规模变化和技术进步条件下农地收益如何提高农民收入的机理。进一步的实证表明：改革开放以来农民收入增长与其农地收益权的配置密切相关；农地收益权呈现了"W"型的演进路径，农民的农地收益权存在着配置比例较低、被市场其他主体所侵蚀等权利损失的情况；农地规模化和技术进步进一步增加了农地收益，但这些收益增长却未能促进农民收入的同步增长；农民农地收益权自主配置能力较弱，国家对农民农地收益权的保障力度不够。由此提出以下建议：加大国家农地收益权的让渡比例，持续适度增加农民农地收益权；适度控制农地流转规模，加强市场中农地流转的监管，防止农民农地收益被侵蚀；建设与农地有关信息平台，培育新型农民，提高其自主配置权利的能力；加大农业科技投入，构建现代农业经营体系。

关键词： 农地收益　权利配置　农民收入

一、引　　言

拥有收益权意味着能对拥有的财产享受合法的收益。自十一届三中全会以来，家庭联产承包责任制使农民得到了部分农地收益权，农民农地收益除

---

* 基金项目：国家社科基金一般项目"十三五"期间农民农地权利配置的机理、路径及对策研究（15BJY081）。

** 沈秋彤（1990～　），辽宁锦州人，辽宁大学经济学院博士研究生，研究方向为国民经济学，电子邮箱：602967798@qq.com。赵德起（1971～　），辽宁北票人，辽宁大学经济学院教授，博士生导师，研究方向为国民经济、制度经济及农地制度。

上交给国家和集体外，其余都归自己所有。这一配置方式使农民收益得以较快增加。近年来，随着城镇化进程的加快，农地作为一种稀缺固定资产，产生的收益也变得尤为可观，因此农民农地收益权愈加受到重视。虽然《物权法》中明确了对农民农地收益权的保护，十八届三中全会《决定》中的农地鼓励政策也保障了农民享有更为充分的农地收益权，但由于农民的弱势地位和惯性依赖，其所拥有的农地收益权产生的农地收益并未得到充分保证，往往被其他主体侵蚀，成为无谓损失。

对于农地收益权，多数学者将研究焦点集中在对农地产权细化为所有权、使用权、处置权和收益权进行整体分析，直接对农地收益权进行研究的并不多，单独对农地收益权与农民收入关系进行分析的更少。总体来看，学者们对农地收益权分析的文献主要分三类：第一类文献回顾了农地产权的演进过程和农地制度的变迁过程，包括农地收益权的演进过程和改革后的绩效变迁（冀县卿，2010；刘守英，2014；程世勇，2016）。改革开放后家庭联产承包责任制政策使得农地收益权逐渐指向农民，农民对农地收益权的如何自主配置以及配置比例尚不清楚，但随着国家对农地收益权配置比例的下降，提高了农民自主配置的积极性和热情。

第二类文献在第一类文献基础上提出保障农民的农地收益权是保障农地产权的关键所在，如仅需将经济赋予真正需要赋予的农民个体即可，即强化农民农地收益权，弱化农地集体所有权，最大化农地的使用价值，确保农民完全享有农地的收益权（邵兴全、胡业勋，2016）。无论是占有土地，还是使用土地，都要求在经济上得以实现，即获得经济利益，使收益权对象化，即每一控制权对应一项收益权（邓大才，2000）。

第三类文献在第二类文献的基础上对影响农地收益权的因素进行分析，如水利建设的投资应通过机制建设提高农业资金的使用效率，避免农民收益权的损失（贺雪峰，2010）。规模经营、技术进步、专业分工等构成制度变迁动因，产生潜在利润或外部利润，使得制度变迁主体（农民家庭）产生诱致性制度需求，从家庭承包制转向家庭农场制（伍开群，2014）。很少有学者在农地收益权配置方面进行进一步的研究，本文在上述三类文献的基础上，主要研究农民农地收益权的优化配置及其与农民收入增长关系的问题。

二、农地收益权配置与农民收入关系的理论分析

（一）基本假定及解释

假定 1：权利配置水平与收益正相关。资产的有效性信息使得权利的让渡和获取产生了交易成本，使得任何一项权利都不能完全被界定（巴泽尔，2006），意味着权利配置水平存在差异，如果权利配置水平低，则交易成本

就会上升，因此可以通过提高权利配置水平降低交易成本，提高权利主体的收益。

假定2：国家可以通过配置农地所有权、使用权、处置权和收益权来提高农民收益。由于收益权建立在其他三种权利的基础之上（赵德起、姚明明，2014），产权所有者既可以通过行使使用权和处置权来获得收益权，也可以无须行使使用权和处置权，仅通过所有权获得收益权的相关收益。这一假定意味着通过国家配置农民农地收益权主要有两种途径，一种是通过间接配置农地所有权、使用权和处置权来达到配置农地收益权的目的，另一种是直接配置农民的农地收益权。

假定3：农业技术进步和规模经营与收益均存在正相关关系。科研投入的大小与农业技术进步成正相关，农业技术进步与农业收益和非农收益成正相关，且农业技术进步与农民收入成正相关（张群、吴石磊、郭艳，2012）。农地流转可以实现农地的适度规模经营，农地经营规模效应可以带来收入效应，收入效应反过来会促进规模效应（王力，2012）。

假定4：市场均衡沿竞争性轨迹配置，权利配置要与市场均衡演进规律保持一致，这有助于权利主体收益的提高。市场经济最优均衡为充分竞争下的供求均衡，均衡条件下，市场完善、价格灵活，微观主体的资源投入受自身利益支配，资源配置也必将受到市场价格的制约（厉以宁，2013）。随着市场经济均衡水平从低到高演进，权利配置趋向于合理水平使得交易成本不断降低。与市场竞争性均衡相一致的权利配置水平可提升资源配置效率，否则权利配置的丧失会降低经济运行的效率。

（二）农民农地收益权配置与收入关系的理论模型

实行家庭联产承包责任制以来，农民拥有了部分农地收益权，“留足集体”表明国家保留了部分农地收益权。1984年以后，随着经济的发展，国家将其拥有的部分农地收益权逐渐让渡给农民，而农地收益更多地需要在农地市场中完成，包括出售农产品、流转农地等。但由于信息不完备以及农民在农地市场中处于弱势地位，农民在农地流转中难以获取与其相匹配的农地收益，即获取农地收益权的比例会有部分损失。现阶段，农民农地收益主要来自农地在市场中流转后所产生的收益。农民的农地收益权会部分地被市场中强控制力的购买者所获得（赵德起，2008）。因此，基于现有农民农地收益权在市场中存在着被侵蚀情况的现状和农地收益在市场机制下不断增长的事实，在市场主导农地资源配置的前提下，农民农地收益权配置的基本逻辑应该是在市场机制下，国家不断扩大农民的农地收益权，同时保护好农民已有的农地收益权，从而确保农民获得与农地收益、与其所拥有的农地收益权相匹配的收入。

1. 农地权利配置与农民收入

（1）农地权利配置与交易成本。科斯认为，产权流转存在交易成本，发现交易、确定交易方式以及缔结契约都存在很高的成本（科斯，2006）。交易成本的大小与产权明晰度、交易规模和市场完善程度有关。产权越明晰、市场越完善，交易成本越小。设农地交易成本为TC，其是农地交易规模S（农地经营规模）的函数，并且随着交易规模的扩大，交易成本出现边际递增的趋势（钱忠好，2005），如图1所示。

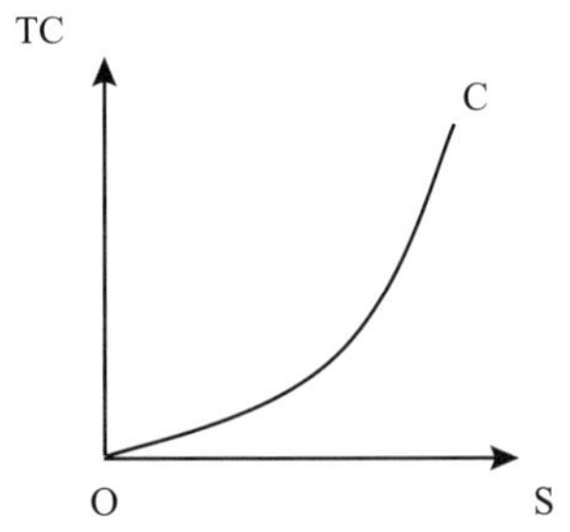

图1 交易成本曲线图

（2）农地收益配置与农地租值。巴泽尔认为完全界定产权的交易成本很高，不完整的产权界定将使部分产权的价值处在公共领域，使一部分财富进入公共领域，私人就耗费资源去攫取它（巴泽尔，2006）。张五常也认为，没有界定完全的产权可能会处于公共领域而导致租值消散（张五常，2014）。我国农地产权制度下的农地收益权的规定远未达到归属清晰和权责明确的标准，使有些领域处于权利未规定范围之内。对有价值财产的产权界定会存在租值，无主的或产权界定不完全的财产价值则会消散。

农地市场租值消散、农地收益权界定程度与农地收益的关系如图2所示，其中R_M为农地市场租值消散程度，L_F为农地收益权界定程度，I_P为农地收益，I_F为农民收入。图2（1）中原点O为农地收益权完全未界定，即界定程度为零；B点为收益权完全未界定时对应的农地市场租值完全消散，即消散程度为100%，此时对应图2（2）中C点，农民获得的农地收益趋向于零；A点为农地收益权完全界定，即界定程度为100%，此时对应图2（2）中D点，农民几乎获得全部的农地收益。图2（1）表明随着收益权界定程度的增加，农地市场的租值消散越来越少。当界定程度由O点增加到A点时，租值消散逐渐减少，沿B点向A点过渡，此时对应图2（2）中，随着农地市场租值消散越来越少，农地收益沿着CD曲线由C点逐渐增加到D点。又根据假定1可知农地收益权与农民收入成正相关，如图2（3）所示，随着农地收益的逐渐增加，农民收入也随之增加。

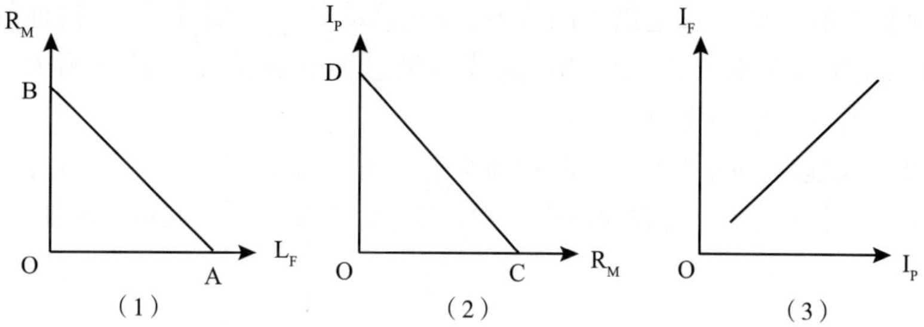

图 2　租值消散程度、收益权界定程度与农地收益之间的关系

2. 农地市场的竞争性均衡与农地收益权配置

（1）农地市场的竞争性失衡到竞争性均衡。农地资源固定且稀缺，因此农地的供给基本恒定，农地的均衡价格由农地市场需求状况决定。如图 3 所示，农地供给曲线 S 为一垂线，农地需求曲线 D 为向右下方倾斜的曲线。此时农地需求决定农地价格，当 D 增加到 D_1 时，P_0 增加到 P_1。

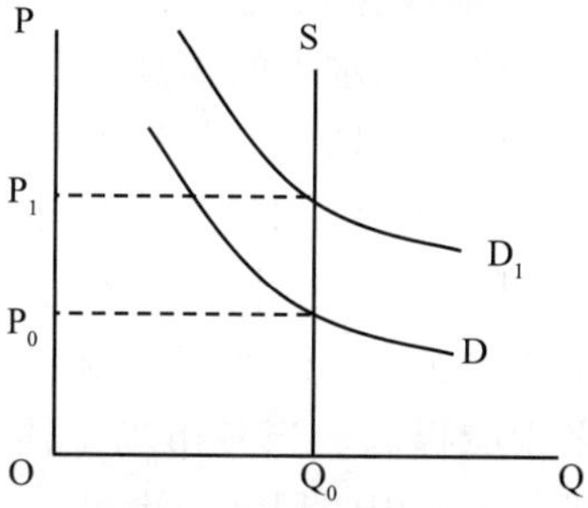

图 3　农地供求曲线（供给不变）

图 4 中 P 为农地价格，Q 为农地供给面积，在假定 4 下 A 点为市场的初始竞争性均衡点，农地供给为 S_1，需求为 D_1，此时农地价格为 P_1，农地面积为 Q_1。随着农地市场化的放开，农地需求不断增加，需求曲线由 D_1 逐渐移动到 D_2，竞争性均衡由 A 点沿 AC 逐渐过渡到竞争性失衡 C 点，随着农地

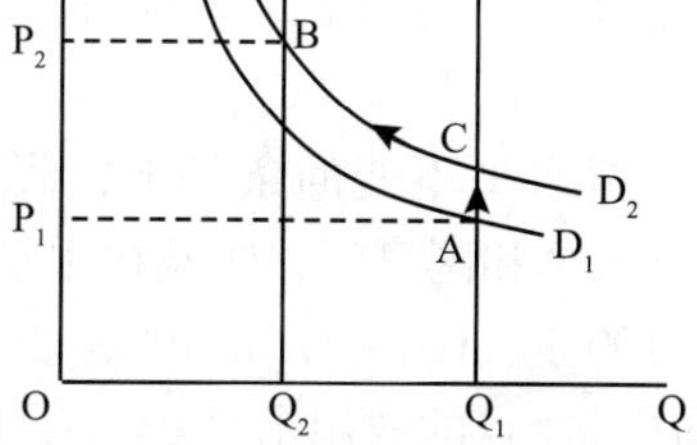

图 4　农地供求竞争性失衡到均衡

供给面积逐渐减少，农地供给曲线 S_1 向左移动到 S_2（其中 S_2 为耕地红线 18 亿亩），竞争性失衡 C 点沿着 BC 曲线逐渐过渡到新的竞争性均衡 B 点，此时农地市场重新达到竞争性均衡。

（2）农地市场的低水平均衡到高水平均衡。图 5（1）中，L_R 为农民农地收益权配置水平，$A_{S/D}$ 为农地供求能力，$C_{S/D}$ 为市场机制下农地供求能力曲线。

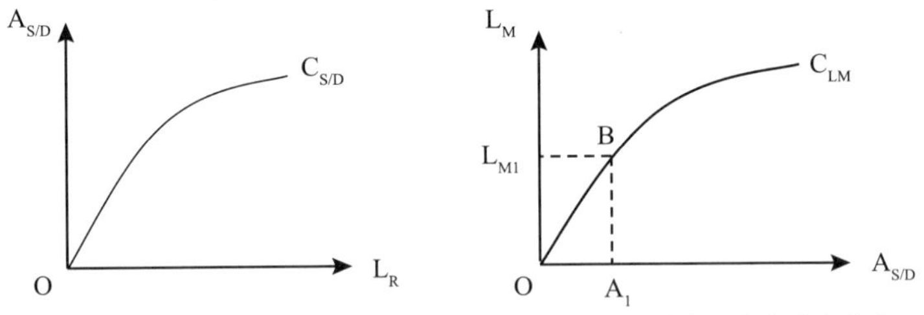

（1）收益权配置水平与农地供求能力　（2）农地供求能力与供求均衡

图 5　收益权配置水平与农地供求均衡

图 5（1）表明，随着农地收益权配置水平的提高，农地供求能力不断增强。原因是随着农地收益权配置水平的提高，各主体对农地收益权配置积极性提高，相应的外部环境也随之增强，信息不对称减少，使得各主体对农地供求能力不断增强。图 5（2）中，L_M 为农地市场供求竞争性均衡水平，C_{LM} 为市场供求竞争均衡曲线。随着各市场主体对农地供求能力的提高，内部环境的加强导致外部环境加强，使得外部市场信息趋向于完备，外部市场的竞争性供求均衡也随之相应提高。当各市场主体对农地供求能力增强时，农地市场中供给与需求都会得到相应程度的满足，当满足程度逐渐提高，农地市场由低水平均衡过渡到高水平均衡。图 5（2）中 B 点为市场非均衡与均衡的分界点，即当农地市场中各主体对农地的供求能力在 A_1 时，农地市场首次达到供求的竞争性均衡，其水平为 L_{M1}。B 点以上的曲线为低水平市场竞争性均衡向高水平市场竞争性均衡演进的路径。

（3）农地市场均衡演进中收益权在不同主体间配置时收益的变化。在假定 4 市场供求竞争性均衡下，可假设市场主体有两个，分别是国家配置收益权与农民自主配置收益权，则收益权配置路径如图 6 所示。

其中配置收益权水平方面，C_P 为农民自主配置，C_G 为国家配置，C_0、C_1 为收益权配置效用曲线，P 为收益权配置预算曲线。M_1 点为（C_{G1}，C_{P1}），M_2 点为（C_{G2}，C_{P2}），M_0 点为（C_{G0}，C_{P0}）。

在技术水平和规模经营水平不变的条件下，假设收益权配置预算 P 既定，农民自主配置收益权水平和国家配置收益权水平之和为 100%，即 $C_{P1}+C_{G1}=100\%$，$C_{P2}+C_{G2}=100\%$，$C_{G0}+C_{P0}=100\%$。在 M_1 点和 M_2 点下，收益权配置效用水平 C_1 均比 M_0 点的效用水平 C_0 小，因此 M_0 点是国家与自主配置效率最高点。

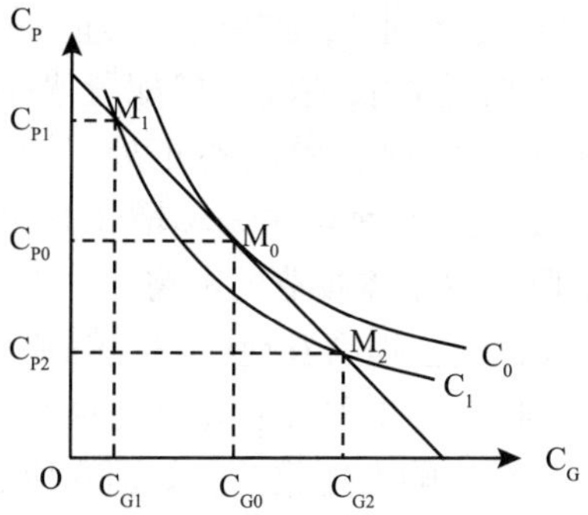

图 6　市场供求竞争性均衡下二者配置收益权的路径

自家庭联产承包责任制以来，两主体收益权配置水平如图 6 的 M_2 所示，国家占用了大部分收益权配置水平，农民缴纳各种法定税费后，所剩无几，农民自主配置收益权水平较低。随着财政体制改革以及税费改革，收益权配置水平不断由 M_2 向 M_0 移动，逐渐向最优配置水平过渡。

3. 规模变化对农地收益权权利主体收益的影响

随着生产规模的不断扩大，规模报酬呈倒“U”型变化。舒尔茨认为，传统增产的途径首先是规模经营（西奥多·W. 舒尔茨，2003）。实践证明，在农地供给充足条件下，土地适度规模经营具有成本低、效果好、规模效益明显等特点。因此，农地经营者适度规模经营农地能趋向于收益最大化。为了实现规模报酬，应合理推进农地流转促进农地集中，打破现阶段我国农地细碎化问题，提高农地产出效益，从而增加农民收入。在假定 3 下，农地规模水平与其收益的关系如图 7 所示。

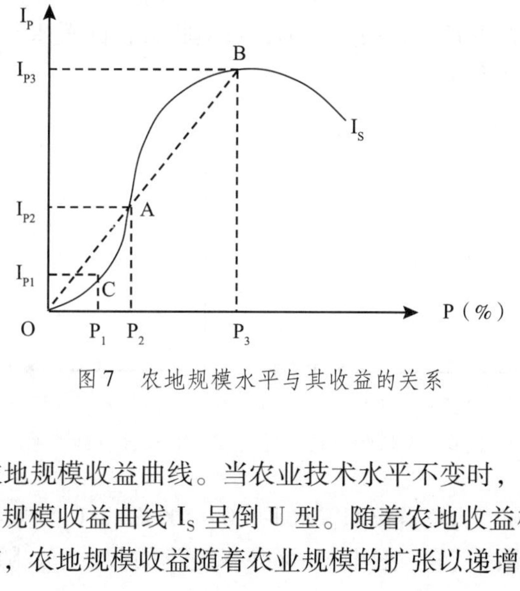

图 7　农地规模水平与其收益的关系

其中 I_S 为农地规模收益曲线。当农业技术水平不变时，边际报酬递减规律使得农业用地规模收益曲线 I_S 呈倒 U 型。随着农地收益权配置程度的提高，在 A 点之前，农地规模收益随着农业规模的扩张以递增的速度增加，在

A 点之后，农地规模收益随着农业规模的扩张以递减的速度增加，直至 B 点农地收益最高，在 B 点之后随着农地收益权配置水平的提高，农地收益递减。我国农地收益权配置与农地规模收益正处于 A 点之前，如点 $C(P_1, I_{P1})$，即面临着增加农地经营规模就能带来递增收益的情况。

4. 技术进步对农地收益权主体收益的影响

技术进步和农地规模化均会提高农地收益，但其与农地收益权的配置需要相互匹配，否则会造成技术进步和农地规模化对农民收益的弱影响或逆影响，如“农业踏车效应”会影响农地收益。如图 8 所示，技术进步导致农产品成本减少，农产品供给增加，使农产品供给曲线 S_1 向右移动到 S_2。农产品价格需求弹性低，价格的大幅下降会导致收益减少比成本减少得更多，最终使农产品收益降低，农民于农地上产生的收益进而减少，农民收入下降。

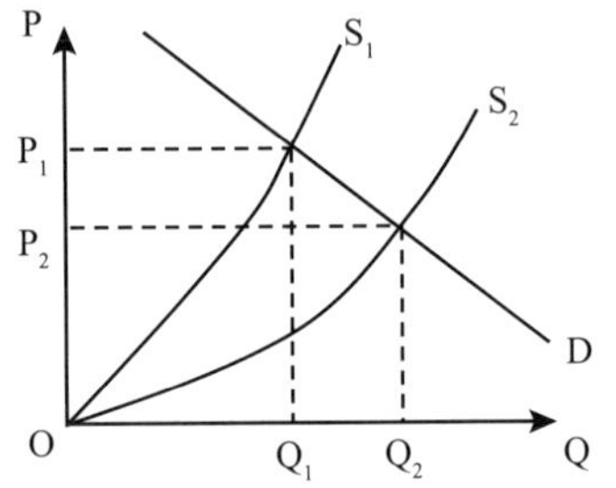

图 8 不同技术条件下农产品供给与需求曲线图

农地经营规模不是越大越好，如上述模型中，长期规模经营必然受到规模报酬递减和农地总量的约束，此时必须加以农业科技投入以打破固有约束，持续带来收益增长。在假定 3 下，农地收益权配置水平与农地收益关系的一般机理如图 9 所示。

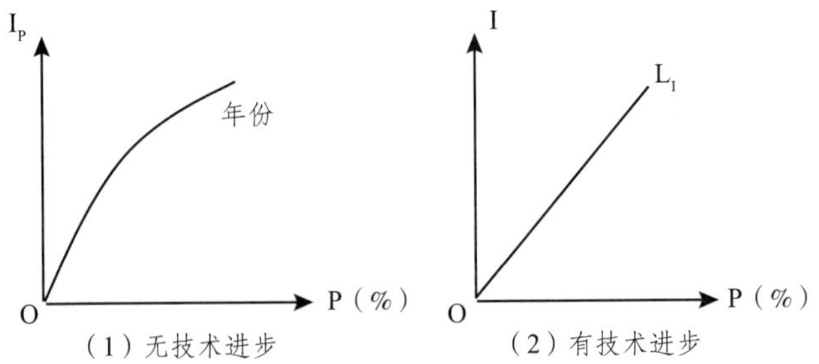

（1）无技术进步 （2）有技术进步

图 9 农地收益权配置程度与农地收益的关系

其中，P（%）为收益权配置水平（0～100%），L_I 为收益权的收益曲线，I_P 为农地收益。图 9（1）表明，在无技术进步的假设下，随着农地收益权配置水平的提高，农地收益以递减的速度增长，最终到达平缓。图 9（2）表明，在存在技术进步的假设下，随着农地收益权配置水平的提高，农地收益持续增长。

三、农地收益权配置与农民收入关系的定性分析

（一）农民农地收益权配置与农民收入关系分析

改革开放以来，农地收益权配置有如下特点：

1. 国家对农民农地收益权的占有存在“路径依赖”

自家庭联产承包责任制以来，在农地收益分配上实行“交够国家的，留足集体的，剩余的都是自己的”，但自 1994 年分税制改革后，基层政府为满足国家财政需要，不断对农民增加税费征收，农民负担增加，农民农地收益权被部分剥夺。

自 2004 年农地可以依法流转后，国家低价征用农地获取了大部分农地转让收益。臃肿的基层组织以及不合理的国家税收制度，使得农民农地收益权在国家对其存在“路径依赖”的情况下无法配置到最佳水平。正如第二部分理论分析的图 7 所示，农民农地收益权在国家与农民之间进行配置，农民自主配置水平较低使农民失去农地流转热情，农地流转积极性不高，2004 ~ 2007 年农地流转比例一直在 5% 左右（见图 13）。

国家对农地收益权的配置偏好和权利的非持续性导致农民农地权利构造与市场发展水平不协调，供求失衡，因此加强对农地流转相关利益主体的监管显得极为重要，避免农民农地收益被相关利益主体无形剥夺。十八届三中全会中《决定》保障了农民享有更充分的农地收益权，使农民农地收益权配置水平由非均衡 M_2 点（如图 7 所示）逐渐向均衡点 M_0 过渡。

2. 农地收益权现行配置方式使得农民自主配置收益权能力存在“惯性依赖”

家庭联产承包责任制确实使得农民拥有了农地的经营决策权，但接近 70% 的农民却无法真正行使决策权，因为其要“惯性依赖”于农民专业合作组织的领导人、专业大户或者农村能人（宋茂华，2007），普通农民的决策权仍得不到保障，成为弱势的“失语群体”（赵万一，2012）。不仅如此，农民还受到市场结构、政策、自身文化程度等限制，个体化的小农经济生产方式没有根本改变，并且农民各项权利均存在不同程度的虚化和缺失，使得农民一直处于权利配置的弱势地位，不能有效施展其配置能力，在一定程度上影响了农民收入。要想逆转农民的弱势地位，亟待加强农民自身建设，培育新型农民，减少农民与农地市场间的信息不对称，构建农地流转信息平台，使农民及时掌握相关信息，变农地收益权的被动配置者为主动配置者。

3. 农地市场视角下农地增值收益分配机制缺乏“创新路径”

在我国现行制度下，虽然国家持续提高征地补偿标准，但农地非农化过程中农民和集体组织享受到的征地补偿费用仍然较低（诸培新、唐鹏，2013）。第二部分理论分析的图 2 表明，农地所有权不明晰会造成农地收益权不清晰，未界定的权利流入公共领域会造成租值消散。农地所有权主体模糊会影响到收益权，农地使用权不稳定及收益权残缺导致农民农地收益减少，进而导致农民收入下降。农地征收价格与出让价格相差悬殊，比如在长江三角洲地区，农地征收价格为 37.5 万～45 万元/公顷，农地一级市场出让价格为 210 万～525 万元/公顷（孟勤国，2009），出让价格大约为征收价格的 5.6～11.7 倍，而农地市场价格又是出让价格的 5 倍左右（范利祥，2006）。因此现有的提高农地产值标准及补偿倍数的补偿路径无法使得农民持续分享农地增值收益。进一步地，图 10 显示改革开放以来农民农地收益权的“W”型演进路径。

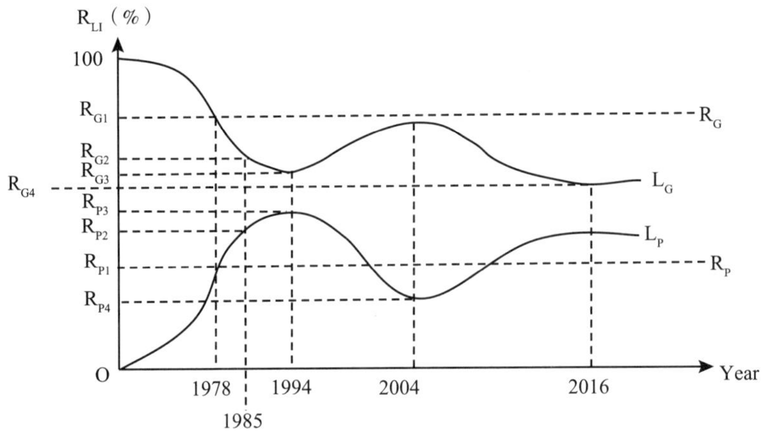

图 10　农地收益权配置基本路径

图 10 中，横轴为年份，纵轴 R_{LI}为农地收益权，R_G 为国家农地收益权，R_P 为农民农地收益权，L_G 为国家农地收益权曲线，L_P 为农民农地收益权曲线。图 10 表明：（1）1978 年以前，农地收益权绝大部分归国家所有。（2）1978 年后，农民拥有部分农地收益权，即 R_{P1}，国家拥有的农地收益权下降为 R_{G1}，其中 $R_{P1}+R_{G1}=100\%$，国家和农民两主体拥有全部农地收益权。（3）1985 年后，农产品市场逐步放开，农民农地收益权逐步增加，国家农地收益权进一步减少，但农地收益权部分地被市场其他主体所占有。以 1985 年为例，R_{P2}与 R_{G2}之和不等于 100%。（4）1994 年以后，农地非农化及农地流转使得农地收益增加，但此时国家农地收益权和市场中其他主体

农地收益权上升，农民因其弱势地位农地收益权反而下降。（5）2004 年以后，国家农地收益权下降，但农民农地收益权上升速度却低于国家农地收益权下降速度。农民自主配置农地收益权的能力依然较弱，国家让渡给农民的农地收益权所产生的收益被市场其他主体所侵蚀。

与农民农地收益权变化相对应的，自改革开放以来农民收入也有着类似的演变过程。1979～2015 年，农村人均纯收入年增长率如图 11 所示。

图 11　农民人均纯收入年增长率

图 11 表明改革开放十年后农民人均纯收入年增长率波动不断，自 1991 年开始猛增，1994～2000 年农民人均纯收入年增长率呈下降趋势，从 32.49%下降到 1.95%，这一下降趋势对应前述图 9 中农民自主配置农地收益权 1994～2004 年下降部分，农民自主配置农地收益权水平的下降导致了该时期农民人均纯收入年增长率的大幅下降。1994～2004 年农民人均纯收入年增长率增长缓慢的原因主要归于亚洲金融危机的爆发、乡镇企业效益下滑、农民大量外出务工、农产品低价运行和农村经济结构的战略性调整（江宗德，2011）。

2004 年之前农民收入低速增长，党中央从 2004 年开始连续 13 年出台中央“一号文件”，采取一系列惠农政策。2004 年开始年增长率攀升至 11.98%，扭转了长期较低的局面。但 2004 年以来由于受农产品价格波动、环境日益恶劣、天灾等因素的影响，农民收入增长率波动幅度较大，其中，2011 年年增长率为 17.88%，是近年来最高的一年。2012～2014 年农村居民人均纯收入增速分别为 13.46%、12.37%和 11.2%，均高于同期城镇居民收入增速（分别为 12.63%、9.73%和 9%）。所以加大国家配置农地收益权的让渡比例，逐渐给予农民更多自由自主配置农地收益权成为农地收益权优化配置与农民收入增长关系中待解决问题的重中之重。

（二）农地资源市场配置的演进

近年来，农地流转范围由发达地区拓宽到欠发达地区等各种不同类型的地域组织，农地流转类型由耕地拓宽到林地、草原等。第三产业和城市居民的增长将刺激对农地的需求（Zhang L. & Wang Y.，2014）。农民农地已由过去供给不足逐渐转变为需求不足。从需求视角来看，三个农地需求主体对流转需求如表1和表2所示（洪名勇、龚丽娟，2016）。

表1　农业专业合作社和农业产业化企业农地流入面积占承包地的比例

需求主体	流入土地/承包土地		流入土地/农地流转	
	2009年	2013年	2009年	2013年
农业专业合作社	1.06%	5.23%	8.87%	20.36%
农业产业化企业	1.06%	2.43%	8.87%	9.44%

表2　家庭农场（经营耕地）农地流入面积占承包地的比例　单位：万户

家庭农场（经营耕地）	2009年	2013年	增长率
10亩以下农户数	19023.6	2266.4	-88.09%
10~30亩以下农户数	2762.8	2711.8	-1.85%
30~50亩以下农户数	582.3	673.6	15.68%
50~100亩以下农户数	189.5	225.8	19.16%
100~200亩以下农户数	60.8	62.9	3.45%
200亩以上农户数	23.8	28.9	21.43%

2009~2013年小规模经营农户明显减少，其中增长幅度最大的是200亩以上的农户，增长21.44%。如第二部分理论分析中图1所示，农地产权的不清晰增加了交易成本，减少了农地收益，减弱了对农地的需求与供给。钱忠好、冀县卿（2016）对江苏、广西、湖北和黑龙江四省区（2006~2013年）104个有效样本村、1113户有效样本农户进行调查后得出样本村农地流转比例从2006年的8.18%增加到2013年的21.99%，提高了13.8个百分比，但总体农地流转比例8年平均值仅为13.29%（钱忠好、冀县卿，2016）。近九年流转面积快速增长，如图12和图13所示，到2016年底，流转面积达到4.7亿亩，占家庭承包经营耕地面积的35.1%，比上年同期增长5.41%。

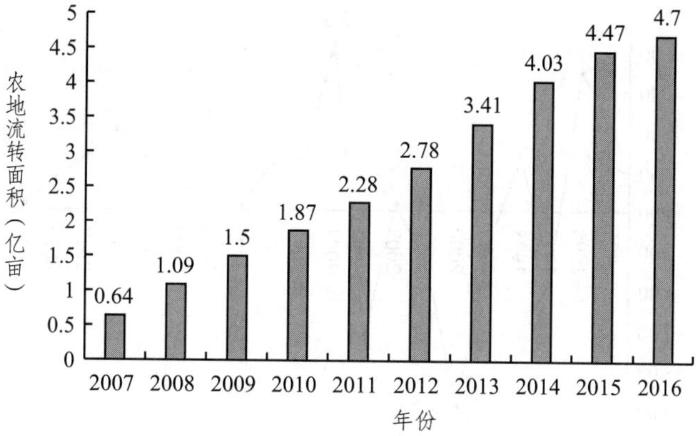

图 12　2007 ~ 2016 年农地流转面积

资料来源：土流网 http：//www. tuliu. com/data/nationalProgress. html。

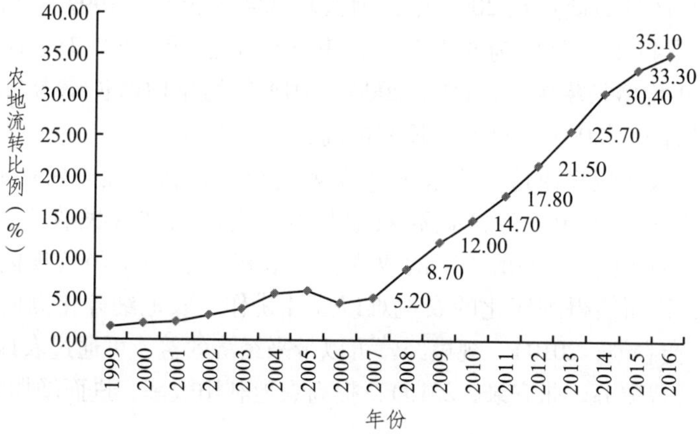

图 13　1999 ~ 2016 年农地流转面积占经营耕地面积比例

资料来源：土流网 http：//www. tuliu. com/data/nationalProgress. html。

（三）适度规模经营对农地收益和农民收入的影响分析

我国农地人均分配的制度安排以及人多地少的基本国情，使得农地细碎化现象显著（许庆、田士超、徐志刚、邵挺，2008），农地细碎化又会导致农地规模不经济，从而制约农地收益的增长。而解决农地细碎化的有效办法就是适度规模经营，以达到提高农地要素的配置效率（速水佑次郎、神门善久，2009）、实现规模报酬的目的（张维迎，2015）。

从粮食产量考察农地规模经营所带来的收益，我国粮食总产量从 1994 ~ 2014 年先下降后上升，如图 14 所示。

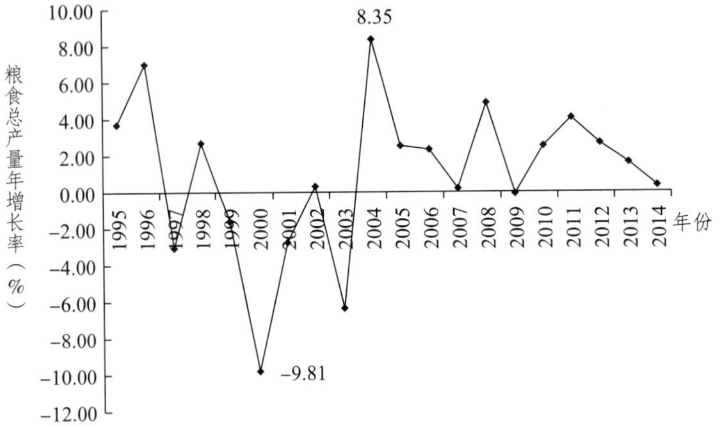

图 14　粮食总产量年增长率

粮食总产量最低点在 2003 年，为人均 334. 3 公斤，1997 年和 2008 年、2009 年基本持平，分别为 401. 7 公斤和 399. 1 公斤、398. 7 公斤。1994 ~ 2003 年的年均增长率为 -1. 1%，2004 ~ 2014 年的年均增长率为 2. 66%。从图 14 可以看出，2004 年年均增长率最高，为 8. 35%。

将细碎农地规模改造集中起来适度规模经营有利于促进农业科技进步，进而通过农地产生规模经济提高农地收益，进而增加农民收入（伍开群，2014)。稳定的地权和外出务工的收入使得农民不会为了经营规模而将农地流转出去，进而使得细碎化的农地难以成片耕作，农地细碎化倾向更加严重(贺雪峰、龚春霞，2010)。规模经营可以带来经济效益，可通过农地流转扩大农地规模（曹瑞芬、张安录，2015)，提高农地利用效率，进而增加农民收入。

（四）农业技术进步对农地收益和农民收入的影响分析

根据我国国情，朱希刚（1997）把农业投入分为三类：物质费用投入、劳动力投入和耕地使用。根据索罗模型，农业科技进步率计算公式如增长速度方程所示（朱希刚、刘延风，1997）：

$$\delta = \frac{Y_t - Y_0}{Y_0} - \alpha \frac{K_t - K_0}{K_0} - \beta \frac{L_t - L_0}{L_0} - \gamma \frac{A_t - A_0}{A_0}$$

假定 $\alpha + \beta + \gamma = 1$，即规模报酬不变。其中 δ 为农业科技进步率，α、β 和 γ 分别为耕地的物质费用、劳动力和产出弹性，上式中 Y_0、K_0、L_0、A_0 是基年的农业总产值、物质费用、农业劳动力数和耕地面积，而 Y_t、K_t、L_t、A_t 则是计算年对应的数据。陆文聪和余新平（2013）对中国“七五”至“十一五”期间的科技进步率测算后，得出结论：农业技术进步与农民农业收入增长存在正相关关系。

农业科技的进步需要国家财政的支持，但中国的支农支出结构不合理，农业科技三项费用占支农支出比重过低。从图 15 中可以看出，我国财政支农支出每年逐步增加，从 1994 年的 399. 7 亿元，增加到 2004 年的 1693. 79 亿元，再到 2014 年的 14173. 83 亿元。但农业科技三项费用占财政支农支出的比重在 1994 ~2013 年间年均仅为 0. 66%，始终没有超过 1%，而发达国家的比重则达到 10% 之多。

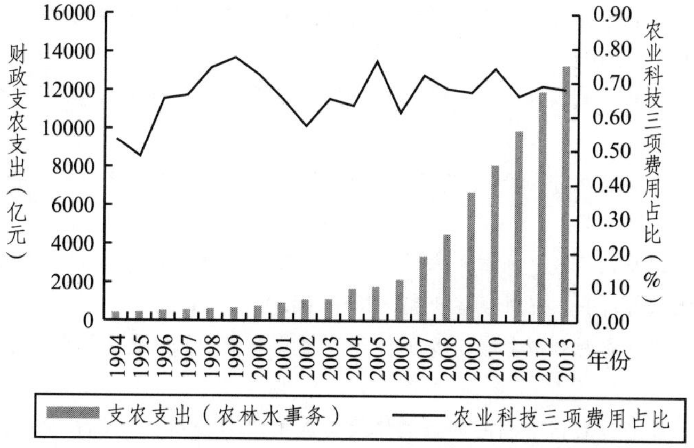

图 15　财政支农支出和农业科技三项费用占比

改革开放以来，我国农业科技政策体系逐渐趋于完善，但由于我国现代农业科技投入的涉及部门多，各地区农业发展水平差距极大，现代农业科技投入产出效率与科技资源人均配置仍然存在许多问题（韩占兵，2016）。三项费用占比长期处于极低水平是我国农业科技发展缓慢的重要原因，因此，重视对农业科技的投入和推广农业现代科技对提高农地收益有着关键作用，依靠技术进步提高农地单产，进而提高农民收入（韩林，2010）。

四、结论及建议

本文的主要结论包括：（1）改革开放以来农民收入增长与其农地收益权的配置密切相关。（2）农地收益权呈“W”型的演进路径，农民的农地收益权存在着配置比例较低、被市场其他主体所侵蚀等权利损失的情况。（3）农地规模化和技术进步进一步增加了农地收益，但这些收益增长却未能促进农民收入的同步增长。（4）农民农地收益权自主配置能力较弱，国家对农民农地收益权的保障力度不够。其对农地收益权的占有存在“路径依赖”，而农民自主配置收益权能力存在“惯性依赖”。

基于此，本文提出优化配置农地收益权的相关建议，包括：（1）加大国家农地收益权的让渡比例，持续适度增加农民农地收益权。（2）适度控制农地流转规模，加强市场中农地流转的监管，防止农民农地收益被侵蚀。引导农民开设家庭农场，进行适度规模经营。（3）建设与农地流转有关信息平台，培育新型农民，提高其自主配置农地权利的能力。(4) 加大农业科技投入，构建现代农业经营体系，推进农业现代化。

参考文献

[1] 冀县卿．改革开放后中国农地产权结构变迁与制度绩效：理论与实证分析［D］．南京农业大学，2010.

[2] 刘守英．中共十八届三中全会后的土地制度改革及其实施［J］．法商研究，2014 (2)：3－10.

[3] 程世勇．中国农村土地制度变迁：多元利益博弈与制度均衡［J］．社会科学辑刊，2016 (2)：85－93.

[4] 邵兴全，胡业勋．农地所有权与收益权的冲突与平衡：一个实现农民土地财产权的理论分析框架［J］．宏观经济研究，2016 (12)：3－13.

[5] 邓大才．试论农村地权收益分配的障碍及矫治对策［J］．北京社会科学，2000 (3)：49－54.

[6] 贺雪峰，郭亮．农田水利的利益主体及其成本收益分析——以湖北省沙洋县农田水利调查为基础［J］．管理世界，2010 (7)：86－97.

[7] 伍开群．制度变迁：从家庭承包到家庭农场［J］．当代经济研究，2014 (1)：37－44.

[8] Barzel，Yoram，费方域，段毅才．产权的经济分析［M］．三联书店上海分店，1997.

[9] 赵德起，姚明明．农民权利配置与收入增长关系研究［J］．经济理论与经济管理，2014，V34 (11)：82－100.

[10] 张群，吴石磊，郭艳．农民收入与农村土地规模经营的关系研究［J］．经济纵横，2012 (10)：15－17.

[11] 王力．中国农地规模经营问题研究［D］．西南大学，2012.

[12] 厉以宁．中国经济双重转型之路［M］．中国人民大学出版社，2013.

[13] 赵德起．中国农村土地产权制度效率的经济学分析［D］．辽宁大学，2008.

[14] Coase，R. H. (Ronald Harry)．财产权利与制度变迁：产权学派与新制度学派译文集［M］．上海人民出版社，2014.

[15] 钱忠好．中国农村土地制度变迁和创新研究（续）［M］．社会科学文献出版社，2005.

[16] 张五常．经济解释卷4：制度的选择［M］．中信出版社，2014.

[17] 西奥多·W. 舒尔茨．改造传统农业［M］．商务印书馆，2009.

[18] 宋茂华．农民专业合作组织治理机制研究［J］．农村经济，2007 (2)：126－129.

[19] 赵万一．中国农民权利的制度重构及其实现途径［J］．中国法学，2012 (3)：5－17.

[20] 诸培新，唐鹏．农地征收与供应中的土地增值收益分配机制创新——基于江苏省的实证分析［J］．南京农业大学学报（社会科学版），2013 (1)：66－72.

[21] 孟勤国．中国农村土地流转问题研究［M］．法律出版社，2009.

[22] 范利祥．国土部调研征地改革：农民能否参与增值收益 [N]．21 世纪经济报道，2006－06－23（005）．
[23] 江宗德．城乡统筹视角下我国农民收入增长问题研究 [D]．西南财经大学，2011.
[24] 洪名勇，龚丽娟．培育新的需求主体　促进农地流转 [J]．农业经济，2016（2）：18－20.
[25] 钱忠好，冀县卿．中国农地流转现状及其政策改进——基于江苏、广西、湖北、黑龙江四省（区）调查数据的分析 [J]．管理世界，2016（2）：71－81.
[26] 许庆，田士超，徐志刚，等．农地制度、土地细碎化与农民收入不平等 [J]．经济研究，2008（2）：83－92.
[27] 速水佑次郎，神门善久著，沈金虎，等．农业经济论（新版）[M]．中国农业出版社，2003.
[28] 张维迎．经济学原理 [M]．西北大学出版社，2015.
[29] 伍开群．制度变迁：从家庭承包到家庭农场 [J]．当代经济研究，2014（1）：37－44.
[30] 贺雪峰，龚春霞．找回村社：农地收益与农民所要 [J]．华中科技大学学报（社会科学版），2010，24（2）：87－92.
[31] 曹瑞芬，张安录．中部地区农地流转经济效益分析——基于湖北省 27 个村 313 户农户的调查 [J]．中国土地科学，2015，29（9）：66－72.
[32] 朱希刚，刘延风．我国农业科技进步贡献率测算方法的意见 [J]．农业技术经济，1997（1）：17－23.
[33] 陆文聪，余新平．中国农业科技进步与农民收入增长 [J]．浙江大学学报（人文社会科学版），2013，43（4）：5－16.
[34] 韩占兵．中国财政支农规模与效率的实证分析：1978～2013 [J]．当代经济管理，2016，38（5）：35－42.
[35] 韩林．我国财政支农支出问题研究 [D]．南开大学，2010.
[36] ZHANG L，WANG Y. Study on the Effects of Economic Growth to Farmland Conversion in China [J]. Open Journal of Social Sciences，2014，2（7）：25－29.

Study on the Relationship between Optimal Allocation of Farmland Income Rights and the Growth of Farmers' Income

Shen Qiutong　Zhao Deqi

Abstract: Under the market mechanism，the mobility of farmland resources is increasing，and the income of farmland is also increasing. The income of farmland is one of the main income sources of farmers. However，the rights of farmland's income are not fully guaranteed，and the farmers' ability to allocate their own income rights is not strong enough to enable them to obtain the farmland income that matches their rights of farmland's income. Based on this fact, this paper mainly analyzes how to optimize the allocation of farmland income rights and then increasing farmers' income. First, this paper analyzes the general theory of how farmland income right allocation could promote the growth of farmers' income under the market mechanism, especially the mechanism of how farmland income could increase the income of farmers under the changing of farmland scale and technological progress. Then the empirical results show that since the reform and opening-up, the increasing of farmers' income is closely related to the allocation of farmland's income rights. The rights of farmland have a "W" type evolution path, and the percent of farmland income rights' allocation of farmers is low, and the farmland income rights have partly been taken up by other market bodies; the large-scale of farmland and technological progress could further increase the income of farmland, but these increases have not stimulated the increase of farmers' income; the farmer's self-allocation capacity of farmland income rights is weak, and the state's protection for farmland income rights is not enough. This paper suggests: increasing the proportion of the right to transfer farmland, increasing the farmers' right of farmland income properly, controlling the scale of farmland circulation properly, strengthening the regulation of farmland circulation in the market, preventing the farmland income from being eroded, constructing farmland-related information platform cultivating new forms of farmers, improving their ability of self-allocation of farmland's rights, increasing the investment in agricultural science and technology, and building a modern agricultural management system.

Keywords: income of farmland, allocation of rights, income of farmers

房价与生育率

——基于36个大中城市面板数据的研究*

赵文哲　张秀臻**

摘　要：本文利用36个大中城市面板数据研究了我国房价升高与生育率降低之间的关系。从理论上来看，本文认为房价升高分别通过“成本约束”效应和“财富效应”两个机制影响生育率，前者会降低生育率，后者会提高生育率。从实证结果来看，城市房价的升高确实会降低生育率，这证明了“成本约束”效应的存在。但是在人均收入水平较高、人均社会保障支出水平较高以及人均住房面积较高的城市，房价升高对生育率的负面作用会下降。这表明，对于收入水平较高、社会保障比较好以及住房条件较好的群体来说，房价升高会产生一定的“财富效应”。本文从增加住房土地供给、抑制房地产投机和增加保障房供给三个角度提出了相关政策建议。

关键词：房价　生育率　成本约束　财富效应

一、引　　言

19世纪末以来，人口转型席卷了世界各个地方。后马尔萨斯时期前所未有的人口增长也已经开始改变，世界不同地区的生育率和人口增长大幅度下降。从20世纪50年代开始，世界各国基本都经历了生育率大幅下降的趋势。中国大陆的总和生育率从50年代初的6.11下降到2010年后的1.55（如表1所示）。作为对照，世界总和生育率为2.51，高收入国家为1.75，欧洲国家为1.6。基于这些数据，我们可以得知我国生育水平远低于世界平均生育水平，也低于高等收入国家的生育率。

表1　　跨国总和生育率

年份	中国大陆	中国香港	中国澳门	日本	新加坡	欧洲	世界	高收入国家
1950~1955	6.11	4.44	4.39	3	6.61	2.66	4.96	2.97
1955~1960	5.48	4.72	5.11	2.16	6.34	2.66	4.9	3.03

* 基金项目：北京市哲学社会科学规划一般项目“北京市人口转变与经济发展方式转型关系研究”（14JGB083）、“中央高校基本科研业务费专项资金”和“中央财经大学科研创新团队支持计划”

** 赵文哲（1980～　），河南商丘人，中央财经大学经济学院，副教授，研究方向：人口转型、城市公共财政、城市和区域经济，电子邮箱：zwenzhe@163.com。张秀臻（1993～　），山东潍坊人，中央财经大学经济学院，硕士研究生。

续表

年份	中国大陆	中国香港	中国澳门	日本	新加坡	欧洲	世界	高收入国家
1960 ~ 1965	6. 15	5. 31	4. 41	1. 99	5. 12	2. 57	5. 02	2. 94
1965 ~ 1970	6. 3	3. 65	2. 74	2. 02	3. 65	2. 37	4. 92	2. 6
1970 ~ 1975	4. 85	3. 29	1. 79	2. 13	2. 82	2. 17	4. 48	2. 34
1975 ~ 1980	3. 01	2. 31	1. 41	1. 83	1. 84	1. 97	3. 87	2. 07
1980 ~ 1985	2. 52	1. 72	1. 98	1. 75	1. 69	1. 88	3. 59	1. 98
1985 ~ 1990	2. 75	1. 36	1. 94	1. 66	1. 7	1. 81	3. 45	1. 91
1990 ~ 1995	2	1. 24	1. 41	1. 48	1. 73	1. 57	3. 04	1. 8
1995 ~ 2000	1. 48	0. 87	1. 12	1. 37	1. 57	1. 43	2. 74	1. 71
2000 ~ 2005	1. 5	0. 96	0. 83	1. 3	1. 35	1. 43	2. 62	1. 69
2005 ~ 2010	1. 53	1. 03	0. 94	1. 34	1. 26	1. 55	2. 56	1. 76
2010 ~ 2015	1. 55	1. 2	1. 19	1. 4	1. 23	1. 6	2. 51	1. 75

注：资料来源于联合国人口司数据库 https：//esa. un. org/unpd/wpp/.

2010 年，我国第六次人口普查数据显示，我国人口出生率为 11. 9‰，相对于 2000 年第五次人口普查的 14. 04‰有了一定下降，而 1990 年第四次人口普查则显示，我国 90 年代初的人口出生率高达 21. 06‰。与此相对应，第六次人口普查中没有修正的总和生育率仅为 1. 18，修正后的数字也只有 1. 6 左右，低于国际上公认的人口替代率水平，与第五次人口普查的总和生育率相比也有一定的下降。2015 年进行的全国 1% 人口普查结果显示，我国总和生育率仅有 1. 047，相对于第六次人口普查又有一定程度下降。

从理论上来看，生育率的下降与收入、个人受教育水平、预期寿命的升高、女性劳动参与等因素有关。贝克尔和刘易斯（Becker and Lewis，1973）最早从数量—质量权衡的角度分析了收入水平的升高如何导致生育率下降，由于孩子数量的收入弹性小于质量的收入弹性，随着收入的升高，父母对孩子的质量的需求高于数量，从而会导致生育率下降。受教育水平的升高也会导致生育率的下降。一方面，从人力资本需求角度来说，工业化对人力资本需求更高，这使得父母更愿意对孩子的教育进行投资，而减少孩子的数量（Galor and Weil，1999，2000；Galor and Moav，2004；Shiue，2013）；另一方面，更高的人力资本水平会使得成年人生育的机会成本更高，这也使得女性推迟生育时间和减少生育孩子的数量（Iyigun，2000；Conesa，2002；Davia and Legazpe，2015）。预期寿命的提高一方面使得成年人人力资本投资的边际收益升高，这提高了生育和抚养孩子的机会成本，因而这会降低生育率；另一方面，婴儿死亡率的下降也使得存活孩子的数量增加，这会降低家庭生育的动机（Soares，2005，2006）。

上述文献主要讨论了生育理论较低的个人原因，主要从生育数量降低和生育时间延迟两个角度来讨论。实际上，一些宏观环境因素也会影响生育率，例如城市化。本文主要从城市化的角度研究城市化过程中房价升高对生育率的影响，并考察城市房价升高对生育率影响的异质性。

二、文献综述

国内外许多研究显示，人口转型与城市化进程密切相关。经典人口转型理论中，诺德斯坦（Notestein，1945，1953）认为生育率的下降与工业化和城市化密切相关。萨托（Sato，2007）通过研究发现城市规模与集聚经济效应是成正比的。规模越大，集聚经济效应越明显。那么人们的收入会越高，从而对生育行为将产生负面的影响。大卫·库伯瑞斯（David Cuberes，2009）认为一个国家城市人口的规模在促进人口转型中起到了关键作用。特别是，在控制了收入和总人口之后，城市化程度更高的国家倾向于更快的人口转型。吴志能和冯家斌（2007）认为城市生活方式以及个人偏好要比社会和家庭收入对生育率的影响更大。在某种程度上，生活的稳定性直接影响了家庭的生育率，而且它们之间的关系应该是正相关的。城市化增强了人口流动性、提高了组成家庭的成本以及户口政策都导致生育成本的上升。

城市化进程一般会伴随着房价水平的升高和居住条件的改善，因此，一些研究试图从城市住房的角度研究生育率的变化。这方面的研究主要有两个思路：一是“住房面积约束”（housing area constraint）（Johnson，1999），即生育更多的孩子需要更大的住房面积，因而城市化过程中人口密集升高、人均住房面积变小就会导致生育率下降；二是“房价约束”（housing price constraint）（Li and Xu，2012），即购房成本升高会增加抚养和生育孩子的成本，从而房价升高会挤出抚养孩子的支出，进而导致生育率下降。

一些研究认为城市居住条件会影响生育行为。米尔德和瓦格纳（Mulder and Wagner，2011）进行实证研究表明：在西德和荷兰，拥有自己房子的夫妇比租房的夫妇更快有第一个孩子。米尔德和贝拉瑞（Mulder and Billari，2010）的研究表明在西方国家的自有住房体系中，自有住宅比例越高、抵押贷款越低，生育率会更低。另外，还有部分学者从房价或租金等方面研究住房和居民生育率之间的关系。博尔施·祖潘（Borsch Supan，1985）利用 1976 ~ 1977 年美国季度住房调查数据发现房价的上涨会延迟人们组成家庭的时间进而影响生育时间。易行键和易君健（2008）运用香港 1971 ~ 2005 年时间序列数据进行实证分析考察房价上涨对总和生育率的影响，结果表明房价指数与生育率之间存在显著的负向相关关系：房价指数每上涨 1%，总和生育率将会下降 0.45%。易君健和张俊森（Yi and Zhang，2010）的研究指出，从 1971 年到 2005 年间，房价升高对相关生育率下降的贡献率达到 65%。西蒙和塔穆拉（Simon and Tamura，2009）运用美国 1940 ~ 2000 年人口普查数据进行实证检验，研究表明单位房租与生育率也是负相关的。慧·艾迪等（Hui et al.，2012）利用香港1976~2010年季度时间序列数据探究房价、老人抚养比以及生育率三者之间的关系，结果表明：房价每提高1个百分点，人口出生率下降0.53个百分点；老人抚养比每提高一个百分点，人口出生率下降1.65个百分点。房价和老年抚养比提高1个百分点，将分别导致出生率降低0.52个百分点。阿克索伊（Aksoy，2015）对英国的研究发现，房价升高对住房拥有者和租房者的影响是不一样的。对住房拥有者来说，房价升高会增加生育行为，但对于租房者来说会降低生育率。戴特灵和卡尼（Dettling and Kearney，2014）对美国的研究发现，房价升高对无房家庭和有房但准备升级大房的家庭的生育率是负的，但整体上对于有房家庭的生育率有正向影响。刘晓婷、张敬石和胡雍（2016）利用全国29个省（市、自治区，不包含台湾和西藏）1999~2013年的省际面板数据进行实证检验分析房价和人口出生率之间的关系，结果表明：房价与人们的生育行为之间负向相关：房价平均上升一个百分点，出生率会下降大约0.1~0.15个百分点。李勇刚、李祥、高波（2012）通过实证研究发现房价和人口出生率具有反向相关关系：房价上涨导致人口出生率下降。另外，陈（Chen，2013）利用门槛ADL模型对台湾的研究发现，在较低的房价水平上，房价升高对生育率的影响有限，但在较高的房价水平上，房价升高对生育率的负向影响更显著。李盼和徐建国（Li and Xu，2012）利用第六次人口普查数据考察了住房对城市生育率的影响，他们发现，人均住房面积与生育率呈正向关系，而房价与生育率呈负向关系。同时他们也发现，实际利率与生育率成正比，这是因为较低的利率容易导致较高的房价，因而实际利率与生育率有正向关系。

目前，无论是从微观层面还是从宏观层面，国内研究房价与生育行为的研究还比较少，主要是数据比较缺乏，宏观层面上生育数据难以获得，微观层面上房价数据也难以完整反映住房市场变化对家庭生育决策的影响。本文主要从城市层面上研究城市房价与生育率的关系。

三、分析框架

本文认为，城市房价升高从两个方面会影响生育率：一是高房价推迟了结婚和生育时间，从而导致生育率下降；二是高房价导致家庭愿意抚养孩子的意愿下降，从而生育数量下降。

（一）高涨的房价推迟了年轻人组成家庭的时间，进而会影响到生育子女的时间

“成家立业，传宗接代”是从古到今一直被灌输的传统观念。然而近年来，随着社会经济快速发展，人们经济收入提高，生活质量也逐步改善，这

个观念已经开始逐渐动摇，人们在结婚后生育的时候，也需要考虑相应的成本。在传统住房消费观念的影响下，很多家庭秉承“要结婚就一定要买房、买不了就先不结婚”等的观念。很多在城市工作生活的年轻人没有购房之前便推迟结婚，也不会在租房情况下生育抚养子女。从这个角度来说，高涨的房价推迟了居民生育第一胎的时间，从而对居民生育行为产生不利影响。

（二）房价升高使得抚养孩子的费用增加，进而降低居民的生育意愿

根据贝克的新家庭经济学理论：住房支出和生育抚养孩子是一般家庭最大的两项支出。随着人们经济收入水平的渐渐提高以及个人购房融资手段的多样化，许多普通家庭利用按揭贷款和公积金贷款也实现了拥有住房的梦想，但是高涨的房价加大了他们还房贷的月供压力。在这样的背景之下，按揭贷款偿还房贷压力的加大会挤出自有住房夫妇生养孩子的支出，从而导致年轻夫妇延迟生育小孩甚至不愿意生育小孩，从而降低生育率。这种负向作用对于没有住房且即将生育的家庭和拥有住房且需要换更大住房满足生育和抚养孩子要求的家庭更显著。

上述两种机制都可以归为“成本约束”效应。但是，从另一个方面来讲，房价升高对于有足够住房的家庭来说反而产生一个“财富效应”，进而更有可能鼓励这些家庭的生育。在房价上涨后，对于拥有住房的人来说，他们可以通过出售房产、出租房屋、抵押贷款等方式来获得更多收入，那么会有更好的条件和能力抚养孩子，从而提高了生育意愿。综上所述，房价的上涨到底会引起生育率的下降还是上升，我们需要进行实证分析。

四、实证分析

本文利用我国 36 个大中城市 2002 ~ 2013 年的面板数据对上述理论分析进行检验，我们首先给出实证部分的基本模型、变量和数据说明，随后给出基本回归过程和结果并讨论其现实意义，最后是对样本、模型设定以及模型的稳健性进行讨论。

（一）模型设计和变量描述

本文关注的是房价上涨对人口出生率的影响，上文已经讨论了影响人口出生率的一系列因素，结合数据特点以及相关文献的做法，本文首先选取双固定效应模型作为基本计量模型并进行下一步的分析，计量模型如式（1）所示：

$$br_{it} = \beta_0 + \beta_0 \ln(hp_{it}) + \gamma X_{it} + \alpha_i + \delta_t + \varepsilon_{it} \quad (1)$$

下标 i、t 分别表示城市和时期，α_i 为不可观测的城市的固定效应，ε_{it} 为随机干扰项，δ_t 为时间固定效应，用来刻画不随城市发生变化的政策因素对

出生率的影响。

被解释变量：br 代表出生率。出生率（br）和总和生育率（TFR）是两个最常见的反应生育水平的指标。之所以选取人口出生率指标作为被解释变量表示生育水平有以下两个原因：一方面总和生育率主要反映的是妇女一生的生育行为，并不能准确反映由房价变动等因素所引起的生育情况变动，而我们的研究目的就是要看房价变动对于人口出生率的影响；另一方面鉴于数据可得性，难以获得 36 个城市总和生育率的截面数据，但是各个城市的人口出生率却较容易获得。这一数据来自各城市统计年鉴或统计公报。

解释变量：（1）hp 表示实际房价水平，是平均每个城市第 t 年的前三年房价并剔除通货膨胀所得。国家统计局对于商品房的销售价格按不同类型进行区分。从我们的研究目的来看，房价上涨对人口出生率的影响主要体现在住宅层面。同时，由于我国从 1998 年才开始启动住房市场化改革，各个城市房价数据统计始于 1999 年。此外，由于生育决策可能并不是由于当年房价情况，更多受到前几年房价变动的影响，因此，我们平均了近三年房价数据更具有说服力。

X 表示一系列的控制变量，包括：

1. pinc 表示人均可支配收入，用于控制人均可支配收入对出生率的影响

贝克尔（Becker，1960）的研究表明，收入对出生率的影响取决于收入质量弹性和收入数量弹性的大小。对于大多数其他耐用消费品来说，像汽车、房子、冰箱等，在更高的收入水平，在数量的收入弹性小于质量的收入弹性的前提下，家庭会选择购买更多质量好的商品。如果把生育孩子视为一种耐用品，那么大多数花费在孩子身上的支出便包括孩子质量的增长。收入的增长将会增加孩子的质量和数量，但是相比于质量弹性，数量弹性偏小。因此，从理论上来看，这个变量的系数预测为负。

2. psec 表示人均社保支出，这个指标代表不同地区社会福利情况

本文社保支出的计算包含了教育支出、社会保障和就业支出、健康支出，在对各项加总后进行人均化处理并剔除了通货膨胀。我们预测，较好的社会福利条件会降低房价升高对生育产生的负向影响。

3. harea 表示人均住房面积

根据以往的研究，住房条件差的话可能会延迟人们组成家庭生育小孩的时间。

4. uw 表示受教育程度，用每万人在读大学生人数刻画

虽然女性受教育程度对生育决策更具有影响力，但是城市层面的女性受教育程度较难获得。鉴于数据可得性，用每万人在读大学生人数表示受教育程度。理论上，居民受教育程度的提高会减少生育孩子数量。

同时为了消除通货膨胀的影响，本文以 2000 年为基期，利用各个省区 CPI 指数将房价、人均社保支出以及人均可支配收入转化为实际值，同时将这些变量进行对数后，以降低这些变量的离散性。表 2 是上述变量的描述性统计结果。

表 2　变量统计性表述

变量名称	样本数	平均值	标准差	最小值	最大值
br	432	9. 884653	2. 302755	4. 3	22. 66
hp	426	3554. 418	2333. 835	1078. 51	16164. 86
pinc	430	15174. 46	6304. 894	6305. 431	34563. 02
psec	394	1228. 067	971. 3125	13. 955	4719. 246
uw	432	0. 032033	0. 021231	0. 001717	0. 09831
harea	430	23. 64719	6. 594561	14	44. 78

（二）实证分析

首先，我们利用双固定效应对模型（1）进行回归，回归结果如表 3 第 1 列所示。结果显示近三年房价系数均显著，且两项系数均为正，说明人口出生率和房价存在密切的关系。而人均可支配收入、人均社保支出、人均住房面积以及每万人在校大学生人数这四个控制变量在这一基本的回归中结果并不显著。考虑到房价上涨对不同收入人群来说影响是不同的：对于购买住房还贷压力较轻或者能够一次性付款购房的富有家庭而言，房价的上涨则意味着其家庭财富总量变多，那么抚养下一代的资源也会增加，所以这些家庭的生育意愿也就相应提高了。与此同时，在房价上涨后，对于拥有住房的人来说，他们可以通过出售房产、出租房屋、抵押贷款等方式来获得更多收入，那么会有更好的条件和能力抚养孩子，从而提高了生育意愿；但是对于低收入人群来说房价上涨意味着还贷压力加大，家庭负担更大，为了尽量保持现在的生活质量，可能会降低生育意愿。我们加入近三年房价与人均可支配收入、人均社保支出、人均住房面积作交叉项分别进行回归，结果如（2）、（3）、（4）所示。回归（2）中加入房价与人均可支配收入的交叉项，结果显示房价系数变为负数，而且人均可支配收入显著负相关。这意味着，说房价对人口出生率的影响依赖于人均可支配收入的高低，房价系数为负，而交叉项前面的系数为正，总体还要取决于这两项的绝对值大小。在收入水平较低的情况下，房价对出生率的影响是负的，即对于低收入人群来说，房价上涨会降低出生率；在收入水平较高的情况下，房价对于人口出生率的影响是正的，即对于高收入人群来说，房价上涨会提高出生率。跟我们之前根据文献预测的情况是一致的。从后两个回归结果中可以看出，房价对人口出生率的影响跟人均社保支出和人均住房面积也有关。这两个回归结果中，房价系数为负，而交叉项前面的系数为正。这意味着，在人均社保支出和人均住房面积较低的情况下，房价对人口出生率的影响是负的：房价上涨降低出生率；在人均社保支出和人均住房面积较高的情况下，房价对人口出生率的影响是正的，房价上涨提高了出生率。

表 3 双向固定效应回归结果

	(1)	(2)	(3)	(4)
lnhp	2.025*** (3.362)	−19.758*** (−4.389)	−3.362** (−2.209)	−7.100*** (−2.835)
lnpinc	0.131 (0.134)	−16.303*** (−4.658)	0.500 (0.517)	0.452 (0.467)
lnpsec	0.063 (0.261)	0.224 (0.946)	−5.092*** (−3.736)	0.179 (0.747)
lnharea	−1.037 (−1.585)	−0.789 (−1.242)	−0.994 (−1.550)	−21.944*** (−3.910)
lnuw	−0.007 (−0.011)	1.115* (1.779)	0.753 (1.210)	0.469 (0.775)
lnpinc × lnhp		2.091*** (4.879)		
lnpsec × lnhp			0.660*** (3.841)	
lnharea × lnhp				2.552*** (3.750)
常数项	−5.291 (−0.508)	168.543*** (4.552)	36.471** (2.445)	66.962*** (3.070)
城市固定效应	控制	控制	控制	控制
时间固定效应	控制	控制	控制	控制
N	379	379	379	379

注："*"、"**"、"***" 分别表示 10%、5% 和 1% 的置信水平。

另外，我们在解释变量中加入人口出生率的滞后一期值 lag_br。之所以加入人口出生率的滞后项这一变量，原因有二：一是人口出生率具有一定的人口学惯性。即某城市当年人口出生率的高低一定程度上取决于它过去的生育率影响；二是加入被解释变量的滞后一期一定程度上解决了遗漏重要解释变量的问题。考虑到因变量一阶滞后项的内生性，我们运用系统 GMM 方法进行回归，将出生率的 2 阶以及 2 阶以上滞后项作为工具变量。不考虑交叉项的结果如表 4 第（1）列所示。同时，我们也分别加入与房价增长率和人均收入水平对数、人均社保支出对数以及人均住房面积对数作为解释变量，我们仍然用出生率的 2 阶和 2 阶以上滞后项作为出生率一阶滞后项的工具变量。回归结果分别如表 4 第（2）~（4）列所示。这个回归结果与双固定效应的回归效果基本一致，房价对出生率具有负向作用，但是较高的人均收入水平、人均住房面积和人均社保支出情况下，房价升高反而有利于提高出生率。

表 4　　加入交叉项的 GMM 回归结果

	(1)	(2)	(3)	(4)
lag_br	0.614 *** (53.707)	0.620 *** (30.221)	0.625 *** (29.064)	0.606 *** (56.531)
lnhp	-0.032 (-0.186)	-9.871 *** (-2.993)	-1.611 *** (-2.839)	-1.340 (-0.923)
lnpinc	0.295 (0.651)	-7.048 *** (-2.602)	0.568 *** (3.341)	0.665 * (1.680)
lnpsec	-0.044 (-1.500)	0.034 (0.719)	-1.641 *** (-2.614)	0.000 (0.010)
lnharea	0.438 ** (2.247)	0.470 *** (3.840)	0.322 *** (2.981)	-2.706 (-0.727)
lnuw	-0.151 * (-1.872)	-0.080 (-1.320)	-0.194 *** (-3.707)	-0.252 *** (-4.653)
lnpinc × lnhp		0.969 *** (2.901)		
lnpsec × lnhp			0.207 ** (2.502)	
lnharea × lnhp				0.372 (0.840)
常数项	-0.288 (-0.096)	73.899 *** (2.805)	9.379 * (1.771)	6.598 (0.617)
AR (1)	0.082	0.082	0.082	0.083
AR (2)	0.161	0.161	0.161	0.163
Wald chi2 (7)	28621.43	2587.00	3206.91	13184.7
Hansen test	0.983	0.986	0.989	0.992
N	375	375	375	375

注：“ * ”、“ ** ”、“ *** ” 分别表示 10%、5% 和 1% 置信水平。

上述分析显示，城市房价升高会抑制生育率；但是，在较高的人均收入、较高的人均社会保障支出和人均住房面积的城市，房价升高会有利于生育率的提高。这个结论说明，一方面，房价升高对生育确实具有“成本约束”效应，房价升高提高了生育和抚养孩子的成本，因而会降低生育率；另一方面，对于那些收入较高、拥有完善社会保障以及住房面积较大的家庭来说，房价升高反而会产生一定的“财富效应”，这会导致这部分群体名义财富值升高，更多的财富使得这部分人抚养孩子的能力提高，从而提高生育率。

五、结论及政策含义

本文运用 2002 ~ 2013 年全国 36 个大中城市的面板数据，对人口出生率和房价、人均可支配收入、人均社保支出、人均住房面积以及教育程度做了实证分析，得到以下几个结论：（1）导致人口出生率降低的原因中，房价的上涨的确是具有重要的影响。自从 1998 年住房制度改革以来，一路攀升的房价影响着一个家庭的财富分配，也对家庭的生育决策造成了影响，从而制约了生育行为；（2）房价对人口出生率的影响对不同收入人群来讲是不同的。对于低收入人群、不能充分享受社会保障的群体以及住房拥有面积较低的群体来说，房价上涨意味着还贷压力加大，家庭负担更大，为了尽量保持现在的生活质量，这部分人可能会降低生育意愿。以往研究中国大陆的房价与人口出生率的文章均是以省际面板数据作为研究对象，本文的主要贡献之处在于选取全国 36 个大中城市的数据并选取之前的房价数据而不是当年的房价数据作为解释变量，并分析了房价升高对生育的异质性。但是，鉴于数据限制，本文的样本并没有涵盖更多的城市，尤其是地级市，仅限于大中型城市。同时，由于数据限制，我们也没有考察房价对生育时间和生育数量的具体影响，这留待以后我们继续进行研究。

生育率持续下降将会阻碍中国经济社会的长期发展。由于人口出生率持续走低，我国的劳动力人口大幅度下降。劳动力短缺成为制约我国经济社会发展的关键问题，过去依靠人口红利所积累的巨大竞争优势已然消失。另外，生育率的持续下降改变了人口结构，导致了严重的人口老龄化问题。尤其是在我国经济尚不发达、人均可支配收入比较低、社会保障养老体系并不健全的情况下，未富先老会给社会带来沉重的社会负担，尤其是依靠家庭养老的也会给子女带来巨大压力。更为重要的是，出生率具有一定的惯性，中国住房价格的快速上涨可能会对生育行为造成持续的影响，从而导致生育率的进一步下滑。

在过去十几年中，我国快速的城市化进程推高了房价，一个始料未及的后果是高房价可能使得人们的生育意愿进一步降低。虽然我国目前已经推出全面放开二胎的政策，但是人们在进行生育决策时还需要考虑成本因素。在房价持续升高的情况下，生育和抚养孩子会产生更高的成本，因此人们在考虑生育计划时，更倾向于关注自己和家庭成员的生活质量，仔细斟酌家庭是否有生育养育第二个孩子的能力，否则即使有强烈的生育意愿那么也会止于现实。

根据本文的研究，如果不加强调控住房政策，高涨的住房价格仍然是制约生育行为的一大障碍。鉴于此，本文认为可以从以下几个方面抑制房价对生育率的负面作用。

（一）增加城市住房土地供应，抑制房价过快增加

我国目前快速的城市化的特征是人口大量向大中城市集聚，这导致城市房价升高，年轻人无力购房，但这部分人才是生育的主力，因此这无疑会降低年轻人的生育意愿。同时，我国很多城市地方政府在土地财政的经营思路下，通过限制住房用地供给来提高土地出让价格，以期望获得更高的土地出让金，通过高额的商业用地和住房用地出让金补贴较低出让价格的工业用地。这也是我国城市房价升高的原因之一。因此，地方政府需要从供给的角度提高住房土地供给，降低土地出让价格。

（二）禁止炒地、囤地，同时对炒房所获暴利征收高额税收

我国房价快速增长的另一个原因是房地产商通过各种途径炒作房价，从而谋取更大的利益。因此，政府需要严禁开发商的炒地和囤地的行为，并致力于维护市场公平竞争，打破房地产企业通过政商关系对地方房地产市场的垄断，增加住房供给。

（三）建立健全住房保障体系，降低房价升高的速度，为低收入者和弱势群体提供更多的居住选择

加大住房保障体系建设的投入力度，加快发展廉租房和公共租赁住房的使用，减轻低收入家庭尤其是新婚夫妻的购房还贷压力。一方面，这会增加市场上住房供给，抑制房价升高过快的现象；另一方面，这能够使得低收入者和弱势群体有能力获得住房，从而避免房价支出成本过高而降低生育意愿。

参考文献

[1] 吴志能，冯家斌．基于主观生育率决定模型看城市化对生育率的影响［J］，时代经贸，2007，3：206－207.

[2] 易君健，易行健，房价上涨与生育率的长期下降：基于香港的实证研究［J］．经济学（季刊），2008（4）：962－982.

[3] AKSOY，CEVAT GIRAY. House prices and fertility in England［Z］. Working Paper,

University of London, Royal Holloway, 2015. https: //editorialexpress. com/cgi – binlconference/download. cgi? db name = RESPhDC onf 2016 & paper id = 53.

[4] BECKER G S, LEWIS H GREGG. On the interaction between the quantity and quality of children [J]. Journal of Political Economy, 1973, 81 (2): S279 – S288.

[5] BORSCH – SUPAN, A. Household formation, housing prices, and public policy impacts [J]. Journal of Public Economics, 1986, 30 (2): 145 – 164.

[6] CHEN, WENYI. Does housing cost affect birth rates in Taiwan [J]. Romanian Journal of Economic Forecasting – XVI, 2013, 903: 90 – 103.

[7] CONESA, JUAN CARLOS. Educational attainment and timing of fertility decisions [Z]. Working Papers in Economics 78, Universitat de Barcelona. Espai de Recerca en Economia, 2002. https: //www. researchgate. net/publication/4734051.

[8] CUBERES, DAVID. Early and late demographic transitions: the role of urbanization [Z]. MPRA Paper No. 17720, http: //mpra. ub. uni – muenchen. , October, 2009.

[9] DAVIA, MARIA A, NURIA, LEGAZPE. Educational attainment and maternity in Spain: not only "when" but also "How" [J]. Rev Econ Household, 2015, 13: 871 – 900.

[10] DETTLING, LISA J and DEARNEY, MELISSA S. House prices and birth rates: The impact of the real estate market on the decision to have a baby [J]. Journal of Public Economics, 2014, 110: 82 – 100.

[11] GALOR, O, MOAV, OMER. From physical to human capital accumulation: inequality and the process of development [J]. Review of Economic Studies, 2004, 71: 1001 – 1026.

[12] GALOR, O, WEIL, D N. From Malthusian stagnation to modern growth [J]. American Economic Review, 1999, 89: 150 – 154.

[13] GALOR, O, WEIL, D N. Population, technology, and growth: from Malthusian stagnation to the demographic transition and beyond [J]. American Economic Review, 2000, 90 (4): 806 – 828.

[14] HUI, EDDIE C M, ZHENG XIAN, HU JIANG. Housing price, elderly dependency and fertility behaviour [J]. Habitat International, 2012, 36 (2): 304 – 311.

[15] JOHNSON, D G. Population and economic development [J]. China Economic Review, 2009, 10: 1 – 16.

[16] LI PAN, XU JIANGUO. Housing price and fertility rate [J]. China Economic Journal, 2012, 5: 97 – 111,

[17] MULDER C H, BILLARI F. Homeownership regimes and low fertility [J]. Housing Studies, 2010, 25 (4): 527 – 541.

[18] MULDER C H, WAGMER, M. The connections between family formation and first-time home ownership in the context of West Germany and the Nether – Lands [J]. European Journal of Population, 2011, 17: 137 – 164.

[19] MURAT F IYIGUN. Timing of childbearing and economic growth [J]. Journal of Development Economics, 2000, 61: 255 – 269.

[20] NOTESTEIN, FRANK W. Economic problems of population change [C]. 8th International Conference of Agricultural Economists. London: Oxford University Press, 1953.

[21] NOTESTEIN, FRANK W. Population: the long view [C]. in T. W. Schultz (ed.), Food for the World. Chicago University of Chicago Press. 1945.

[22] SATO Y. Economic geography, fertility and migration [J]. Journal of Urban Economics, 2207, 61 (2): 372-387.

[23] SHIUE, CAROL, H. Human capital and fertility in Chinese clans before modern growth [Z]. NBER Working Paper 19661, 2013. http: //www. nber. org/papers/w1986/.

[24] SIMON J C, TAMURA R. Do higher rents discourage fertility? Evidence from U. S. cities: 1940-2000 [J]. Regional Science and Urban Economics, 2009, 39 (1): 33-42.

[25] SOARES, RODRIGO R. Mortality reductions, educational attainment, and fertility choice [J]. The American Economic Review, 2005, 95 (3): 580-601.

[26] SOARES, RODRIGO R. The Effect of longevity on schooling and fertility: evidence from the Brazilian demographic and health survey [J]. Journal of Population Economics, 2006, 19 (1): 71-97.

[27] YI JUNJIAN, ZHANG JUNSEN. The effect of house price on fertility: evidence from Hong Kong [J]. Economic Inquiry, 2010, 48 (2): 635-650.

House Price and Fertility: A Research on Panel Data of 36 Large and Medium-sized Cities in China

Zhao Wenzhe　Zhang Xiuzheng

Abstract: The paper used 36 large and medium-sized cities panel data to research the relationship between house price and fertility. In theory, we think the growth of house price affects the fertility through two mechanisms: cost constraint effect and wealth effect. The cost constraint effect could decrease fertility, and the wealth effect could raise fertility. From the empirical analysis, we found that the growth of house price would decrease the fertility, which proved the cost constraint effect. However, in the cities with higher income per capita, social security spending and living space per person, the negative of growth of house price will decrease. The result shows that the wealth effect will arise for the groups with higher income per capita, social security spending and live space per person. Finally, the paper puts forward three suggestions from the view of increasing land supply, curbing housing speculation and increasing security housing.

Keywords: house price, fertility, cost constraint, wealth effect

中国产业链自给率与增加值分配问题研究
——基于世界投入产出表

李施其　林　晨*

摘　要：在技术进步、产业转移和国际贸易对话加强等多重因素的推动下，全球价值链分工模式已然占据当今贸易格局的主导地位。由此，衡量一国或地区在全球价值链分工中的增加值分配便显得尤为重要。本文从增加值分解矩阵入手探讨了增加值分配的测度问题，发现影响增加值分配的一大关键因素在于产业链自给率。因此，本文利用总产出分解矩阵构建了产业链自给率指标，对其与增加值分配的关系展开进一步分析。得出结论：产业链自给率越高，一国在国际分工中的增加值分配指数则越大；我国的贸易利润空间随着产业链自给率的提高在逐步扩大。最终给出了推进产业链高效整合和完善需求引导 GDP 上涨机制方面的政策建议。

关键词：产业链自给率　增加值分配　投入产出

一、引言与文献综述

20 世纪 90 年代以来，在技术进步、产业转移和国际贸易对话加强等多重因素的推动下，全球价值链分工模式已然占据当今贸易格局的主导地位。在此背景下，乘着区域经济一体化的快车，中国对外贸易的规模正在加速扩张，国际贸易合作也不断加强，产品与服务的跨区域流动裹挟着中国朝世界经济发展的浪潮中迈进。2010 年，中国国内生产总值总量高达 413030 亿美元①，成功超越日本成为全球第二大经济体；2013 年，在贸易结构演化的激烈角逐中我国再创亮眼佳绩，商品进出口贸易总额突破 4 万亿美元②，跻身成为进出口总额世界第一的资源大国。

但有一点不容忽略的是，产品内形态下中间品贸易盛行的特征使得传统贸易核算方法愈发背离现实，一国在国际分工新格局中的贸易利润分配测量

---

* 李施其（1994～　），四川资阳人，中国人民大学经济学院硕士生，研究方向：投入产出分析，电子邮箱：lishiqishine@126.com。林晨（1983～　），湖南武冈人，中国人民大学经济学院副教授，研究方向：投入产出分析、环境经济学，电子邮箱：c_lin@ruc.edu.cn。

① 中华人民共和国国家统计局，http://data.stats.gov.cn/。

② 中华人民共和国国家统计局，http://data.stats.gov.cn/，商品进出口贸易总额为 41603.00 亿元。

也大受影响。2011 年起，商务部牵头各权威机构针对我国贸易增加值测算等相关问题展开了深入研究，最终发布了《全球价值链与我国贸易增加值核算报告》，以下简称《核算报告》。《核算报告》结果表明 2012 年我国出口总值 22391.5 亿美元，占 GDP 比重达 27.2%，而基于增加值贸易核算体系，2012 年我国出口的国内增加值仅为 14335.8 亿美元，占 GDP 比重 17.4%，下降近 10 个百分点①。

从现有文献的研究脉络来看，学者们对全球价值链分工的认知最早始于 20 世纪 60 ~70 年代，关注点在于中间品贸易的理论与经验研究（如 Vanek，1963；Grubel，1975；Helpman，1984）。《设计全球战略：比较与竞争的增值连》一书率先用增加值链的概念来研究国际贸易中的战略优势问题（Kogut，1985）。之后，格里菲（Gereffi，1994）采用价值链分析法研究了国外生产网络的形成过程，并提出了全球商品链的概念。汉弗莱（Humphrey，2004）和施米茨（Schmitz，2000，2002）等人进一步探讨了全球价值链的治理与产业升级问题。

针对增加值核算体系的研究，国外有胡梅尔斯等（Hummels et al.，2001）创新了关于垂直贸易和增加值贸易的研究，最早提出了垂直专业化（VS）率的概念，并将其定义为出口产品生产中所使用的进口的中间品投入，但他们并没有根据增加值来源对投入产出表进行分解且其研究方法暗含了两个重要却存在弊病的假设：一是假定一国用于出口的生产与用于国内消费的生产所使用的进口品的比例相同；二是假定一国的进口品中只包含国外的增加值。库普曼等（Koopman et al.，2008）基于国家间投入产出表，分别估算了中间品出口与国内消费、一般出口的投入产出系数，从而放松了胡梅尔斯等（2001）的第一个假定；王（Wang，2009）将投入产出模型扩展至国际研究范围，由此构建了国家与国家间的核算框架，从而厘清了国际生产链上的增加值的归属问题，不再拘泥于后者的假定。

从国内研究增加值核算的进度来看，裴长洪（1988）是国内较早使用价值链分析方法来定量解析中国出口产业竞争力的学者，通过对 1995 年彩色电视机及服装行业的价值链测算，详细分析了中国在家电和服装行业的竞争力以及国际价值链中的地位。沈利生（2003）基于行业出口诱发增加值这一方法，测算了出口对我国 GDP 的贡献力度。平新乔（2015）沿用胡梅尔斯（2001）的研究方法，选取了 1992、1995、2000 年中国投入产出表数据，结合联合国相同年份的进出口贸易数据分析发现，美国 2003 年所发生的 13000 亿美元的总产出及出口额同美国从中国进口的 926 亿美元之间存在明显的相关性。进一步按 5% 的利润率水平核算，美国从中攫取了 600 亿美元的高额

---

① 商务部、海关总署、国家统计局等．全球价值链与我国贸易增加值核算报告［R］．2014. http：//images. mofcom. gov. cn/www/201412/20141226182657100. pdf。

利润。

针对贸易利益分配问题，国外学者从微观层面展开了对贸易利益相关领域的探讨和研究。马塞尔（Marcel P.，2014）在研究贸易利润分配路径时，发现国际分工增加了贸易国根据其要素禀赋和比较优势进行专业化生产从而获利的机会，因为发达国家将高污染、劳动密集型产业转移至发展中国家，而将高附加值、具有战略性发展意义的产业保留在国内，加剧了增加值分配扭曲的问题。罗德里戈（Rodrigo，2015）进一步指出，国际贸易中的先驱者并非一定是新兴市场获取贸易利益最多的一方，因为先驱者成功进入新市场后，跟随者的进入壁垒会大大降低。

国内学者也积极探寻新贸易格局下的贸易利益的分配问题。张迪杰等（2012）表示，国际贸易分工利益在要素区分细化的前提下得以大幅提高，但与此同时，贸易利益边际分配也变得尤为复杂。在这种背景下，中国贸易获利能力的大小在很大程度上便取决于要素贸易条件的优劣。文东伟等（2010）基于投入产出表和海关统计数据对总出口额和纺织业部门的增加值出口进行了测算，并据此考量其他行业贸易利益所受的影响。周琢等（2013）以生产要素的国别属性为切入点，分解了外资企业进行生产时创造的贸易增加值，并在此基础上测算了该部分贸易增加值中我国所获得的出口利益，从而为贸易政策制定及相关贸易谈判提供了有力的实证支持。

然而，少有学者利用总产出和增加值分解得到的数据，从产业链自给率和增加值分配之间的关系入手，分析我国产业链的完整程度和贸易利润的获取能力。在最近的文献中，戴艳娟等（2016）利用投入产出地平线图方法对中日产业结构及产业自给率问题进行了分析，发现日本自20世纪90年代泡沫经济危机后出口不断减少而进口持续增加，致使绝大部分产业的自给率出现不同程度的下降，中国的表现则刚好相反，90年代后中国的产业自给率开始不断提高。不过，上述研究集中于比较中国与日本，缺乏更大范围内的国际对比。对此，本文将审慎且有效地拓宽比较范围，力图更为全面地分析各国产业链的完整程度与我国在全球价值链分工背景下依托比较优势获取贸易利润的能力大小，从而为我国的贸易政策制定和贸易结构调整提供有力的实证支持。

二、理论模型与指标构建

（一）理论模型

1. 总产出分解矩阵

为不失一般性，本文从总产出分解矩阵入手，考察多国模型的情况。假定有G个国家或地区，每个国家或地区有N个可参与国际贸易的部门，并且生产的产品既可作为其他产品的中间投入，亦可直接用于最终消费。特别地，各国之间的贸易完全自由化，不存在差异性贸易壁垒。

按照投入产出表中的横向平衡关系可知，一国总产出等于中间产出与最终需求之和，即 $X = AX + Y$，其中 X 代表总产出矩阵，A 代表间接消耗系数矩阵，Y 代表最终需求矩阵。该式可进一步改写为包含列昂惕夫逆矩阵的表达形式：$X = (I - A)^{-1}Y = BY$，利用分块矩阵将总产出细化如下：

$$\begin{bmatrix} X_{11} & X_{12} & \cdots & X_{1G} \\ X_{21} & X_{22} & \cdots & X_{2G} \\ \vdots & \vdots & \ddots & \vdots \\ X_{G1} & X_{G2} & \cdots & X_{GG} \end{bmatrix} = \begin{bmatrix} B_{11} & B_{12} & \cdots & B_{1G} \\ B_{21} & B_{22} & \cdots & B_{2G} \\ \vdots & \vdots & \ddots & \vdots \\ B_{G1} & B_{G2} & \cdots & B_{GG} \end{bmatrix} \begin{bmatrix} Y_{11} & Y_{12} & \cdots & Y_{1G} \\ Y_{21} & Y_{22} & \cdots & Y_{2G} \\ \vdots & \vdots & \ddots & \vdots \\ Y_{G1} & Y_{G2} & \cdots & Y_{GG} \end{bmatrix}$$

$$= \begin{bmatrix} \sum_{r}^{G} B_{1r}Y_{r1} & \sum_{r}^{G} B_{1r}Y_{r2} & \cdots & \sum_{r}^{G} B_{1r}Y_{rG} \\ \sum_{r}^{G} B_{2r}Y_{r1} & \sum_{r}^{G} B_{2r}Y_{r2} & \cdots & \sum_{r}^{G} B_{2r}Y_{rG} \\ \vdots & \vdots & \ddots & \vdots \\ \sum_{r}^{G} B_{Gr}Y_{r1} & \sum_{r}^{G} B_{Gr}Y_{r2} & \cdots & \sum_{r}^{G} B_{Gr}Y_{rG} \end{bmatrix}$$

其中，B_{sr}代表列昂惕夫逆矩阵，衡量 r 国一单位最终需求所需的 s 国的一单位中间投入；X_{sr}表示 r 国所进口的 s 国的总产出，$X_S = \sum_{r}^{G} X_{sr}$ 则表示所有国家或地区所需要的 s 国的总产出量；Y_{sr}表示 r 国所消费的 s 国的最终产品，$Y_S = \sum_{r}^{G} Y_{sr}$ 则表示所有贸易国对 s 国产品的最终使用。

2. 增加值分解矩阵

设 $\hat{V}_S$ 为各国增加值系数矩阵 V_S 的对角矩阵，该矩阵中的主对角线上的元素 $\hat{V}_s(s = 1, 2, \cdots, G)$ $N * N$ 阶矩阵表示 s 国所有贸易部门总产出的增加值率，因此 $\hat{V}_S B$ 表示最终需求诱发的增加值率，其分块矩阵形式表达如下：

$$\hat{V}_S B = \begin{bmatrix} \hat{V}_1 & 0 & \cdots & 0 \\ 0 & \hat{V}_2 & \cdots & 0 \\ \vdots & \vdots & \ddots & \vdots \\ 0 & 0 & \cdots & \hat{V}_G \end{bmatrix} \begin{bmatrix} B_{11} & B_{12} & \cdots & B_{1G} \\ B_{21} & B_{22} & \cdots & B_{2G} \\ \vdots & \vdots & \ddots & \vdots \\ B_{G1} & B_{G2} & \cdots & B_{GG} \end{bmatrix} = \begin{bmatrix} \hat{V}_1 B_{11} & \hat{V}_1 B_{12} & \cdots & \hat{V}_1 B_{1G} \\ \hat{V}_2 B_{21} & \hat{V}_2 B_{22} & \cdots & \hat{V}_2 B_{2G} \\ \vdots & \vdots & \ddots & \vdots \\ \hat{V}_G B_{G1} & \hat{V}_G B_{G2} & \cdots & \hat{V}_G B_{GG} \end{bmatrix}$$

其中，主对角线上的元素 $\hat{V}_s B_{ss}$代表 s 国最终产品使用的国内增加值率，非主对角线上的元素 $\hat{V}_s B_{sr}$则表示 s 国最终产品所使用的 r 国增加值率。

利用上述对角矩阵 $\hat{V}_S$ 右乘总产出矩阵即（1）式可以得到增加值分解矩阵 $\hat{V}_S BY$，

$$\hat{V}_S BY = \hat{V}T_S = \begin{bmatrix} \hat{V}_1 & 0 & \cdots & 0 \\ 0 & \hat{V}_2 & \cdots & 0 \\ \vdots & \vdots & \ddots & \vdots \\ 0 & 0 & \cdots & \hat{V}_G \end{bmatrix} \begin{bmatrix} X_{11} & X_{12} & \cdots & X_{1G} \\ X_{21} & X_{22} & \cdots & X_{2G} \\ \vdots & \vdots & \ddots & \vdots \\ X_{G1} & X_{G2} & \cdots & X_{GG} \end{bmatrix}$$

$$= \begin{bmatrix} \hat{V}_1 \sum_r^G B_{1r} Y_{r1} & \hat{V}_1 \sum_r^G B_{1r} Y_{r2} & \cdots & \hat{V}_1 \sum_r^G B_{1r} Y_{rG} \\ \hat{V}_2 \sum_r^G B_{2r} Y_{r1} & \hat{V}_2 \sum_r^G B_{2r} Y_{r2} & \cdots & \hat{V}_2 \sum_r^G B_{2r} Y_{rG} \\ \vdots & \vdots & \ddots & \vdots \\ \hat{V}_G \sum_r^G B_{Gr} Y_{r1} & \hat{V}_G \sum_r^G B_{Gr} Y_{r2} & \cdots & \hat{V}_G \sum_r^G B_{Gr} Y_{rG} \end{bmatrix}$$

值得注意的是，上述矩阵主对角线上的元素代表各国产出中增加值留在国内的部分，而非对角线上的元素则代表增加值出口的部分。根据米勒和布莱尔（Miller and Blair，2009）、王智（Wang）、魏尚金和朱坤富（Wei and Zhu，2013）的界定，从供给者视角分解来看，该矩阵行向元素之和表示各国各部门产生的增加值被其自身以及所有下游部门所使用；从使用者视角来看，该矩阵列向上的元素之和表示各国各部门最终品产出中所包括的由自身以及所有上游部门投入的增加值。

（二）指标构建

1. 增加值分配指数

基于上述对总产出分解矩阵和增加值分解矩阵的分析阐述，为更好地实现本文研究目的，厘清当前国际贸易格局下的增加值分配等问题，笔者将结合投入产出表内涵与经济、现实意义，构建增加值分配指数，以衡量一国在国际分工中的增加值分配状况。

一国的最终需求不止诱发了该国自身的增加值，更诱发了全球多个国家或地区的增加值，而这其中该国自身的增加值又占多大的比重呢？这一逻辑与本文考察的增加值分配问题息息相关。此处并非基于某一部门出口中的贸易增加值的分配展开构建，而是以最终需求对总产出的诱发量为切入点，结合增加值系数矩阵进行探讨。

根据上述逻辑，增加值分配指数（简称 VDI_s）表示 s 国的最终需求所诱发的 s 国增加值与所诱发的全部国家增加值的比值。从现实含义来看，VDI_s 表达的是：全球价值链分工背景下，经由一国自身最终需求诱发的所有国际贸易中，该国所获取的增加值究竟占多少比重，进而判断该国在国际贸易中获利能力的强弱，并从侧面反映出一国的国际话语权的地位高低。

根据（3）式，在增加值产出分解矩阵 $\hat{V}_S BY$ 中，

$$\hat{V}_S BY = \hat{V}T_S = \begin{bmatrix} \hat{V}_1 \sum_r^G B_{1r}Y_{r1} & \hat{V}_1 \sum_r^G B_{1r}Y_{r2} & \cdots & \hat{V}_1 \sum_r^G B_{1r}Y_{rG} \\ \hat{V}_2 \sum_r^G B_{2r}Y_{r1} & \hat{V}_2 \sum_r^G B_{2r}Y_{r2} & \cdots & \hat{V}_2 \sum_r^G B_{2r}Y_{rG} \\ \vdots & \vdots & \ddots & \vdots \\ \hat{V}_G \sum_r^G B_{Gr}Y_{r1} & \hat{V}_G \sum_r^G B_{Gr}Y_{r2} & \cdots & \hat{V}_G \sum_r^G B_{Gr}Y_{rG} \end{bmatrix}$$

其中，$\sum_r^G B_{sr}Y_{rs}$ 代表 s 国的最终需求所诱发的 s 国自身的总产出，用 s 国的直接增加值系数矩阵 $\hat{V}_s$ 右乘 $\sum_r^G B_{sr}Y_{rs}$ ，即可得到增加值产出分解矩阵中的主对角线元素 $\hat{V}_s \sum_r^G B_{sr}Y_{rs}$ ，代表 s 国的最终需求所诱发的国内增加值；而 $\sum_r^G B_{tr}Y_{rs}$ 度量 s 国的最终需求所诱发的所有其他贸易国的总产出，因而用 t 国的直接增加值系数矩阵 $\hat{V}_t$ 右乘 $\sum_r^G B_{tr}Y_{rs}$ 后所得的 $\hat{V}_t \sum_r^G B_{tr}Y_{rs}$ ——与 $\hat{V}_s \sum_r^G B_{sr}Y_{rs}$ 身处同一列上非主对角线上的元素——则表示 s 国的最终需求所诱发的其他所有贸易国的增加值。根据上述从最终需求角度出发对增加值诱发来源、最终分配的分析，将增加值分配指数 VDI_s 定义如下，

$$VDI_s = \frac{\hat{V}_s \sum_r^G B_{sr}Y_{rs}}{\sum_{t=1}^G \hat{V}_t \sum_r^G B_{tr}Y_{rs}}$$

直观上，若 VDI_s 越大，则表明一国的最终需求所引致的该国自身的增加值比例越大，也即一国具有极强的需求引导 GDP 上涨的能力，在国际贸易中具备显著的竞争优势。反之，若该指数越小，则表明一国通过最终需求带来的贸易利润空间被其他贸易国大幅挤压，某种程度上表明该国贸易竞争地位处于弱势。

从 VDI_s 的表达式中不难发现，影响一国增加值分配的关键因素在于增加值系数 $\hat{V}_s$ 与最终需求对总产出的诱发量占比 $\sum_r^G B_{sr}Y_{rs} \Big/ \sum_{t=1}^G \sum_r^G B_{tr}Y_{rs}$ ，此前的增加值分配问题研究中多探讨增加值系数的影响，本文另辟蹊径，着重考察最终需求对总产出的诱发量占比——也即产业链自给率——这一关键因素对增加值分配的影响。

2. 产业链自给率

由此，产业链自给率的构建逻辑源自于：全球价值链分工背景下，一国

的最终需求诱发了多个国家或地区的总产出，而这其中该国自身被诱发的总产出又占了多少比重呢？倘若该国最终需求所诱发的该国总产出占比较高，从现实意义来看，也即该国的产业链能够在较大程度上满足本国最终需求，表示该国产业链的完整程度较高。

因而产业链自给率 SC_SS，表示一单位最终需求所诱发的国内总产出占世界总产出的比重。从总产出矩阵 $X = BY$ 的角度来看，也即该矩阵中主对角线上元素与其所在列上的元素之和的比值。总产出矩阵 X 的详细表达形式如下，

$$\begin{bmatrix} X_{11} & X_{12} & \cdots & X_{1G} \\ X_{21} & X_{22} & \cdots & X_{2G} \\ \vdots & \vdots & \ddots & \vdots \\ X_{G1} & X_{G2} & \cdots & X_{GG} \end{bmatrix} = \begin{bmatrix} B_{11} & B_{12} & \cdots & B_{1G} \\ B_{21} & B_{22} & \cdots & B_{2G} \\ \vdots & \vdots & \ddots & \vdots \\ B_{G1} & B_{G2} & \cdots & B_{GG} \end{bmatrix} \begin{bmatrix} Y_{11} & Y_{12} & \cdots & Y_{1G} \\ Y_{21} & Y_{22} & \cdots & Y_{2G} \\ \vdots & \vdots & \ddots & \vdots \\ Y_{G1} & Y_{G2} & \cdots & Y_{GG} \end{bmatrix}$$

$$= \begin{bmatrix} \sum_{r}^{G} B_{1r}Y_{r1} & \sum_{r}^{G} B_{1r}Y_{r2} & \cdots & \sum_{r}^{G} B_{1r}Y_{rG} \\ \sum_{r}^{G} B_{2r}Y_{r1} & \sum_{r}^{G} B_{2r}Y_{r2} & \cdots & \sum_{r}^{G} B_{2r}Y_{rG} \\ \vdots & \vdots & \ddots & \vdots \\ \sum_{r}^{G} B_{Gr}Y_{r1} & \sum_{r}^{G} B_{Gr}Y_{r2} & \cdots & \sum_{r}^{G} B_{Gr}Y_{rG} \end{bmatrix}、$$

具体来看，在总产出分解矩阵中，Y_{rs} 表示 s 国对 r 国最终产品的消耗，列昂惕夫逆矩阵 B_{tr} 则度量 r 国生产一单位最终产品所需要的 t 国的中间品投入。从而不难理解，$B_{tr}Y_{rs}$ 表示经由 s 国最终需求所诱发的 t 国的总产出。进行求和后，$\sum_{r}^{G} B_{tr}Y_{rs}$（其中 t、s 均 = 1，2，…，G，t 与 s 不相等）则用于衡量 s 国的最终需求所诱发的世界上其他国家或地区的总产出，而当 t = s 时，$\sum_{r}^{G} B_{sr}Y_{rs}$（其中 s = 1，2，…，G）则表示 s 国的最终需求所诱发的自己国内的总产出，也即本文着重考察的——s 国的产业链自给自足的部分。由此，基于投入产出分析的定义，可以将 s 国的产业链自给率表述为，

$$SC\_SS_s = \frac{\sum_{r}^{G} B_{sr}Y_{rs}}{\sum_{t=1}^{G}\sum_{r}^{G} B_{tr}Y_{rs}}$$

进一步地，若 SC_SS_s 的值越大，则 s 国的产业链自给率越高，进而表示 s 国产业链满足自己国内最终需求的程度越高，即 s 国拥有越完整的产业链；相反，若 SC_SS_s 的值越小，则 s 国的产业自给率越低，一单位最终需求能够被国内产业链所满足的程度越低，也即 s 国的产业链完整程度越低。

三、数据与结果分析

本文利用欧盟 2016 年公布的世界投入产出数据库 WIOD，包括 44 个国家或地区的 56 个行业的数据，借鉴 KWW 与 WWZ 所阐述的总产出与增加值分解矩阵及具体分解方法①，以我国最终需求为切入点，科学、准确地考察其诱发总产出和增加值的状况，并据此分析我国产业链自给率与国际贸易中增加值分配的问题。

（一）产业链自给率的实证结果分析

产业链自给率 SC_SS，从最终需求诱发总产出的角度出发，将其值定义为一国最终需求诱发一国产出与诱发世界产出的比值。本文将首先分析中国 2000 ~ 2014 年产业链自给率的变化情况；其次，分析中国各个行业在这 15 年里的自给率演变趋势；最后，以经济贸易全球化的背景为依托，分析 WIOD 中其他国家或地区的产业链自给率大小及其变化态势，并将中国与 WIOD 中所考察的世界其他国家、地区的产业链自给率进行对比式分析，考察中国及世界主要经济体的产业链完整度的位置演变情况。

1. 自 2000 ~ 2014 年我国产业链自给率的演变趋势

表 1 给出了从 2000 ~ 2014 年这 15 年间，我国产业链自给率以及产业链自给率增速的详细数据。可以看出，进入 21 世纪以来我国的产业链自给率在不断提高，2000 年产业链自给率仅为 4.84，此后不断飞跃式上涨，在 2008 年首次突破 10%，行至 2014 年，产业链自给率已高达 19.28%，与西方众多大国相比呈现出显著的产业链优势。对比 21 世纪初的产业链自给率水平，15 年来年均增速高达 10.5%，几乎与 GDP 增速齐头并进。表明我国在实现经济增长的同时，产业链的整合优势也得到了极致的发挥。

表 1　　2000 ~ 2014 年中国产业链自给率及其增速变化　　单位：%

指标＼年份	2000	2001	2002	2003	2004	2005	2006	2007	2008	2009	2010	2011	2012	2013	2014
产业链自给率	4.84	5.38	5.63	5.49	5.74	6.96	7.97	8.83	10.11	11.83	12.36	13.23	15.00	16.70	19.28
增速	—	11.2	4.6	-2.5	4.6	21.3	14.5	10.8	14.5	17.0	4.5	7.0	13.4	11.3	15.4

① 在利用上述两种分解方法对世界投入产出表进行分解时，本文采用的是静态投入产出法。即假定经济体在每一年都处于稳态，但允许不同年份之间存在的稳态不同，也即投入产出系数在同一年相同，但各年之间可以不同。由此，在进行分解时，可有效避免经济体发生结构变迁所带来的度量差异问题。

图 1 更为直观地展示了我国产业链自给率的演变趋势：从数值上看，我国产业链自给率除 2003 年较 2002 年小幅下降 0.14 个百分点外，其余各年均呈现出不同程度的上涨，表明我国产业链用以满足自身需求的能力正变得越来越强，总体上的完整程度也在飞跃式的提高；从增速变化来看，一半以上的年份里，产业链自给率的增速通通突破 10%，且分别在 2005 年、2008 年、2012 年和 2015 年这四个时点达到阶段性的峰值，尤其以 2005 年 21.2% 的增速为最高，集中体现出了产业链自给率增速变化的周期性特点。

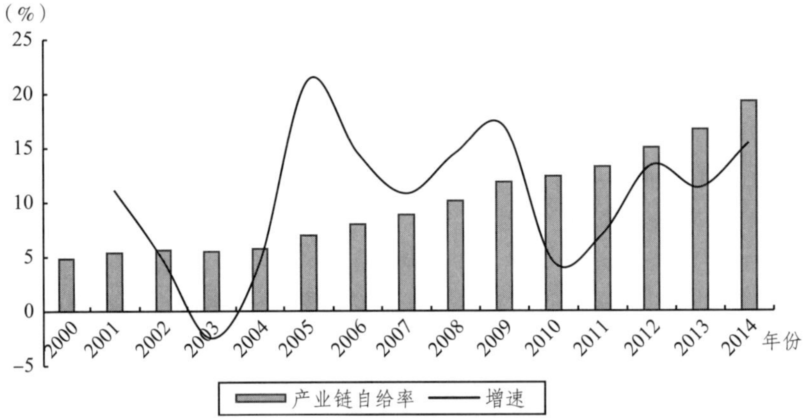

图 1　2000 ~ 2014 年中国产业链自给率及其增速的变化趋势

其实，针对我国产业链自给率的上述演变趋势，可以将我国产业链的主力军制造业的发展状况视作全体产业链整合的一个缩影，从中窥见一斑。

其一，2000 ~ 2010 年这个十年里，我国工业增加值节节攀升，制造业投资增速迅猛。根据 Wind 宏观经济数据库的统计数据显示，2000 年我国工业增加值 4863 亿美元，制造业投资增速 9.2%，自亚洲金融危机负增长后首次转正。在 2001 年我国加入世界贸易组织后，不断实施积极地开放政策，恰遇全球制造业成本走低、占领亚太市场战略，大量海外投资疯狂涌入中国市场，由此沿海地区的产业集群专业化程度飞速提升，IT 产品、服装、鞋业等轻工业市场的份额亦得到增加，进一步扩大了我国制造业的低成本优势。2003 年，制造业年投资增速 58.7%，是迄今为止的最高水平，标志着中国制造业进入了新一轮的发展期，机床、工程机械、电子与通讯设备等产业的发展带动了对重工机械、模具和钢材等原材料需求的海量增长，从而在很大程度上促进和推动了我国制造业产业链的拓展和完善。这与我国产业链自给率的增速变化也是完全契合的，2004 年开始我国产业链自给率节节高升，与 2003 年制造业投资的飞跃式进步和制造业产业链的人力资本积累息息相关。2007 年，中国工业增加值 111693.9 亿元，首次突破 10 万亿，比 1978 年增加 23 倍（按现价计算），年均增长率为 11.6%，为后续促进我国产业链的进一步整合奠定了坚实的物质基础。

其二，进入 21 世纪以来我国产业集中度大幅提高。2002 年以来，我国制造业部门结构持续改善，高技术含量行业及资金密集型行业，部门增加值比重均提升；技术含量低或资金密集度低的行业，部门占比份额则出现不同程度的下降。同时，制造业产业集中度随着市场化改革的深入出现大幅提高，据第三次工业普查数据显示，2005 年大中型企业主营业务收入占制造业比重为 68.1%，较 10 年前提高 16 个百分点。

从上述对制造业产业结构调整和投资增速变化的分析中可以更加清晰地理解中国产业链自给率的演变趋势。总体来看，我国产业链自给率的不断提高得益于恰到好处的产业政策扶持、亚太市场战略下海量增长的国外投资、产业结构积极调整、产业集中度不断提高等等因素。并且，在当今全球价值链分工的贸易背景下，我国强大的前期资本、人力和技术积累，必将促使我国产业链的自给自足程度持续性上升，从而提高我国用自身产业链去满足内需的能力，进而在国际贸易中不断开辟新的利润空间。

2. 自 2000 ~ 2014 年我国各产业自给率的演变趋势

与产业链自给率指标的构建框架相同，我国各行业的自给率表示我国一单位最终需求对某个行业的产出诱发与对世界范围内该行业的产出诱发总值的比值，以此衡量该行业自给自足的程度。在投入产出分析的含义中，直观上某行业的自给率越高，则自给自足的程度越高，依赖性越低，通常也说明该行业属于我国的优势发展行业。

从具体的数据表现来看，2000 ~ 2014 年 WIOD 世界投入产出数据库所考察的 56 个行业中，我国行业自给率为 0 的行业共有 9 个，分别是：机器设备安装业；车辆批发、零贸业；出版业；电影、电视制作业；金融保险辅助业；建筑工程业；广告与市场研究；家庭雇主业；域外机构的活动。

剔除上述九个行业自给率持续 15 年为 0 的行业，此处将着重考察其他 47 个行业中自给率最高的 6 个行业与行业自给率最低的 6 个行业，并详细分析这 12 个行业在 2000 ~ 2014 年这段时间内的演变趋势。其中，按由高到低的顺序来看，行业自给率最高的 6 个行业分别是：基本金属制造业、化工业、采矿业、其他车辆批发贸易业、电力、燃气供应、农牧业。表 2 给出了这六个行业的自给率的直观数据。

表 2　　2000 ~ 2014 年行业自给率最高的 6 个行业的自给率数据　　单位：%

行业 年份	基本金属的制造	化学品和化学产品的制造	采矿业	批发贸易、汽车和摩托车除外	电力、燃气、蒸汽和空调供应	农牧业
2000	0.347	0.346	0.313	0.311	0.294	0.215
2001	0.390	0.350	0.353	0.327	0.357	0.216

续表

年份＼行业	基本金属的制造	化学品和化学产品的制造	采矿业	批发贸易、汽车和摩托车除外	电力、燃气、蒸汽和空调供应	农牧业
2002	0.387	0.347	0.383	0.317	0.403	0.209
2003	0.426	0.374	0.376	0.256	0.442	0.215
2004	0.478	0.380	0.391	0.218	0.524	0.253
2005	0.579	0.478	0.543	0.195	0.660	0.295
2006	0.658	0.528	0.604	0.233	0.795	0.333
2007	0.723	0.609	0.609	0.277	0.894	0.372
2008	0.866	0.746	0.845	0.364	0.708	0.462
2009	0.752	0.844	0.805	0.469	0.770	0.633
2010	0.763	0.849	0.897	0.525	0.754	0.595
2011	0.846	0.962	1.028	0.586	0.747	0.597
2012	0.915	1.109	1.019	0.705	0.796	0.760
2013	1.003	1.213	1.129	0.783	0.885	0.793
2014	1.101	1.346	1.351	0.925	1.072	0.932

资料来源：根据欧盟 2016 年公布的世界投入产出数据库 WIOD 整理计算所得。

从这六个行业的产业归属来看，除批发贸易外，全部属于第一产业和第二产业，且第二产业中的制造业占据两个席位，侧面突显出我国制造业产业的自给率较高的事实，也即制造业产业自给自足的程度较高，在国际贸易竞争中具备显著优势。

从行业自给率的具体数据表现来看，上述六个行业的自给率在 2000 ~ 2014 年均持续走高，由最初的 0.2% ~0.4% 区间增加至 2014 年的 0.9% ~ 1.4% 区间。其中基本金属制造业上升了 0.7 个百分点，化工业上升了 1 个百分点，采矿业和农牧业则分别上升了 1 个百分点和 0.7 个百分点，其他车辆批发贸易行业和电力、燃气供应业均提高了 0.7%。整体来看，这六个行业的自给率平均上升幅度高达 0.8%。且采矿业的自给率水平最先在 2011 年突破 1% 水平，化工业、基本金属制造业和电气、燃气供应业则紧随其后，先后分别突破 1% 水平。上述分析表明，我国具备行业自给率优势的行业多集中在第一和第二产业，其中制造业和采矿业优势最为明显，着重突出了我国在全球价值链分工背景下的行业竞争力中心。

而按照相同的自给率由高到低的排序来看，表 3 给出了产业自给率最低的 6 个行业的行业自给率数据，这 6 个行业分别为：教育业、人类健康和社会工作活动、邮政和快递业、公共行政和国防、行政支持服务活动、科学研究和发展。

表 3　2000～2014 年行业自给率最低的 6 个行业的自给率数据　单位：%

年份＼行业	教育	人类健康和社会工作活动	邮政和快递活动	公共行政和国防；强制性社会保障	行政和支持服务活动	科学研究和发展
2000	0.016	0.011	0.008	0.004	0.003	0.002
2001	0.017	0.011	0.009	0.004	0.003	0.003
2002	0.019	0.012	0.010	0.004	0.004	0.004
2003	0.017	0.012	0.009	0.004	0.004	0.008
2004	0.017	0.014	0.008	0.005	0.006	0.013
2005	0.021	0.023	0.010	0.006	0.009	0.020
2006	0.024	0.024	0.010	0.008	0.010	0.023
2007	0.027	0.024	0.010	0.009	0.010	0.023
2008	0.031	0.023	0.014	0.020	0.015	0.028
2009	0.043	0.024	0.019	0.035	0.022	0.035
2010	0.034	0.017	0.022	0.028	0.023	0.035
2011	0.030	0.013	0.023	0.025	0.023	0.035
2012	0.037	0.013	0.027	0.035	0.028	0.042
2013	0.040	0.014	0.029	0.038	0.031	0.048
2014	0.056	0.019	0.035	0.055	0.039	0.059

不难发现，我国自给率最低的 6 个行业均归属于第三产业，表明我国第三产业的自给自足程度还不够高，在国际贸易竞争中处于相对劣势。但从整体的演变趋势来看，还是比较乐观的，6 个行业在这 15 年间的行业自给率平均上升了 0.037%。具体来看，教育业的自给率上升了 0.04%，邮政和快递行业的自给率水平提高了 0.027%，公共行政与国防、行政支持服务活动与人类健康和社会工作活动行业则分别提高了 0.036、0.057 和 0.008 个百分点，科学研发的上升幅度最大，从 2000 年 0.002% 的自给率提升至 2014 年 0.059% 的自给率，年均增速高达 154.6%，反映出我国在进入 21 世纪后科学研发行业的发展速度持续加快，这得益于相应的政策扶持和对人力资本的大量积累，如今的科研行业自给自足能力已经显著增强。但第三产业中的创新性行业与公共事业行业的自给率水平仍然较低，后续的产业整合与产业链完整程度的提高仍需在这些方面继续努力。

3. 世界范围内的产业链自给率变化趋势

表 4 中罗列了 WIOD 中 43 个国家和地区（第 44 个为世界其他国家或地

区，暂不纳入考虑）的自给率数据，为更加简洁直观地呈现出各国产业链自给率的演变趋势，此处特选取了2000年、2004年、2007年、2010年和2014年5个年份的数据进行分析。

表4的罗列顺序是按2014年产业链自给率的高低进行编排的。不难发现，处于前十位的国家分别来自发达及资源国家如美国、日本、加拿大和澳大利亚；欧盟老牌强国如英国、德国、法国、意大利；新兴市场国家俄罗斯；以及进出口大国中国。其中尤以中国的产业链自给率水平为最高，攀升趋势最迅猛。美国的产业链自给率水平则从最初的26.73%逐渐下降至2014年的14.91%，表明其产业链自给自足的程度逐年下降。同样具有此特点的还有日本，最初日本的产业链自给率水平高达13.19%，自2003年跌破10%水平后便持续走低，截至2014年，日本的产业链自给率水平已下滑至3.53%，说明现如今日本产业链去满足国内最终需求的能力大不如前。

此外，以2014年的产业链自给率水平为例进行排序，排名靠后的几乎为欧盟中2004年后加入的国家，如爱沙尼亚、斯洛文尼亚、拉脱维亚、马耳他、立陶宛等。这些国家大多为发展中国家，资源禀赋并非特别丰富，产业结构和产业群的集中度自然也低于发达国家和其他有资本和资源的发展中国家，因而产业链自给率水平较低，这也从侧面印证了本文产业链自给率指标的真实性、合理性和有效性。

表4 世界各国（地区）的自给率变化趋势 单位：%

国家	2000年	2004年	2007年	2010年	2014年
中国（CHN）	4.84	5.74	8.83	12.36	19.28
美国（USA）	26.73	19.66	17.22	15.62	14.91
俄罗斯（RUS）	2.82	5.21	7.51	8.58	7.25
德国（DEU）	7.26	9.48	8.35	6.62	6.04
英国（GBR）	5.66	6.02	5.37	3.60	3.76
日本（JPN）	13.19	9.41	6.32	6.49	3.53
法国（FRA）	4.38	4.87	4.19	3.63	3.19
意大利（ITA）	3.71	4.68	3.85	2.79	2.56
澳大利亚（AUS）	2.25	2.39	2.47	3.43	2.41
加拿大（CAN）	2.82	2.70	2.69	2.40	2.09
韩国（KOR）	1.81	1.87	2.08	1.78	2.08
巴西（BRA）	1.83	1.84	2.46	2.81	2.05
荷兰（NLD）	1.99	1.99	1.88	1.50	1.57
西班牙（ESP）	1.50	2.26	2.20	1.89	1.49

续表

国家	2000 年	2004 年	2007 年	2010 年	2014 年
印度（IND）	1.11	1.42	1.53	1.85	1.46
瑞士（CHE）	1.58	1.67	1.47	1.43	1.24
印度尼西亚（IDN）	0.82	0.94	1.03	1.38	1.02
挪威（NOR）	1.44	1.48	1.53	1.20	1.01
瑞典（SWE）	1.28	1.41	1.23	1.13	0.97
比利时（BEL）	1.23	1.48	1.34	1.12	0.92
土耳其（TUR）	0.93	0.97	1.08	1.01	0.87
中国台湾（TWN）	1.15	0.97	0.98	0.91	0.86
波兰（POL）	0.63	0.81	0.93	0.89	0.85
墨西哥（MEX）	1.11	1.01	1.06	0.90	0.81
奥地利（AUT）	0.80	0.97	0.93	0.80	0.68
芬兰（FIN）	0.86	0.89	0.72	0.57	0.46
丹麦（DNK）	0.65	0.69	0.67	0.57	0.46
捷克（CZE）	0.42	0.58	0.63	0.57	0.43
爱尔兰（IRL）	0.47	0.65	0.70	0.48	0.37
葡萄牙（PRT）	0.41	0.57	0.57	0.47	0.35
罗马尼亚（ROU）	0.26	0.28	0.36	0.35	0.33
希腊（GRC）	0.37	0.54	0.49	0.43	0.28
斯洛伐克（SVK）	0.24	0.26	0.30	0.29	0.24
卢森堡（LUX）	0.20	0.24	0.29	0.24	0.23
匈牙利（HUN）	0.23	0.31	0.32	0.26	0.21
保加利亚（BGR）	0.18	0.19	0.20	0.21	0.14
拉脱维亚（LVA）	0.21	0.19	0.21	0.19	0.12
克罗地亚（HRV）	0.18	0.21	0.23	0.19	0.11
立陶宛（LTU）	0.18	0.19	0.19	0.16	0.11
斯洛文尼亚（SVN）	0.18	0.21	0.21	0.17	0.11
爱沙尼亚（EST）	0.14	0.15	0.16	0.13	0.09
塞浦路斯（CYP）	0.13	0.13	0.14	0.12	0.07
马耳他（MLT）	0.07	0.08	0.09	0.07	0.05

4. 我国自给率的世界位置变化分析

为更好地分析 2000 ~ 2014 年间中国产业链自给率水平在国际贸易分工

格局下的位置演变情况，本小节以产业链自给率水平为横轴，产业链自给率增速为纵轴，分别对WIOD中列出的43个国家或地区做了散点图分析。图2和图3分别给出了2001年、2014年世界各国的产业链自给率在国际上的位置：

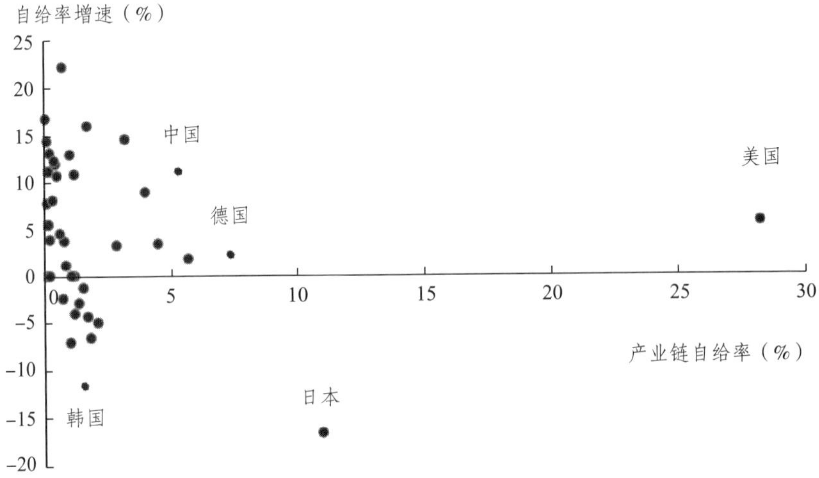

图2 2001年世界各国产业链自给率及其增速的散点图

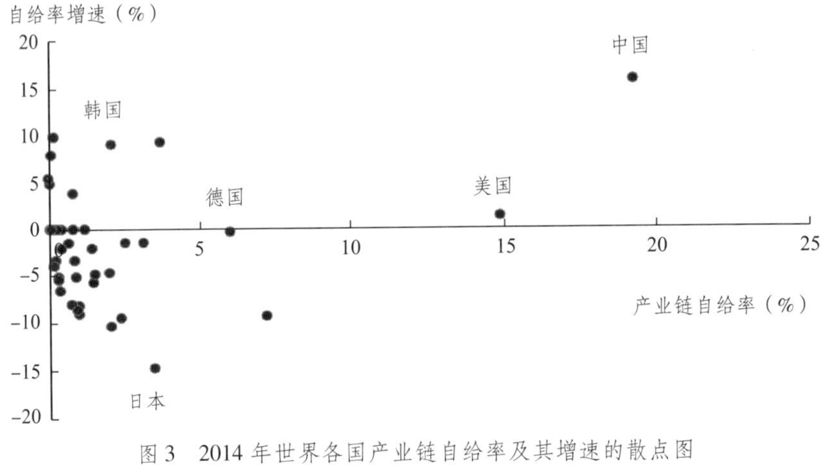

图3 2014年世界各国产业链自给率及其增速的散点图

从上述两张散点图里各国的位置演变特点可以得出以下结论：第一，中国的产业链自给率持续提高，增速靠前，由最初的表现平平提升至最终的世界领先水平；第二，日本的产业链自给率负增长幅度较大，致使日本产业链自给率水平不断走低，表现为散点图中的左向移动；第三，美国的产业链自给率水平基数较大，但增速一般，期间还出现过一定程度的负增长，因而截至2014年，美国自身的产业链自给率水平已远远低于中国，不过仍处于世界范围内的较高水平；第四，韩国的产业链自给率水平有小幅提高，得益于其后期小幅的正向增速；第五，欧洲老牌大国德国的产业链自给率水平一直保持在 5% ~10% 区间，增速不高，但几乎稳定为正向增长。从整体上看，2001 年时大部分国家的产业链自给率增速较高，且正增长的国家明显多于负增长的国家，自给率水平超过 5% 的国家有 5 个；而到了 2014 年，产业链自给率水平呈负增长的国家显著多于正向增长的国家，且正向增长的国家里增速较 2001 年有所下降，产业链自给率水平超过 5% 的国家减少为 4 个，英国与日本纷纷出列，俄罗斯赢得一席，自给率水平高达 7. 25% 。

（二）产业链自给率与增加值分配指数的正向相关性

产业链自给率的构建基础源自于总产出矩阵 $X = BY$ 的分解矩阵，而增加值分配指数的构建基础则来自于总产出矩阵左乘上增加值系数对角矩阵 $\hat{V}s$ 后的分解矩阵，两者的矩阵基础呈正向相关性。采用我国 2000 ~2014 年的产业链自给率与增加值分配指数数据（如表 5 所示）进行相关性分析，结果显示 Pearson 相关系数高达 0. 996，体现出了产业链自给率与增加值分配指数的高度正相关性。

表 5　　我国产业链自给率与增加值分配指数的相关性分析数据源　　单位：%

指标＼年份	2000	2001	2002	2003	2004	2005	2006	2007	2008	2009	2010	2011	2012	2013	2014
产业链自给率	4. 84	5. 38	5. 63	5. 49	5. 74	6. 96	7. 97	8. 83	10. 11	11. 83	12. 36	13. 23	15. 00	16. 70	19. 28
增加值分配指数	1. 55	1. 76	1. 99	2. 23	2. 75	3. 51	4. 49	5. 95	—	11. 05	12. 17	13. 71	16. 08	19. 91	24. 26

图 4 清晰展示了我国产业链自给率与增加值分配指数的同向变化趋势，自 2000 年来，我国在产业链自给率不断攀升的同时，增加值分配指数也在持续增大，表明我国贸易利润的空间随着产业链自给率的提高在逐步扩大。

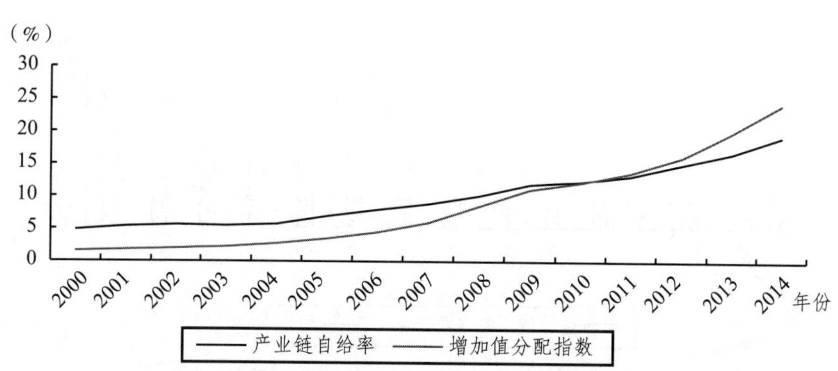

图 4　我国产业链自给率与增加值分配指数的走势

（三）增加值分配指数的分析

在分析完增加值分配的关键影响因素产业链自给率后，本小节将着重展开分析我国以及世界范围内的主要经济体的增加值分配状况。

1. 自 2000～2014 年我国增加值分配指数的演变趋势

表 6 给出了 2000～2014 年我国增加值分配指数及其增速的详细数据。从数据表现来看，在这 15 年间，增加值分配指数由 2000 年的 1.55% 上升至了 2014 年的 24.26%，提高了 22.71 个百分点，表明我国最终需求引导本国 GDP 上涨的能力大幅度增强。从具体的增速表现来看，近年来我国增加值分配指数的增长速度持续超过 10% 水平，一直保持在高增长状态，这一方面体现出我国最终需求拉动 GDP 上涨的传导机制在不断完善，另一方面则显示出我国在当前国际贸易格局下的贸易利润获取能力持续增强，势不可挡。此处需要说明的是，鉴于 2008 年金融危机对全球经济波动造成的重大影响，2008 年世界各国的增加值流量矩阵数据均受到不同程度的冲击，导致数据完整度和精确度有所下降，甚至不少国家或地区为空值。因此，本文在分析增加值分配问题时，为更好地考察各国增加值分配比例的变化趋势，特剔除了受损的 2008 年数据，仅参考其他年份的数据。

表 6　2000～2014 年我国增加值分配指数及其增速的变化趋势　单位：%

年份 指标	2000	2001	2002	2003	2004	2005	2006	2007	2009	2010	2011	2012	2013	2014
增加值分配指数	1.55	1.76	1.99	2.23	2.75	3.51	4.49	5.95	11.05	12.17	13.71	16.08	19.91	24.26
增速	—	13.55	13.07	12.06	23.32	27.64	27.92	32.52	85.71	10.14	12.65	17.29	23.82	21.85

图 5 描绘了我国增加值分配指数及其增速的变化趋势，不难发现，经由我国自身最终需求诱发的全球增加值中，我国所获取的比例在持续飞跃式地

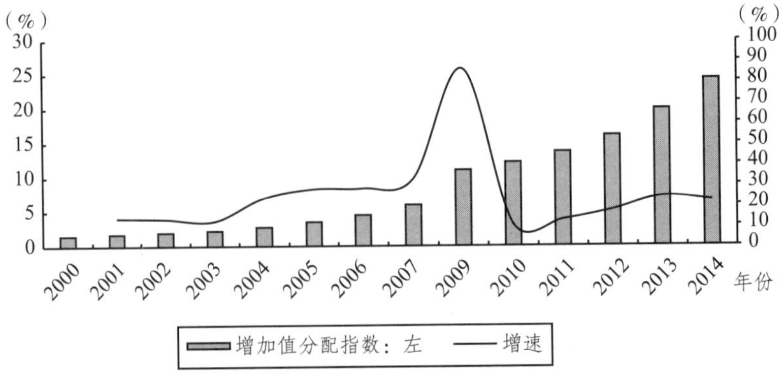

图 5　我国增加值分配指数及其增速的变化情况

攀升，截至 2014 年，已经占下由我国最终需求所诱发的全球贸易利润的近 25%之多，并且增速持续保持高位，势头不减，说明我国当前的贸易前景良好、贸易合作关系稳固、贸易竞争力较强。图 4 中的增速高点衡量的是 2009 年相对于 2007 年的增加值分配指数的增长幅度，因而出现了一个较高的波峰，这源自于 2008 年数据的不可完全获取性，但并不影响整体处于上升趋势的这一判断。

2. 我国增加值分配与世界增加值分配的位置演变

表 7 给出了 14 个世界主要经济体的增加值分配指数情况，为更好地考察我国贸易利润空间随时间迁移的变化，此处进一步采用散点图的形式，以增加值分配指数为横轴，增加值分配指数的增速为纵轴，分别描绘了这 14 个世界主要经济体在 2001 年和 2014 年的位置情况。

表 7　世界主要经济体的增加值分配指数　单位：%

国家＼年份	2000	2004	2007	2010	2014
美国（USA）	67.73	59.78	48.03	38.02	31.08
中国（CHN）	1.55	2.75	5.95	12.17	24.26
德国（DEU）	3.13	5.84	4.96	3.29	2.49
俄罗斯（RUS）	0.29	1.07	2.62	3.00	2.47
日本（JPN）	13.47	9.04	4.55	4.61	1.45
英国（GBR）	1.76	2.85	2.72	1.14	1.08
法国（FRA）	1.36	2.29	2.01	1.43	0.99
澳大利亚（AUS）	0.23	0.41	0.54	0.94	0.54
巴西（BRA）	0.24	0.23	0.54	0.80	0.50
加拿大（CAN）	0.46	0.61	0.72	0.59	0.44
印度（IND）	0.17	0.29	0.42	0.59	0.40
韩国（KOR）	0.22	0.30	0.37	0.26	0.29
墨西哥（MEX）	0.29	0.32	0.36	0.25	0.19
中国台湾（TWN）	0.12	0.11	0.11	0.10	0.09

从两张散点图中各国的位置演变情况可以得出以下结论：第一，美国历经 15 年的贸易格局变化，增加值分配比例仍居高位，但增速和总体水平已经大幅下滑；第二，中国属于国际贸易中的崛起之星，在散点图中呈现出大幅地向上向右移动，表明中国不管是增加值分配比例的水平亦或是增速，都得到了显著的提升；第三，日本的增加值分配比例基数较高，但增速持续为

负，导致水平下降；第四，韩国由负增长转为正增长，但贸易利润获取能力仍然不强。从总体上看，在 2001 年大部分国家集中在原点附近，增加值分配比例及其增速均不高，而到了 2014 年，各个贸易地区的贸易利润获取能力已经显著分化，层次分明，中国和美国获取增加值的能力遥遥领先于其他经济体（如图 6、图 7 所示）。

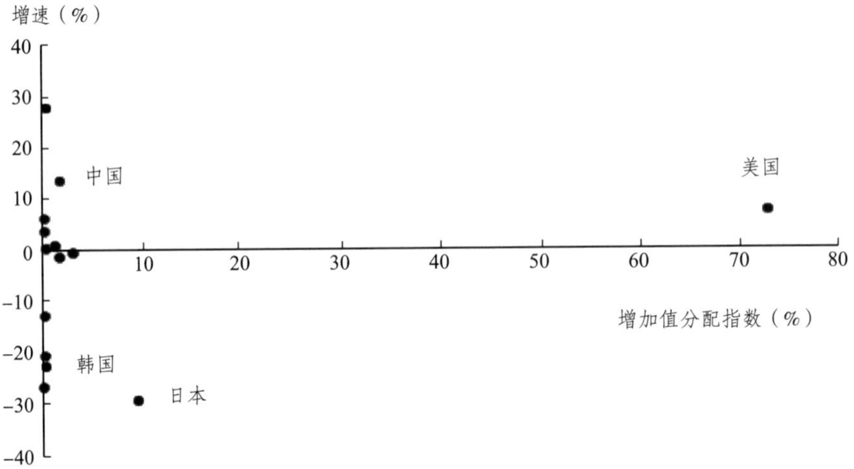

图 6　2001 年世界主要经济体的增加值分配指数及其增速

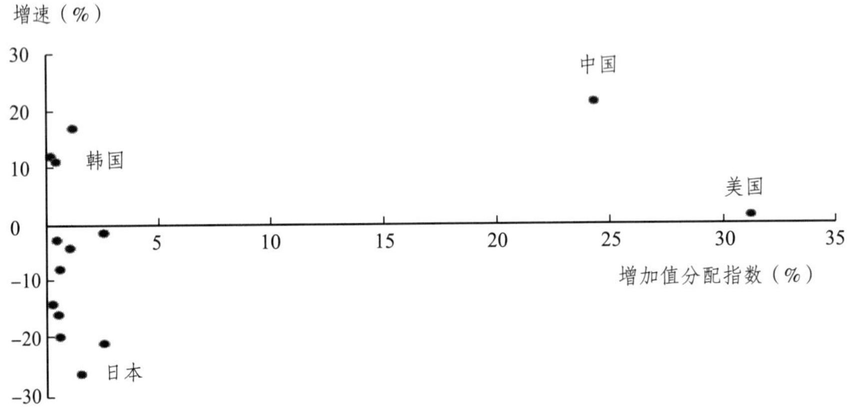

图 7　2014 年世界主要经济体的增加值分配指数及其增速

四、结论和政策建议

（一）结论

本文基于总产出与增加值分解矩阵，利用最新公布的 WIOD 世界投入产出数据库，着重考察了我国产业链自给率与我国在产品内分工形态下增加值分配的问题，并在世界范围内展开了深入的对比分析。得出结论如下：

第一，产业链自给率与增加值分配指数呈正相关关系。采用我国 2000 ~ 2014 年的产业链自给率与增加值分配指数数据进行相关性分析发现，Pearson 相关系数高达 0.996。表明一国产业链自给率越高，由该国最终需求所引致的增加值分配中，该国所占的比例则越大。

第二，我国贸易利润的空间随着产业链自给率的提高在不断扩大。截至 2014 年，中国产业链自给率高达 19.28%，年均增速 10.5%。具体来看，自给率较高的行业集中在第一产业，而自给率较低的行业则广泛分布在第三产业。但从演变趋势来看，教育业和科研行业的自给率增速较快，近年来已得到大幅提升。此外，在世界范围内，美国与日本的产业链自给率基数较高，但持续呈负增长，近年来产业链自给率水平已大幅下降。

与此同时，在产业链自给率不断提高这一趋势的推动下，我国的贸易利润空间逐步扩大。2014 年，我国增加值分配指数高达 24.26%，较 2000 年提高了 22.71 个百分点，且增长速度持续超过 10% 水平，表明我国最终需求拉动 GDP 上涨的能力不断增强。对比其他贸易国，美国依然处于强势的领先地位，我国紧随其后位居第二，欧盟老牌强国德国、英国和法国也具有较强的贸易利润获取能力，日本、俄罗斯表现不俗。但除中国和美国外，其他国家或地区的增加值分配指数水平远远低于 10%，仅在 0 ~ 3% 区间呈现相对小幅的波动。

（二）政策建议

根据本文前述的分析结果，中国的产业链自给率与增加值分配在世界范围内越来越具有显著的竞争优势，且各贸易国之间鉴于资源禀赋等因素的差异，数据表现大相径庭。对此，本文将以前述分析为切入点，给出几点启示。

1. 促进产业链的高效整合

当前中国产业链的自给率水平已经处于世界领先水平，并反超了日本和美国。但在科研、教育和公共服务领域仍然处于弱势地位，研发投入远不及世界发达国家，限制了我国高技术层次部门的发展路径。因而要继续发挥中国产业链的优势，就必须进行产业链的高效整合，有效弥补产业链中的弱势环节。

一方面，需要继续加大在教育、科研领域的资金投入，并配套相应的创新鼓励政策，完善知识产权保护体系，促进人力资本的持续积累；另一方面，需有策略的培育具备综合竞争力的跨国企业，有效吸纳当前的国内外高层次人力资本，并推动企业发展与人才发展相结合的强国战略，从而保证我国产业链优势的持续性。

2. 完善需求引导 GDP 上涨的机制

为进一步提高我国在全球价值链分工中的地位，保证贸易利润获取能力的日益提高，我国必须培育以推动产业升级、加快经济发展为导向的贸易合作模式。对此，完善需求引导 GDP 上涨的机制，同时加快要素禀赋结构升级，推动国内外高级要素的有效结合就显得尤为必要。

一方面，我国需要充分调动国内外投资的积极性，积极培育国内购买力优势，提高我国最终需求对增加值的贡献能力；另一方面，整合国内高层次的产业资源，抓住发达国家处于深度调整和资产价值重新评估的契机，加强我国在国际贸易分工中的话语权。

参考文献

[1] 邓军. 增加值贸易视角下中国制造业出口竞争力评估 [N]. 中南财经政法大学学报，2013 (5)：40 – 46.

[2] 胡昭玲，张蕊. 中国制造业参与产品内国际分工的影响因素分析 [J]. 世界经济研究，2008 (3)：3 – 8.

[3] 贾怀勤. 中国贸易统计如何应对全球化挑战——将增加值引入贸易统计：改革还是改进？[J]. 统计研究，2012，29 (5)：10 – 15.

[4] 刘遵义，陈锡康，杨翠红. 非竞争型投入占用产出模型及其应用：中美贸易顺差透视 [J]. 中国社会科学，2007 (5)：91 – 103.

[5] 平新乔. 产业内贸易理论与中美贸易关系 [J]. 国际经济评论，2005 (5)：12 – 14.

[6] 施炳展. 中国出口产品的国际分工地位研究——基于产品内分工的视角 [J]. 世界经济研究，2010 (1)：56 – 62.

[7] 童剑锋. 增值贸易统计研究的国际进展 [J]. 国际商务财会，2013 (4)：5 – 9

[8] 王岚. 全球价值链分工背景下的附加值贸易：框架，测度和应用 [J]. 经济评论，2013 (3)：150 – 160.

[9] 张向晨，徐清军. 国内外贸易增加值问题研究的进展 [J]. 国际经济评论，2013 (4)：128 – 138.

[10] AMDT S W. Globalization and the open economy [J]. NorthAmerican Journal of Economics and Finance，1997，8 (1)：71 – 79.

[11] HUMMELS，DAVID，JUN ISHII，and KEI – MU YI. "The Nature and Growth of Vertical Specialization in World Trade." Journal of International Economics，2001，54 (1)：75 – 96.

[12] KOOPMAN，ROBERT，ZHI WANG，and SHANG – JIN WEI. "Tracing Value – Added and Double Counting in Gross Exports." American Economic Review，2014，104 (2)：459 – 494.

[13] MILLER，R. and P BLAIR. Input-output Analysis：Foundations and Extensions，Cambridge University Press，2009.

[14] OCED – WTO，Database on Trade in Value – Added，2013.

[15] SANVAL，K and R JONES. "The Theory of Trade in Middle Products"，American Economic Review，1982.

[16] TIMMER M P et al. The World Input – Output Database (WIOD)：Contents，Sources

and Methods. WIOD Working Paper, 2012 (10).
[17] WANG, ZHI, SHANG - JIN WEI and KUNFU ZHU. "Quantifying International Production Sharing at the Bilateral and Sector Levels", NBER Working Paper No. 19677, 2014.

Study on the Self-sufficiency of China's Industrial Chain and the Allocation of Value-added

——Based on the World Input-output Table

Li Shiqi　Lin Chen

Abstract: Driven by multiple factors such as technological progress, industrial transfer, and enhanced international trade dialogues, the division of labor in the global value chain already dominates the current trading landscape. The question that arises is how to measure the completeness of a country's industrial chain under the current pattern of international trade division of labor, and then measure the distribution of added value among different countries or regions. From the perspective of total output and value-added decomposition matrix, this paper constructs three indicators of industrial chain self-sufficiency rate, value-added distribution index, and absolute value-added distribution index, and combines the WIOD world input-output database to analysis. It concludes that the integrity of China's industrial chain continues to increase; at the same time, China's trade profit space continues to expand under the current pattern of international trade division; while the final demand from China, the United States, China, and Japan induces increase in China's value at a large part. Further, this article gives policy recommendations for promoting the efficient integration of the industrial Chain and improving the mechanism for increasing demand for GDP guidance.

Keywords: Industrial chain self-sufficiency rate, value-added distribution, input-output

经济新常态下农业劳动力转移对减少农村贫困的研究*

张　荣　孙亚南**

摘　要： 中国是人口众多的发展中农业大国，总人口达13亿多，其中农村居民有6亿多人，且主要贫困人口生活在农村，据国家统计局发布的《2016年国民经济和社会发展统计公报》显示：2016年我国农村贫困人口4335万人。农村贫困问题始终是困扰我国农村经济发展的根本问题，是顺利实现小康社会的主要障碍，关乎到国家的和谐稳定和长期繁荣。而解决农村贫困问题的关键在于增加农民的收入，在经济发展新常态背景下，解决农村贫困问题要有新思路，提高农民收入水平的主要途径是通过农业劳动力转移增加农民的非农收入。

关键词： 农业劳动力转移　经济新常态　农民收入

一、引言及文献综述

无论是"谷贱伤农经济学原理"还是国内外历史发展过程都表明粮食的大丰收并不一定意味着农民就能从中受益，反而会因为当年粮食价格的下跌造成农民的农业收入下降，究其原因在于农产品是需求弹性很低的商品。从目前来看，经济新常态下我国推进农业供给侧结构性改革，加快对农业进行结构性调整，是提高我国农业竞争力的重要举措，但并不能从根本上提高农业增收潜力，这也说明农业并不是农民实现收入增长的主要途径；从长远来看，农业劳动力只有通过非农就业增加非农收入，才是农民实现收入增长和脱贫的根本出路。[1]农业劳动力的非农化转移是发展中国家实现经济增长和社会发展进程中必然经历的一项经济活动，进而对缓解贫困作出了重要贡献。因此，农业劳动力的非农化转移对农村的减贫效应成为国内外经济学家研究发展中国家关于二元经济结构转换的主要内容之一。关于劳动力非农化

* 基金项目：吉林省教育厅社会科学重点项目"科技创新驱动吉林省二元经济转型问题研究"（JJKH20170123SK）；吉林省科技厅软科学研究项目"吉林省二元经济转型中科技创新效应研究"（20180418107FG）；教育部"春晖计划"科研项目"中国二元经济转型中的技术创新驱动研究——来自日本的启示"（S2017020）

** 张荣（1983～　），河南郑州人，河南职业技术学院讲师，经济师，经济学博士，研究方向：政治经济学，电子邮箱：277578594@qq.com。孙亚南（1986～　），吉林九台人，吉林财经大学经济学院讲师，经济学博士，研究方向：二元经济。

转移对农村减贫是正面效应还是负面效应，也一直是学者们争论的焦点，主要有以下三种观点：第一种观点是以积极的正面效应为主，农业劳动力转移到非农部门，促进了农村经济的发展，增加了农民的收入，改善了农民家庭的经济状况，从而缓解了农民家庭贫困。国外学者桑多·埃里卡（Sandow Erika，2008）通过对瑞典北部地区关于劳动力流动行为和因素的调查问卷分析得出，增加劳动力流动可以创造更大的劳动力市场，从而促进经济增长。[2] 贝尔托利等（Bertoli et al.，2014）通过对厄瓜多尔的移民研究发现，从移民非农产业所得的汇款方面测算，移民向所在家庭的补贴可以使贫困度降低 17.4% ~20.8%。[3]；国内学者钟甫宁和何军（2007）认为解决农民收入的关键只能靠农村劳动力转移，农村劳动力非农就业可以农村劳动力转移出去，既拓宽了农民的就业渠道和增加了农民的收入，又把农村劳动力转移到其他行业，特别是农村贫困人口转移，减少了农村贫困人口规模，降低了贫困发生率。[4] 贾朋等（2016）通过宏观和微观数据表明 2015 年我国农村家庭可支配收入的 40% 来自于非农收入，农村劳动力转移对减贫作出重要贡献，贫困家庭通过劳动力转移到本地或异地非农劳动力市场，并通过家庭内部的收入转移，实现缓解贫困。[5] 第二种观点是农村劳动力转移对减贫具有双重效应。国外学者黄霍克和文隆古阜（Wong Hock and Fumitaka Furuoka，2005）采用协整分析方法研究了人口流动与地区间经济发展关系，最后得出人口流动对经济发展的影响是利弊兼存。[6] 马雷（Marré，2009）认为农村劳动力由农村转移到城市对减贫的效应，既有正面影响也有负面的效应。[7]；国内学者李翠锦（2014）认为农村劳动力非农化转移对不同情况下的农村居民减贫效应是不同的，一方面劳动力非农化转移就业为农村家庭增加了收入，对农村缓解贫困起到积极的影响；另一方面农村劳动力的转移减少了从事农业生产的劳动力，特别是高素质和青壮年的劳动力的流失对农业产业长远发展是不利的，直接影响农作物的产出，降低农业产出增长率，特别是没能转移出去的农村家庭却日趋贫困化，阻碍了农村减贫的进程。第三种观点是劳动力非农转移加剧了贫困。[8] 国外学者陈（Chinn，1979）认为农村劳动力转移，给农村社会带来种种负面影响，扰乱了农村社会秩序，拉大了农村收入差距，导致农民陷入更加贫困状态。[9] 国内学者宋淑丽等（2014）通过对黑龙江省劳动力转移影响因素问题的研究，得出农村男女比例、城乡二元结构系数、农村人均纯收入与农村剩余劳动力转移数量呈负相关。[10]

总的来看，当前国内外学者们的研究成果多是以经验实证的研究为主，学术界关于农业劳动力转移对减少农村贫困的观点不一，且分歧较大。虽然一些学者的研究涉及到农业劳动力转移对减少农村贫困的作用，但对这一问题进行专题研究的成果还不多见。本文是通过分析增加非农收入是农业劳动力非农化转移就业的基本动因，以及农业劳动力转移对农民收入结构和农民纯收入增长具有决定性影响，并在经济新常态下全面分析了农业劳动力转移就业是减少农村贫困，实现农民脱贫的关键要素。

二、增加非农收入是劳动力非农化转移的基本动因分析

美国经济学家托达罗提出了新古典二元经济理论中最著名的代表作——托达罗定理的基本思想认为：一是农业劳动力转移到城市的决策受转移成本和相对收益等关键因素的影响；二是现实城乡收入差距和预期城乡收入是农业劳动力转移到城市的根本动力。[11]而美国经济学家唐纳德·博格（D. J. Bogue）在拉文斯坦研究的基础上于 20 世纪 50 年代末比较系统的提出的劳动力转移的“推－拉”理论，该理论科学地阐述了农业劳动力转移到城市是受到农村较低收入的“推力”和城市相对较高收入的“拉力”共同作用的结果。综合上述理论成果可以得到：发展中国家存在较大城乡收入差距的背景下，农业劳动力非农化转移是转移者在比较城乡收入水平差异后而做出的一种“经济人”行为，从而证实了增加非农收入是农业劳动力非农化转移的基本动因。当然作为发展中国家的大国，中国存在典型的“二元经济”特征，情况也不例外。然而从中国的实际国情出发，受非农收入水平不断提高的影响，我国农业劳动力非农化转移就业特点是这么多年一直是两条道路并举发展：一是农业劳动力非农化转移到城市就业；二是农业劳动力转移到农村非农产业就业。由于我国长期以来受城乡二元制度及其衍生的城乡二元社会保障制度的影响，在这种制度下，转移到城市农业劳动力根本无法享受到与城市居民同等的各种社会福利待遇，也很难真正融入城市生活，因此本小节分析影响农业劳动力转移到城市因素时刨除“推－拉”理论中城市拉力因素如良好的教育资源、较好的医疗条件、便利的交通设施等非经济因素，只是在假设经济收入是影响农业劳动力非农化转移的主要因素的前提下，探讨增加非农收入是劳动力非农化转移的基本动因。

（一）农业劳动力转移到城市就业的基本动因分析

纵观世界发达国家经验表明，由二元经济向一元经济转换进程中必然伴随着农业劳动力由农村转移到城市，其基本动因就是由于城乡收入的差异即城市较之农村有更高的收入水平，本小节只考虑农业劳动力由农村转移到城市就业的这一路径。

1. 非农收入增加与农业劳动力转移规模的演变

改革开放以来，我国正是由于受到农村较低收入的推力和城市较高收入的拉力的影响，发生大规模的农业劳动力向城市转移的现象，并且随着城乡收入差距拉大，其转移的规模呈逐年扩大的态势，这表现在两个方面：一是农业劳动力转移的绝对数量逐年增加，据国家统计年鉴和农民工监测报告显示，从 1978～2016 年我国劳动力转移的绝对数量由 3150 万人上升到 2016 年

28171 万人，年均增长率为 5.93%；二是农业劳动力转移水平逐年提高，据国家统计年鉴和农民工监测报告显示，从 1978 ~ 2016 年我国劳动力转移水平由 10.3% 提高到 47.8%。进入 20 世纪 90 年代以来，特别是 1992 年中国改革开放总设计邓小平“南方谈话”后改革春风吹遍全国，神州大地掀起了大搞经济建设的新高潮，城市化进程加快，城市经济的快速发展，引致对农业劳动力需求量增大，随着我国户籍制度的改革以及城乡收入差距进一步拉大，农业劳动力向城市转移规模空前（见表 1），据国家统计年鉴和农民工监测报告显示，从 1991 ~ 2016 年全国农民工年均转移 770.6 万人，城乡收入差距由 1991 年的 2.40 达到 2009 年最高点的 3.33，之后发展 2016 年的 2.72，呈现先快后慢的倒“U”型增长曲线。

表 1　1991 ~ 2016 年农村居民人均纯收入、城乡收入差距及农民工转移总量表

单位：元、万人

年份	农村居民人均纯收入	城镇居民人均可支配收入	城乡收入差距	农民工转移总量
1991	708.60	1700.60	2.40	8906.20
1992	784.00	2026.60	2.58	9764.60
1993	921.60	2557.40	2.80	10997.50
1994	1221.00	3496.20	2.86	11963.80
1995	1577.70	4283.00	2.71	12707.30
1996	1926.10	4838.90	2.51	13027.60
1997	2090.10	5160.30	2.47	13556.40
1998	2162.00	5425.10	2.51	13805.90
1999	2210.30	5854.00	2.65	13984.70
2000	2253.40	6280.00	2.79	15164.60
2001	2366.40	6859.60	2.90	15777.90
2002	2475.60	7702.80	3.11	16536.30
2003	2622.20	8472.20	3.23	17711.40
2004	2936.40	9421.60	3.21	19099.30
2005	3254.90	10493.00	3.22	20411.80
2006	3587.00	11759.50	3.28	21558.40
2007	4140.40	13785.80	3.33	22795.00
2008	4760.60	15780.80	3.31	22542.00
2009	5153.20	17174.70	3.33	22978.00
2010	5919.00	19109.40	3.23	24223.00
2011	6977.30	21809.80	3.13	25278.00
2012	7916.60	24564.70	3.10	26261.00
2013	8895.90	26955.10	3.03	26894.00
2014	9892.00	29381.10	2.97	27395.00

续表

年份	农村居民人均纯收入	城镇居民人均可支配收入	城乡收入差距	农民工转移总量
2015	10772.00	31790.30	2.95	27747.00
2016	12363.00	33616.00	2.72	28171.00

资料来源：历年《中国统计年鉴》《新中国农业60年统计资料》《国家农民工监测调查报告》。

由表1可知，大规模的劳动力转移是同城镇收入提高以及城乡收入差距拉大分不开的，从1991～2016年间，农村居民人均纯收入由708.60元增加到12363.00元，提高了17倍多，同期城镇居民人均可支配收入由1700.60元增加到33616.00元，提高了近20倍，农民工转移总量由8906.20万人增加到28171.00万人，转移提高了近3.2倍。同时农民工收入倍增，特别是近9年来，据全国农民工检测报告显示，从2008～2016年全国农民工人均月收入分别为1340元、1417元、1690元、2049元、2290元、2609元、2864元、3072元和3275元，农民工人均月收入逐年增长，增速明显，增长率都在5%以上。从全国分区域来看，2016年东部沿海地区农民工月均收入最高，达到3454元，中部地区次之，农民工月均收入达到3132元，西部地区农民工月均收入达到3117元，东北地区最低，农民工月均收入达到3063元。

2. 非农收入增加与农业劳动力转移到城市的原因分析

为了更直观的观察从1991～2016年间：农民工转移总量、城镇居民人均可支配收入及农村居民人均纯收入的关系，绘制了图1反映三者发展关系的趋势图。

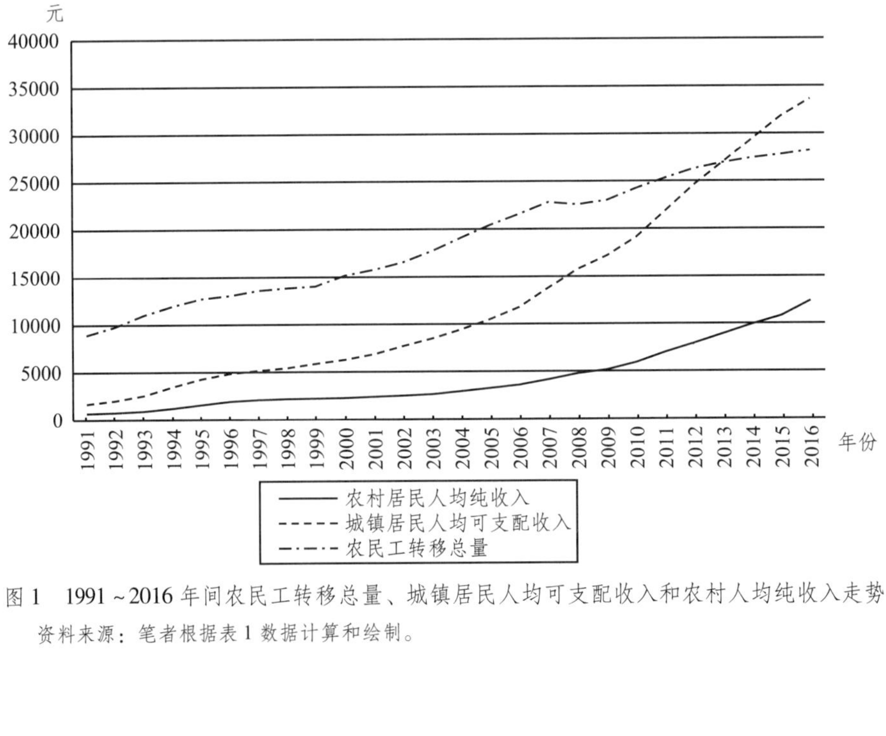

图1 1991～2016年间农民工转移总量、城镇居民人均可支配收入和农村人均纯收入走势

资料来源：笔者根据表1数据计算和绘制。

由图 1 可以知道，在 1991 ~ 2016 年间，农民工转移总量、城镇居民人均可支配收入及农村居民人均纯收入三者总体上都呈上升趋势，从 1997 ~ 2002 年，农民工转移总量、城镇居民人均可支配收入增长速度有所放缓，这种状况受当时 1998 年爆发亚洲金融危机的影响，农村居民人均纯收入 2002 年以前有所增长，但是增速比较缓慢。从 2003 年以后，农民工转移总量、城镇居民人均可支配收入及农村居民人均纯收入都呈现出快速增长的良好势头，这反映了随着我国城镇化的推进，城镇居民可支配收入的提高，大量农业劳动力转移到城市就业挣得非农收入，带动了农村居民人均纯收入的快速提升。

在上述分析的基础上，农业劳动力转移的基本动因可以用图 2 表示。

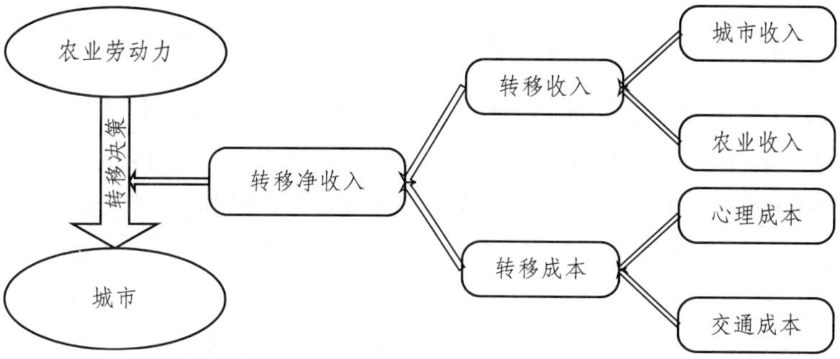

图 2　农业劳动力向城市转移基本动因示意图

资料来源：笔者根据相关资料整理所得。

从图 2 中可以得到，在只考虑农业劳动力向城市转移挣得非农收入这一种路径的情况下，农业劳动力向城市转移的经济行为即转移决策由转移挣得净收益来决定。如果转移预期净收益是正值，那么就会出现农业劳动力向城市转移，转移净收益值越大，农业劳动力转移规模越大。因此，在托达罗关于劳动力迁移模型的基础上可以把农业劳动力向城市转移的基本动因表示为：

$$V_u = \int_{t=0}^{n} Y_u(t) e^{-rt} dt$$

$$V_r = \int_{t=0}^{n} Y_r(t) e^{-rt} dt$$

$$V_b = V_u - V_r$$

$$V_{(0)} = V_b - C_{(0)}$$

$$V_{(0)} = \int_{t=0}^{n} [Y_u(t) - Y_r(t)] e^{-rt} dt - C_{(0)}$$

其中：V_u 表示转移的农业劳动力在城市内获得非农收入，$Y_u(t)$ 表示农业劳动力 t 期内获得的实际非农收入；V_r 表示农业劳动力农村从事农业获得的农业收入，$Y_r(t)$ 表示农业劳动力 t 期内在农村获得的实际农业收入；V_b 表示转移过程中获得非农收入；n 代表农业劳动力在城市从事非农职业的时间长度；r 表示贴现率；$C_{(0)}$ 表示转移成本，主要包括心理成本和交通成本，心理成本是指离开农村到城市工作生活带来的各种压力及不适应所承担的心理调节成本；交通成本是指城市和农村来往往返路费以及和家人联系的各种费用；$V_{(0)}$ 表示转移净收入。[12]

综上所述，在以上分析的基础上，农业劳动力向城市转移的基本动因可以解释为：当 $V_{(0)}>0$，表示农业劳动力愿意转移到城市非农就业，$V_{(0)}$ 越大代表非农收入越多，农业劳动力转移转移城市的意愿越强烈，规模越大；当 $V_{(0)}<0$，表示非农收入小于农业收入，农业劳动力不愿意转移到城市就业。

（二）农业劳动力在农村转移到本地非农产业的基本动因分析

从1949年中华人民共和国成立后一直到20世纪70年代末，由于帝国主义的封锁，我国基本不与西方发达国家交往，当时的我国政治、经济体制基本完全照抄照搬苏联模式，苏联模式是计划经济体制，不依照市场配置资源，实行计划分配机制，以资本密集型重工业为主，一切资源应按照产业发展要求，以优先次序进行配置。以资本和劳动力为代表的资源和生产要素纳入到国家计划中，从根本上否定了生产要素配置中人口自由流动的重要作用。因此，改革开放之前，城市产业对农业劳动力的吸纳能力有限，基本不存在农业劳动力转移。改革开放之后，我国逐步放开了户籍制度，农民获得自由流动权，我国农业劳动力非农转移大致分为两个时期，第一个时期是20世纪80~90年代初期，这一时期以我国乡镇企业为代表的农村非农产业的快速发展，引致农业劳动力就地非农化转移规模加大，农民的非农收入得到快速增长；第二个时期是20世纪90年代中期以来，我国乡镇企业发展受阻，农业劳动力外出非农化转移规模增大，增加了农民收入，缓解了农村贫困，本小节只考虑农业劳动力在农村本地非农转移就业这一路径。[13]

1. 非农收入增加与农业劳动力在农村本地转移规模的演变

改革开放后，我国乡镇企业得到快速发展，农村非农产业吸纳了大量的农业劳动力，农民收入实现快速增长，其中非农收入做出了很大贡献，大致分为四个阶段：

第一阶段主要是指20世纪70年代末到80年代中期，农民收入实现较快增长，这个时期我国加快农村改革，施行了家庭联产承包责任制，解放了农村生产力，农业生产效率大大提高，农村非农产业也开始兴起，吸收大量农业剩余劳动力。农民收入年均增长达到15.9%，其中农村非农收入对农民收入增长的贡献为13.3%，主要贡献来自于农业生产的提高约为2.6%。

第二个阶段是指20世纪80年代中期到90年代初期，农民收入年均增长为 4.2%，这期间我国乡镇企业为代表的农村非农产业得到快发展，农村非农收入对农民收入做出了重要贡献，以 1985 ~ 1988 年为例，农村非农收入对农民收入贡献达到 42%。

前两个阶段期间我国农村非农产业的快速发展，吸收了大量农业剩余劳动力，据国家统计局统计资料显示，从 1978 ~ 1990 年，我国乡镇企业吸收农业劳动力数量由 2827 万人增加到 9625 万人，增长了 2.4 倍，农村非农就业占到当年整个非农就业总量的 81.5%。农村非农收入对农民收入贡献也由第一阶段的 13.3% 增加到 42%，增长了三倍多。

第三个阶段是指 20 世纪 90 年代初期到 90 年代末期，这期间农民收入年均增长 5.6%，其中以乡镇企业为代表的农村非农产业的快速发展是拉动农民收入增长的主要动力之一，据国家统计局数据显示，从 1994 ~ 1996 年，这三年间乡镇企业吸纳农业劳动力近 3000 万，增加农民的非农收入，带动了农民收入增长。[14]

第四个阶段从 20 世纪 90 年代末期以来，特别是 20 世纪 90 年代末期到 21 世纪初期，我国农村非农产业受买卖行情和亚洲金融危机影响发展受阻，吸纳农业劳动力能力下降。但是近年来，随着农村非农产业结构调整，农业劳动力就地非农转移的规模再次加大，农村非农收入对农民收入贡献持续提升。

2. 非农收入增加与农业劳动力在农村本地转移规模的原因分析

农业劳动力选择在农村本地非农转移经济行为同样是受经济收入的影响，农村非农就业所带来的非农收入与从事农业收入的差异是农业劳动力选择在农村本地非农转移的基本动因。相比较转移到城市就业，农业劳动力就地非农化转移所付出的转移成本比较小，甚至可以不计成本。一是农业劳动力本地非农转移就业可以省去交通成本，比如由农村到城市的往返路费，通信费用等等；二是农业劳动力本地非农化转移的心理成本也比较小，本地转移就业只是换了一个工作新环境，而生活环境，风俗习惯等都没有变化，又可以和家人团聚和亲友相伴；三是农业劳动力本地非农化转移的特殊情况是居住在城镇郊区或者人口非常稠密的地区，由于人均耕地面积非常小导致农业收入较低，不足以维持生活，从而促使这些地区的农业劳动力选择农村非农就业。

综上所述，非农收入的增加是农业劳动力本地非农化转移的主要动力，较之于城市转移又可以不计转移成本。因此，只考虑就地非农化转移这一路径时，当在农村非农化转移就业获得非农收入大于农业收入时，农业劳动力就会选择在农村本地非农转移就业；反之，农业劳动力就会选择继续从事农业。

综合上述分析，农业劳动力向农村本地转移的基本动因可以用图 3 表示。

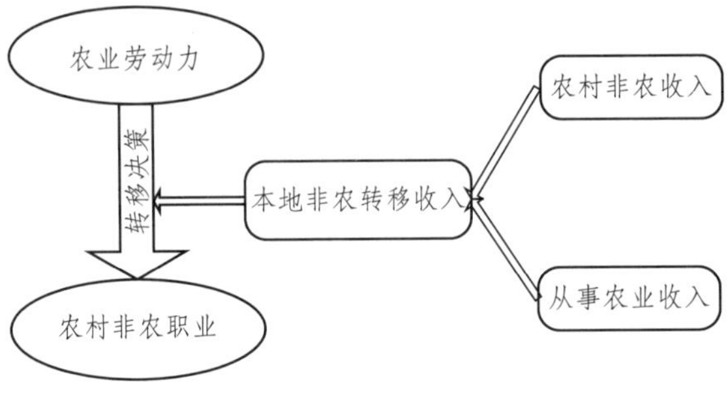

图3 农业劳动力向农村本地转移的基本动因示意图

资料来源：笔者根据相关资料整理所得。

（三）农业劳动力非农化转移的基本动因综合分析

通过上述两种路径的农业劳动力非农化转移的经济行为分析可知，经济收入是影响农业劳动力非农化转移决策的主要因素，在实际生活中，农业劳动力同时面临两种非农化转移路径时必然受到经济收益的影响，选择其中一种路径必然受到另一种路径的影响。因此，本小节在综合分析两种非农化转移路径基础上，通过建立模型来分析农业劳动力非农化转移选择路径的经济行为。

既然农业劳动力非农化转移是基于非农收入与农业收入的差异考虑的，那么在面临选择转移到城市就业还是在农村就地非农化转移就业时，农业劳动力也会通过比较两种转移路径的经济收入后作出经济决策。一是当城市部门提供的工资水平（刨去转移成本）高于农村非农部门的工资水平，且在农村非农收入大于从事农业收入时，农业劳动力会选择转移到城市非农就业；二是当农村非农部门工资水平高于或与城市部门相当的工资水平时，在基于城市转移成本存在的考虑，农业劳动力会选择在农村就地非农转移就业，这就是近年来我国同时发生东南沿海“用工荒”和大批农民工回乡创业发展现象的原因。

在综合分析农业劳动力非农化转移面临两种路径选择的基础上，农业劳动力非农化转移的经济行为可以用图4表示。

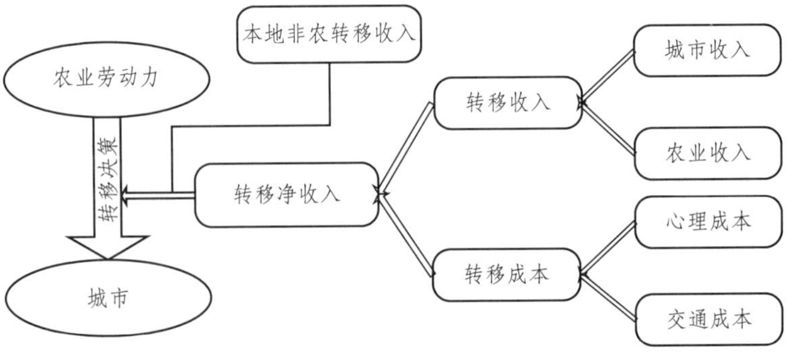

图4 两种路径下农业劳动力非农化转移的基本动因示意图

资料来源：笔者根据相关资料整理所得。

在以上分析的基础上，从图 4 可以得到，两种路径下农业劳动力非农化转移的经济行为可以通过满足下列条件来选择：

$$V_{b1} = V_u - V_r - C$$
$$V_{b2} = V_{rno} - V_r$$

其中，V_{b1} 表示为农业劳动力转移到城市的非农净收入；V_{b2} 表示为农业劳动力在农村本地转移的非农净收入；V_u 表示转移的农业劳动力在城市内获得的非农收入；V_{rno} 表示为农业劳动力在农村本地转移就业获得的非农收入，V_r 表示农业劳动力农村从事农业获得的农业收入。因此，农业劳动力非农化转移的经济行为分析如下：

第一种情形，当 $V_{b1} > V_{b2}$，也即是：$V_u - V_{rno} - C > 0$ 时，如果 $V_{b1} > 0$，那么农业劳动力会选择转移到城市就业，否则农业劳动力不会转移，从而选择在农村从事农业生产活动；

第二种情形，当 $V_{b1} < V_{b2}$，也即是：$V_u - V_{rno} - C < 0$ 时，农业劳动力不会选择向城市转移就业，如果 $V_{b2} > 0$，那么农业劳动力会在农村本地转移非农就业，否则农业劳动力会选择在农村从事农业生产活动。

综合以上分析，农业劳动力在两种非农化转移路径下，非农转移的基本动因主要受经济收入的影响，增加非农收入是农业劳动力非农化转移的根本动力，否则，农业劳动力会选择在农村继续从事农业生产。[15]

三、农业劳动力转移对农民收入结构具有决定性影响

改革开放 40 年以来，我国农村经济得到飞速发展，农村居民的收入不断提高，特别是近些年随着我国城镇化的大力推进和非农产业的壮大，农业劳动力非农化转移规模逐年扩大，农民的非农收入迅速增长，促使我国农村居民收入结构发生了根本性变化，农民非农收入占农村居民纯收入的比重持续提升，农业经营性收入比重日益下降，积极推动了我国农民人均纯收入的持续增长和农村居民收入结构的优化，主要体现在以下两个方面：

（一）农业劳动力非农化转移提高了农村居民人均纯收入水平

据历年国家统计年鉴显示，人均纯收入由 1978 年 133. 57 元提升到 2016 年 12363 元，提升了近 93 倍。通过图 5 可见，人均纯收入绝对量不断增加，特别是 2006 年以后随着农业税的取消，农民补贴加大，农业劳动力转移水平提高，非农收入大幅增加，农民人均纯收入绝对量实现快速增长。

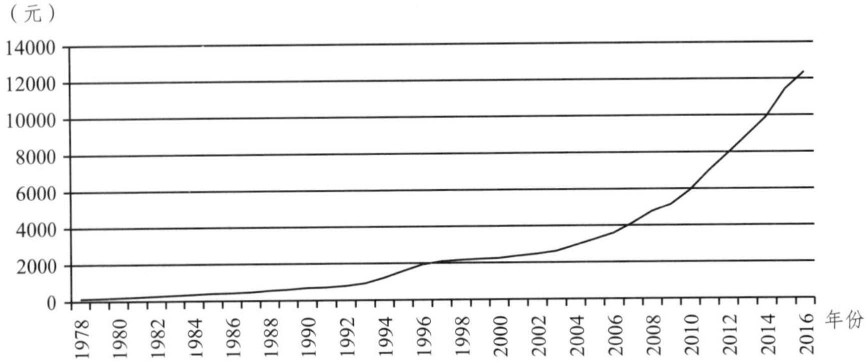

图 5 农村居民人均纯收入

资料来源：笔者根据历年国家统计年鉴数据计算和绘制。

1978 年以来我国农民收入水平的增长速率发生很大变化（见图 6），据历年国家统计年鉴显示，主要体现在以下几个阶段：一是改革开放初期阶段 1978～1985 年间这期间由于我国农村实行家庭联产承包责任制，解放农村生产力，极大地提高了农业生产效率，农民人均纯收入进入快速增长时期，增长率平均达到 16.7%，这段时期农民收入来源主要依靠农业收入；二是 1986 年和 1987 年这两年农民收入增长率不到 10%，1988～1990 年增长率从 17.81% 一直下降到 14.10%，特别是 1991 年更是降到 3.2%，创改革开放以来最低值，这几年我国经济形式不稳定，农民收入增长缓慢，增速忽高忽低；三是从 1992～1996 年邓小平"南方谈话"后，我国推行全面改革开放，经济形势发展良好，农民收入水平增长迅速，平均达到 22.40%；四是 1997～2003 年我国经济受亚洲金融危机影响，农民人均纯收入增长率迅速下滑，平均值达到 4.5%，为 1992 以来首次低于 5%；五是 2004 年以来，我国经济发展迅速，城镇进程加快，农民非农收入快速提升，从 2004～2016 年人均纯收入增长率年均达到 12.7%。

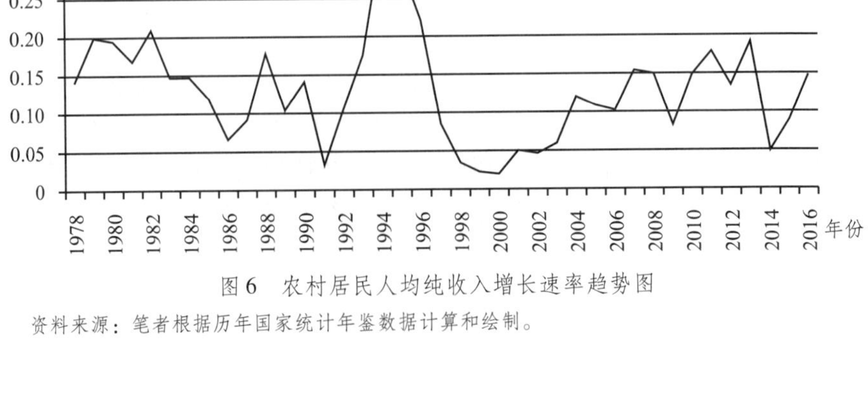

图 6 农村居民人均纯收入增长速率趋势图

资料来源：笔者根据历年国家统计年鉴数据计算和绘制。

（二）农业劳动力非农化转移优化了农民收入结构

在改革开放初期，我国在农村实行家庭联产承包责任制等一系列经济体制改革，大大提高了农业生产效率，农民人均纯收入主要来自于农业收入。近些年，随着我国城镇化的推进和非农产业的发展，吸纳了大量的农业剩余劳动力，据 2016 年农民工监测调查报告显示，2016 年我国转移到非农产业中就业的农业劳动力已经达到 28171 万人，大大提高了我国农民的非农收入水平，促使农村居民收入结构发生了实质性的变化，具体表现在以下两个方面：

1. 农业劳动力非农化转移提升了工资性收入在农民收入结构中的比重

农民收入构成主要由工资性收入、家庭经营性收入、财产净收入和转移净收入等四部分，其中农业劳动力非农化转移取得的非农收入主要是指工资收入，在近年来国家统计年中没有把第二、三产业的收入详细列出，因此，这里用工资性收入作为非农收入的指标，同样用家庭经营性收入代表农业收入指标。在人均纯收入中工资性收入和家庭经营性收入占比最大，财产净收入和转移净收入比重较小，在农民收入结构中，虽然家庭经营性收入是主体，但是家庭经营收入占比却不断下降，近年来工资性收入比重呈现一直上升趋势，并于 2015 年工资性收入首次超过家庭经营性收入（见表 2）成为农民收入主要来源。由此可以说明我国目前农民收入的增长由过去的主要靠家庭经营性收入转变为主要靠工资性的收入。[16]

表 2　　2000～2015 年农村居民人均纯收入构成占比表　　单位：%

年份	工资性收入	家庭经营性收入	财产和转移净收入	年份	工资性收入	家庭经营性收入	财产和转移净收入
2000	31	63	5	2008	39	43	10
2001	33	62	6	2009	47	49	11
2002	34	60	6	2010	41	48	11
2003	35	57	8	2011	42	46	11
2004	34	59	7	2012	44	45	12
2005	36	57	7	2013	39	42	20
2006	38	54	8	2014	42	43	21
2007	39	53	8	2015	37	36	19

资料来源：由历年《中国统计年鉴》计算所得。

为更直观显示近年来农民收入构成的变化情况，我们绘制图 7 反映工资性收入、家庭经营性收入、财产净收入和转移净收入之间变化趋势。

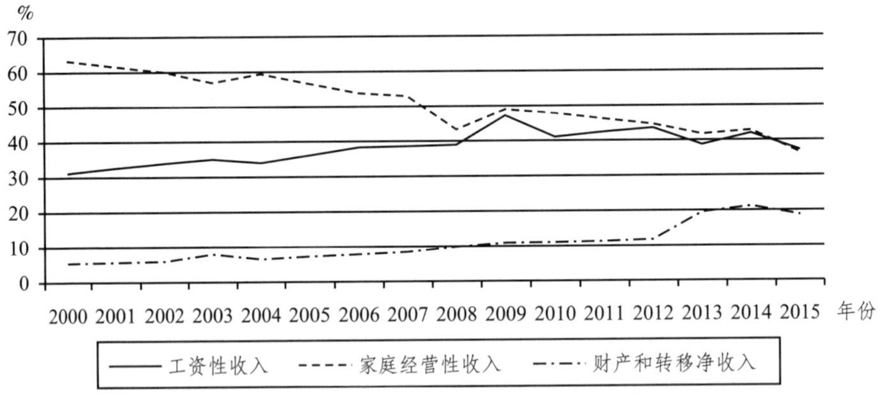

图 7 农村居民人均纯收入构成变化趋势图

资料来源：笔者根据表 2 数据计算和绘制。

从图 7 可以看出，2000 年农民收入结构中家庭经营性收入所占比重为 63% 远高于工资性收入所占比重的 31%，但是这些年工资性收入占农民收入比重持续上升，到 2015 年工资性收入占比达到 37%，超过家庭经营性收入占比 36%，虽然财产净收入和转移净收入占比一直在增加，但是两者加总才为 19%，占比相对较小，只能作为农民收入构成的重要补充。现如今非农收入已成为农民收入来源构成中非常重要的一部分，农村居民收入结构中非农收入比重增加的趋势导致了农村居民收入结构的变化，并进一步对中国农村的收入水平和收入差距产生影响。在农村高收入农民家庭的主要收入来源于农业劳动力非农转移取得的非农收入和农业生产的农业收入，而低收入农民家庭的主要收入来源于从事农业生产的农业收入，高收入农民家庭与低收入农民家庭主要差距就是高收入农民家庭可以获得相对于低收入农民家庭从事农业生产较高的非农收入。因此，这也成为农村收入差距产生的主要原因。

随着我国农业劳动力转移规模的不断扩大，促使工资性收入占据农村居民人均纯收入的比重不断上升，从而影响农民的收入结构。通过 2016 年国家统计年鉴数据整理计算和 2015 年国家农民工监测报告可知，2015 年全国农民工转移总量为 27395 万人，东、中、西三区域的农民工转移总量分别为 10760 万人、9609 万人和 7378 万人。全国农民工工资收入为 4600. 3 元农民人均工资性收入分别为 8904. 6 元、3696. 1 元和 2702. 9 元。为了更直观显示两者的变化趋势，把我国东、中、西三区域 2015 年农业劳动力非农化转移规模与农民工资性收入放在一起进行比较（见图 8）。

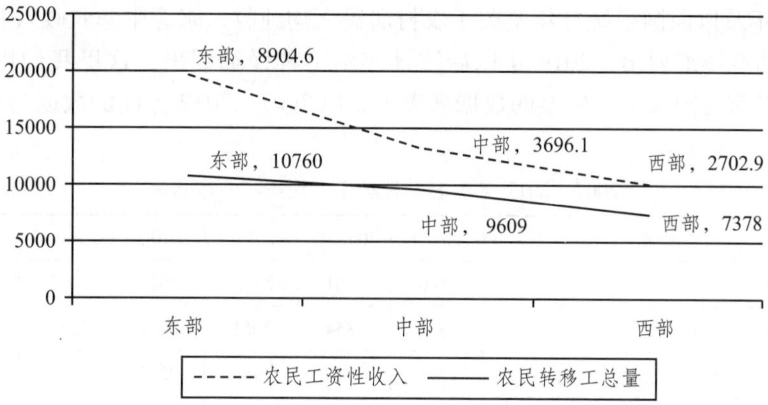

图 8　2015 年我国分东、中、西农民工转移规模量和农民工资性收入趋势图

通过图 8 可以发现：农业劳动力非农化转移规模与农民工资性收入的数值变化趋势基本一致。这意味着农业劳动力转移对农民收入结构的影响在我国各个地区都基本一致，从而也说明农业劳动力转移对农民收入结构具有决定性影响。

2. 农业劳动力非农化转移促进了农民的农业收入的增长

农业劳动力非农化转移对农业生产产生了较大的影响，提高了农民的农业收入水平，具体表现在以下几点：一是农业劳动力非农化转移，减少了农业从业人员的绝对数量，提高了农村居民人均劳动力耕地面积，进而提高了农业劳动力的边际生产效率，从而增加了农民从事农业生产的农业收入；二是农业劳动力大规模非农化转移，对农业生产会造成一定影响，特别是农产品产量会下降，因而影响到农产品供给量不足，进一步影响到农产品市场价格上升，由于农民收入水平直接受市场上农产品价格的影响，因此，农业劳动力非农化转移间接左右农民的农业收入；三是农业劳动力转移到城市就业，改变了这些农业劳动力落后的思想、更新了新时代的观念、提高了劳动的技能、掌握了先进的技术以及挣得的非农收入补贴到农业机械设备和种子上，这些物质资本和人力资本、技术等先进的生产要素投入到农业生产经营当中，会极大地促进农业发展，提高农业的生产效率，增加农业产出，进而提高农民的农业收入。

四、农业劳动力非农收入增长对农民纯收入增长起决定影响

农业劳动力收入总体可以分为农业收入和非农收入，农业收入主要指家庭经营收入中的农林牧渔等第一产业收入，非农收入包括工资性收入，家庭经营性收入中的二、三产业收入，转移性收入和财产性收入等。因此，我们可以得出近几年农业劳动力的农业收入和非农收入数值（见表 3），由于

2013 年及以前国家统计年鉴关于农村居民人均纯收入来源中非农收入和农业收入均有详细列出，2014 年以后统计年鉴不再详细列出，这里我们用 2013 年及以前的国家统计年鉴的数据来表示，以 2007 ~2012 年间的数据为例。

表 3　2007 ~2012 年我国农村居民人均纯收入结构表　单位：元

项目	2007 年	2008 年	2009 年	2010 年	2011 年	2012 年
人均纯收入	4140	4761	5153	5919	6977	7917
工资性收入（1）	1596	1854	2061	2431	2963	3447
家庭经营农林牧渔业收入（2）	1745	1946	1988	2232	2520	2723
纯收入二、三产业收入（3）	449	490	539	601	702	810
转移性收入和财产性收入（4）	350	471	565	655	792	936
非农收入（1）+（2）+（3）+（4）	2395	2815	3165	3687	4457	5193

资料来源：由历年国家统计年鉴整理得到。

通过表 3 我们可以整理出表 4，以 2008 ~2012 年间为例，从表中可看出这 5 年农村家庭人均纯收入及其构成中工资性收入、家庭经营性收入中的一、二、三产业收入、转移性收入和财产性收入以及非农收入等所有收入的增长情况，还有 2008 ~2012 年间农业收入、非农收入对人均纯收入增长的贡献率（见表 4）。

表 4　2008 ~2012 年我国农村居民人均纯收入增长情况结构表　单位：元

项目	2008 年	2009 年	2010 年	2011 年	2012 年
人均纯收入	621	392	766	1058	940
工资性收入（1）	258	207	370	532	484
家庭经营农林牧渔业收入（2）	201	42	244	288	203
纯收入二、三产业收入（3）	41	49	62	101	108
转移性收入和财产性收入（4）	121	94	90	137	144
非农收入（1）+（2）+（3）+（4）	420	350	522	770	736
2008 ~2012 年农业收入、非农收入对人均纯收入增长的贡献率（%）					
项目	2008 年	2009 年	2010 年	2011 年	2012 年
农业收入	32.37	10.71	31.85	27.22	21.60
非农收入	67.63	89.29	68.15	72.78	78.40

资料来源：由历年国家统计年鉴和表 3 计算整理得到。

从表 4 中可以看出 2008 ~2012 年间我国农村家庭人均纯收入增长中农

业收入的贡献率分别为：32.37%、10.71%、31.85%、27.22%、21.60%，非农收入的贡献分别为：67.63%、89.29%、68.15%、72.78%、78.40%。由此可以看出，非农收入对农村居民人均纯收入增长具有决定性影响。

因此，农业劳动力非农化转移对农民收入结构具有决定性影响，提高了农民的人均纯收入水平，一是增加了农民工资性收入，提升了工资性收入在收入结构中的比重；二是促进了农业生产，增加了农业收入。农业劳动力非农化转移是提高农民收入的重要途径，通过农业劳动力非农化转移这一传导机制使农村居民收入持续健康增长。

参考文献

[1] 董建勤．增加农民收入：扩大非农就业是根本出路 [N]．人民日报，2003－11－27.

[2] SABATES－WHEELER，R，SABSTES，R and CASTALDO，A. Tackling Poverty Migration Linkages：Evidence from Ghana and Egypt. Social Indicators Research. 2008，87 (2)：307－328.

[3] BERTOLI，S and MARCHETTA，F. Migration，Remittances and Poverty in Ecuador. Journal of Development Studies. 2014，50 (8)：1067－1089.

[4] 钟甫宁，何军．增加农民收入的关键：扩大非农就业机会 [J]．农业经济问题，2007 (1)：62－69.

[5] 贾朋，都阳，王美艳等．中国农村劳动力转移与减贫 [J]．劳动经济研究，2016 (6)：69－91.

[6] WONG HOCK TSEN，FUMITAKA FURUOKA. The Relationship be-tween Population and Economic Growth in Asian Economies [J]. Institute of Southeast Asian Studies (ISEAS)，2005，22 (3)：314－330.

[7] MARRÉ A W. Rural Out－Migration，Income and Poverty：Are Those Who Move Truly Better Off? Agricultural and Applied Economics Association 2009，AAEA & CCI Joint Annual Meeting. Milwaukee Wisconsin.

[8] 李翠锦．贫困地区劳动力迁移、农户收入与贫困的缓解——基于新疆农户面板数据的实证分析 [J]．西北人口，2014 (1).

[9] CHINN D L. Rural Poverty and the Structure of Farm Household Income in Developing Countries：Evidence from Taiwan. Economic Development and Cultural Change. 1979，27 (2)：283－301.

[10] 宋淑丽，齐伟娜．基于多元线性回归的农村剩余劳动力转移研究——以黑龙江省为例 [J]．农业技术经济，2014 (4)：104－110.

[11] MICHAEL P TODARO. A Model of Labor Migration and Urban Unemployment in LessDeveloped Countries [J]. American Economic Review，1969，(1)：138－148.

[12] 许峰．托达罗基本模型的启示、发展和运用 [J]．财经研究，1999 (6)：27－30.

[13] 毛雪芬，刘靖．本地非农就业、外出务工与中国农村收入不平等 [J]．经济理论与经济管理，2016 (4)：100－112.

[14] 潘盛洲．农民收入问题：现状、原因及对策研究 [J]．经济研究参考，2003 (6)：

2 - 10.

[15] 朱臻宇. 农村非农收入对劳动力乡城流动的影响——基于县域匹配 CHIP 数据的实证研究 [D]. 杭州：浙江大学，2009.

[16] 洪会明，王家顺. 农村劳动力转移对农民收入的影响 [J]. 西部论坛，2016 (2)：12 - 14.

Research on Reducing Rural Poverty by Transferring Agricultural Labor Force Under the New Normal of Economy

Zhang Rong　Sun Yanan

Abstract: China is a developing agricultural country with a large population, the total population of more than 1. 3 billion, of which rural residents more than 600 million people, and the poor live in rural areas, mainly according to the national bureau of statistics released the 2016 statistics bulletin of the national economy and social development, according to our country rural poverty population of 43. 35 million people in 2016. The problem of rural poverty has always been a fundamental problem hindering China's rural economic development and a major obstacle to the successful realization of a moderately prosperous society. And the key to solve the problem of rural poverty is to increase farmers' income, under the background of economic development, the new normal, with new ideas for solve the problem of rural poverty, improve the level of farmers' income is the main way of the through the transfer of agricultural labor force non-agricultural income increase of farmers.

Keywords: transfer of agricultural labor force, The new normal of the economy, The farmers' income

“基医主导型”医养结合模式研究*

戴　锦　陈亚光**

摘　要：运用 SWOT 分析可以发现由基层医疗卫生机构主导的社区医养结合模式在适应我国医疗卫生服务体系基本状况，解决我国老龄化根本性难题方面具有诸多潜在的比较优势，在未来多层次、多元化医养结合服务体系中更适宜发挥某种基础性作用。目前，以基层医疗卫生机构为主导开展社区医养结合服务面临许多内部和外部的发展障碍，需要从多个方面进一步加大对基层医疗卫生机构开展社区医养结合服务的政策支持力度。

关键词：医养结合　养老服务　基层医疗卫生机构

作为发展养老服务业、推动健康老龄化的一项重要战略，医养结合在我国正在形成多种运作模式，不同模式各有其适合的服务对象和发展空间，各种模式之间既有互补的一面，又有相互竞争的一面，由此产生的一个问题是：如何认识和评估不同类型的医养结合模式在多层次、多元化的医养结合服务体系中的地位和作用，以便对我国医养结合发展模式做出最优的战略选择。本文通过对基层医疗卫生机构主导的社区医养结合模式（简称“基医主导型医养结合模式”）的 SWOT 战略分析，力图阐明该模式相比于其他一些医养结合模式在适应我国医疗卫生服务体系基本特点、解决我国老龄化主要难题方面具有诸多潜在的比较优势，在多层次、多元化医养结合服务体系中具有一定的基础性地位，可以考虑作为我国推进医养结合战略的一种主导型模式加以大力支持和推广。

一、医养结合模式分类

所谓医养结合，是指向老年人统筹提供医（日常诊疗）、养（生活照料）、康（健康管理）、护（康复护理）四类服务的健康养老模式，该模式

* 基金项目：2016 年度辽宁省社会科学规划基金项目“辽宁省基层医疗卫生机构主导型医养融合养老模式研究”（L16BGL007）。

** 戴锦（1968～　），安徽天长人，大连交通大学经济管理学院副教授，研究方向：产业经济学，电子邮箱：daliandaijin@163.com。陈亚光（1973～　），吉林蛟河人，大连交通大学经济管理学院副教授，研究方向：财务管理，可持续发展经济学。

弥补了传统养老服务医养分离的“短板”，实现医疗与养老一体化，是解决老年人特别是失能、半失能老年人“看病难”“养老难”问题的有效途径。

近几十年来，为了解决养老服务的医养分离难题，一些发达国家提出了若干具有医养结合特征的养老模式，如英国的“整合照料服务”（integrated care）模式[1]，美国的 PACE（Program of All Inclusive Care for the Elderly）计划[2]，荷兰的护理医师主导模式（Nursing home physician - led）[3]，日本的长期介护保险制度等。[4]国内对医养结合问题的研究始于 2005 年[5]，研究重点之一是医养结合模式，学者们从不同视角对医养结合模式进行归纳分类。袁晓航按运行方式区分了两种医养结合模式：独立运行模式，联合运行模式。[6]于卫华等认为医养结合型长期照护机构主要有四种模式：护理院、护理型医院、大型综合医院的照护单元、具有双向转诊功能的医疗机构。[7]刘清发、孙瑞玲基于嵌入性理论提出三种医养结合模式：科层组织模式、契约模式和网络模式。[8]黄佳豪、孟昉认为存在三种医养结合模式：养老机构增设医疗机构、医疗机构内设养老机构、养老机构与医疗机构联合。[9]左美云等提出四种医养结合模式：医中加养、养中加医、医养相邻、上门服务。[10]孟颖颖从运营角度划分出三种医养结合模式：整合照料模式、联合运行模式、支撑辐射模式。[11]

虽然不同学者对医养结合模式的分类有所差异，但基本思路却比较一致，即都是从医疗机构与养老机构相互关系的角度来划分医养结合模式，只不过对二者相互关系的考察视角有所区别（如有的从运营层次，有的从制度层次）。笔者认为，医养结合的实质是医疗服务主体与养老服务主体如何进行合作，在二者的合作关系中，必然存在一个谁是合作主导者的问题。如果将医养双方的合作视为一种交易，那么合作主导者可简单理解为交易的“买方”，它通过签订协议或一体化的方式购买或“自制”另一方的服务。依据医养结合主导者的不同，医养结合模式可分为两大类型：一是医疗机构主导型模式，二是养老机构主导型模式。

（一）医疗机构主导型医养结合模式

医疗机构主导型模式是指医疗机构在医养结合中发挥主导作用，即医疗机构主动购买或“自制”养老服务。这一模式具体可分为高端和低端两种类型。高端模式也称高级医院主导型模式，是指由高级医院如三甲医院通过开设老年病科等方式经营医养结合服务，主要服务于少数高收入老年人。低端模式也称基层医疗卫生机构主导型模式（基医主导型医养结合模式），是指以基层医疗卫生机构为主体经营社区医养结合服务。这里的基层医疗卫生机构既包括城市社区卫生服务中心、农村乡镇卫生院，也包括部分城市基层医院（一级、二级医院）和部分民营医院，其共同特点是：第一，偏重于全科医疗而非专科治疗。第二，就诊人群主要是所在社区的居民。基层医疗卫生机构开展社区医养结合服务的具体方式包括开设社区养老院、护理院、老年病科室、日间照料中心、转型为老年病医院，为社区居家养老的老年人提供签约上门服务等。基医主导型医养结合模式是本文研究的重点。

（二）养老机构主导型医养结合模式

养老机构主导型模式是指养老机构在医养结合中发挥主导作用，即养老机构主动购买或“自制”医疗服务，也可分为高端和低端两种类型。高端模式是指一些大型高水平养老机构内设规模较大、设施齐全、设备先进的医疗机构，或购买大医院的医疗服务。低端模式是指一些规模小、收费低的养老机构内设小型医务室或购买基层医疗卫生机构的医疗服务。

通常认为还应该有第三种模式，即医疗机构与养老机构联合运行模式。在这一模式中，医疗机构不兼营养老服务，养老机构不兼营医疗服务，但二者签订一定的长期合作协议，相互提供各自所需的医疗服务或养老服务。表面上看，在这一模式中，医疗机构与养老机构地位平等、相互独立，但实际上联合运行模式可视为医疗机构主导型模式或养老机构主导型模式的某种相对松散的“外包”形式：一种情况是医疗机构在经营医养结合服务时主动将某些养老服务外包给养老机构，或者也可以视为医疗机构购买了若干养老机构提供的养老服务，如经医院治疗后处于康复期的老年人可选择到合作养老院接受康复护理服务等，可视为一种松散型医疗机构主导型模式。另一种情况是养老机构在经营医养结合服务时主动将所需的某些医疗服务外包给医疗机构，或者也可以视为养老机构购买了医疗机构提供的一定的医疗服务，如养老人员到定点合作医院享受优先就诊、医疗费优惠、医院派人到养老院定期巡诊、对老人进行健康评估、护理人员到医院进行学习等，可视为一种松散型养老机构主导型模式。因此，总体上看，医养结合还是可以大致归纳为医疗机构主导型和养老机构主导型两大模式。当然，如果进一步划分，还可以按照服务水准和收费水平的高低分为高端型和低端型，按照购买还是“自制”所需的对方的服务分为外包模式和一体化模式，如表 1 所示。基医主导型医养结合模式属于其中的低端医疗机构主导型模式。

表 1　　医养结合模式分类

模式	医疗机构主导型		养老机构主导型	
	高端型	低端型	高端型	低端型
一体化模式	高级医疗机构内设老年病房	基层医疗卫生机构内设社区养老服务机构	高端养老机构内设老年病医院	低端养老机构内设简单的卫生室
外包模式	高级医疗机构将日常照料、康复护理等服务外包给养老机构	基层医疗卫生机构日常照料等服务外包给社区养老服务机构	高端养老机构将医疗服务外包给大医院	低端养老机构将医疗服务外包给基层医疗机构

二、基医主导型医养结合模式的SWOT分析

在对各种医养结合模式进行归纳分类的基础上，需要进一步对各种类型的医养结合模式在医养结合体系中的地位和作用进行比较，从而为医养结合发展战略的抉择和构建提供理论依据。本文基于SWOT战略分析方法，通过将基医主导型医养结合模式与其他医养结合模式进行比较，综合分析基医主导型医养结合模式的内部优势（Strengths）、劣势（Weaknesses）与外部的机会（Opportunities）、威胁（Treats），在此基础上，进一步提出支持发展基医主导型医养结合模式的若干政策建议。

（一）机会

基医主导型医养结合模式的外部机会主要体现在三个方面：一是我国老龄化主要特点所带来的发展机遇，二是医疗卫生体制改革带来的发展机遇，三是政府对医养结合服务的政策支持。

1. 我国老龄化的主要特点

我国老龄化趋势的加剧，为发展医养结合服务了巨大机遇。同时，我国老龄化的一些主要特点又使基医主导型医养结合模式相对于其他医养结合模式具有更大的潜在发展空间。具体来说，我国老龄化的突出特征主要有三点：

第一，“未富先老”。按照国际标准，一个国家或地区60岁以上老年人占人口比例达到10%以上即进入老龄社会。发达国家进入老龄化社会时人均GDP约为5000～10000美元，如美国1950年60岁以上人口占12.5%，人均GDP为10645美元；日本1970年60岁以上人口占10.6%，人均GDP为11579美元；2000年中国60岁以上人口占10.1%，进入老龄化社会，但人均GDP仅3976美元。[12]从人均收入看，目前我国刚刚进入中等收入国家行列，大多数老年人并没有积累足够的养老资产，属于中低收入阶层，其中贫困和低收入老年人约有2500万人（人均收入低于本市城镇居民最低生活保障标准两倍的，认定为低收入家庭），约占全国老年人总数的10%左右。[13]

第二，孤独老年人数量不断增多。孤独老年人可分为三种类型：（1）“空巢”老年人，即因子女工作、学习、结婚等原因离家后而独自生活的老年人。（2）失独老年人，即因家中唯一的子女不幸离世而不得不独自生活的老年人。（3）单身老年人，即因离婚或独身而独自生活的老年人。随着家庭结构的小型化、人口流动的加快以及单身人群的增加，孤独老年人的数量也在持续增加。国家卫计委数据显示，2012年中国至少有100万个失独家庭，且每年以约7.6万个的数量持续增加，其中独居老人占老年人总数10%，空巢老人占老年人总数的50%左右。[14]

第三，病残老年人数量持续增加。病残老年人主要包括慢性病老年人和

失能、半失能老年人。病残老年人占老年人口比例持续增加，是老年人口日趋高龄化的结果。2013 年我国慢性病老人数量已突破 1 亿人。[15] 据预测，2050 年我国老年慢性病患者病例将增长到 3 亿例，就诊人次达到 36.8 亿人次。[16] 近年来，失能和半失能老年人日益增多，年增长率在 4% 以上。[17]《中国老龄产业发展报告（2014）》统计，未来中国失能老年人口将从 2013 年的 3750 万人增长到 2050 年的 9700 万人。

中国老龄化的上述三大特点构成了我国选择养老服务模式的基本约束条件，也就是说，适应我国老龄化基本特点的主流养老模式必须同时满足三个条件：其一，必须是一种低成本的养老模式以满足广大中低收入老年人的养老需求；其二，必须是一种社区化的养老模式以满足日益增多的孤独老年人社会交往需求；其三，必须是一种医养结合的养老模式以满足持续增加的病残老年人对便捷医疗服务的需求。显然，在前述各种养老服务模式中，基医主导型医养结合模式能够同时满足低成本、社区化和医养结合三个条件，因此是比较适合我国国情的养老服务模式。我国老龄化的基本特征为基医主导型医养结合模式提供了巨大的外部发展机遇。

2. 医疗卫生体制改革

2009 年启动的新医改将“保基本”“强基层”“建机制”作为医疗卫生体制改革的重点。按照新医改的要求，医疗资源配置重心将不断下移，基层医疗卫生机构在资金、基础设施、人才培养等方面获得的资源投入将不断增加，覆盖城乡的社区卫生服务网络日趋完善。医疗资源配置重心的下移，社区卫生服务网络的完善，进一步改善了基层医疗卫生机构服务条件，增强了基层医疗卫生机构服务能力，为以基层医疗卫生机构为主体构建社区医养结合服务网络提供了日益强大的资源支持。

3. 政府对医养结合的政策支持

近年来国务院的一系列政策文件都明确提出了发展医养结合的政策目标和措施，如《关于加快发展养老服务业的若干意见》（国发〔2013〕35 号）提出“积极推进医疗卫生与养老服务相结合”“卫生管理部门要支持有条件的养老机构设置医疗机构、医疗机构要积极支持和发展养老服务”。《关于促进健康服务业发展的若干意见》（国发〔2013〕40 号）提出要“推进医疗机构与养老机构等加强合作”“发展社区健康养老服务”。《关于推进医疗卫生与养老服务相结合的指导意见》（国办发〔2015〕84 号）提出到 2020 年要基本形成“覆盖城乡”“规模适宜”“功能合理”“综合连续的医养结合服务网络”“充分依托社区各类服务和信息网络平台，实现基层医疗卫生机构与社区养老服务机构的无缝对接”。中共十九大报告更是将医养结合确定为实施健康中国战略、加快老龄事业和产业发展的重要举措。在政府将医养结合作为发展养老服务业重要战略的背景下，基层医疗卫生机构开展医养结合服务的外部政策环境将会不断优化和成熟。

（二）优势

通过与其他医养结合模式相比较，我们可以发现基医主导型医养结合模式潜在的内部优势，理论上可以概括为三个方面：服务价格低廉、社区化养老以及医疗服务能力强。

1. 服务价格低廉

养老服务高供给成本和低支付能力之间的矛盾，产生了我国养老服务业的所谓“低水平均衡陷阱”，即养老市场有效需求与有效供给受到双向抑制，导致养老服务市场规模难以扩大。[18]要跨越这一“低水平均衡陷阱”，除了在需求侧进一步提升养老服务支付能力外，关键还是要在供给侧寻找低成本的养老模式，以向广大中低收入老年人提供价格低廉的养老服务。就医养结合服务而言，影响其服务价格的因素主要包括两个方面：一是成本因素，即医养结合服务的投资和运营成本；二是盈利因素，即医养结合服务经营主体对利润率的要求。目前各种高端医养结合项目，不仅投资和经营成本较高，而且对投资回报率要求也较高，导致其提供的医养结合服务价格偏高，除少数高收入老年人外，广大中低收入老年人难以接受，市场空间狭窄。例如，山东省规模最大的民办养老机构——青岛市福山老年公寓，内设二级康复专科医院，配有专业康复治疗和护理团队，专门收住半失能和失能老人，能提供较为专业的医护服务。但由于收费标准高，只有部分高收入老人能承担得起，建立后两年间入住率始终不足 30%。[19]相比之下，基医主导型医养结合模式的投资经营成本及其对利润率要求都相对较低，因而可以提供价格相对低廉的医养结合服务，更适合作为满足广大中低收入老年人的需求。基医主导型医养结合模式的低成本、低利润率优势主要表现在：

（1）养老设施投资成本低。从表 2 可以看出，2015～2016 年我国一级医院、社区卫生服务中心、乡镇卫生院等基层医疗卫生机构以及民营医院的病床使用率都在 60% 左右，也就是说在这些医疗卫生机构中有近 40% 的病床长期处于闲置状态。基层医疗卫生机构完全可以利用这些闲置的病床资源开设社区养老院、老年病房或转型为老年病医院来开发医养结合的养老服务，而不需要额外新建养老设施，从而极大降低了养老设施方面的投资成本。

表 2 2015～2016 年医疗卫生机构病床使用情况

	病床使用率（%）	
	2015	2016
三级医院	98.8	98.8
二级医院	84.1	84.2
一级医院	58.8	58.0

续表

	病床使用率（%）	
	2015	2016
民营医院	62.8	62.8
社区卫生服务中心	54.7	54.6
乡镇卫生院	59.9	60.6

资料来源：《2016 年我国卫生和计划生育事业发展统计公报》，国家卫生与计划生育委员会网站 http：//www.nbfpc.gov.cn/zwgkzt/gongb/list.shtml.

（2）医疗设施投资成本低。原卫生部 2010 年印发的《诊所基本标准》规定：医务室的建设面积不得少于 40 平方米，且必须设置独立的诊室、治疗室、处置室和输液观察室。这一标准使得养老机构在内设医疗机构时需要进行较大前期医疗设施投资，导致许多专业养老机构没有能力建立设施完善的医疗机构。相关数据显示，养老机构中配备简单医疗室的机构不足六成。其中，民办养老机构中配备简单医疗室的占 56%，政府办养老机构中配备简单医疗室的占 52.1%，22.3% 的养老机构既无单独的医疗室，也无专业医疗人员。[20] 与之相比，基层医疗卫生机构一般已具备较完善的医疗设施，在开展医养结合服务时，不需要进行过多额外的医疗设施投资，医疗设施投资成本大大降低。

（3）医疗服务的规模经济性。在经济学上，规模经济是指随着企业提供的产品或服务数量的增加，长期平均成本下降的趋势。养老机构内设医务室，不仅需要额外聘用医疗人员，增加了工资成本，而且一般来说，养老机构内设的医务室主要服务于入住老年人，服务规模有限，医疗服务平均成本高，规模不经济。而基层医疗卫生机构在经营医养结合服务过程中，既可向购买医养结合服务的老年人提供医疗服务，也可向社区其他居民提供医疗卫生服务，医疗服务规模明显增加，有利于降低医疗服务的长期平均成本，实现规模经济。

（4）养老服务的公益性。高端医疗机构以及民营养老机构经营医养结合服务对盈利性往往要求较高，更偏好开发高收费的养老项目。基层医疗卫生机构则不同，在我国基层医疗卫生机构多为公立医疗机构，受公共财政支持，其经营养老服务的盈利压力不是很大，对利润率要求不会很高，能够较好地保证养老服务公益性，并且通过开展一定的医养结合服务，还可在一定程度上实现“以医促养，以养富医”的“双赢”目标。

总之，比较而言，基医主导型医养结合模式具有相对较低的设施投资成本、较好的医疗服务规模经济性和较低的盈利压力，上述优势使得其所提供的医养结合服务价格一般会相对低廉，更适合满足广大中低收入老年人的养老需求，有可能突破养老服务市场“低水平均衡陷阱”，激发出更多的医养结合潜在需求，推动养老服务业的跨越式发展。

2. 社区化养老

国内外各种养老模式概括起来主要有机构养老、居家养老和社区养老三大类。[21]发达国家曾长期以机构养老为主，但机构养老一般费用较高，且养老机构往往远离老年人熟悉的社区环境，不利于满足老年人的人际交往需求，目前许多发达国家已逐渐减少对养老机构的依赖。[22]居家养老是我国传统的养老方式，但随着家庭结构的小型化和空巢化，传统居家养老不但加重了子女的养老负担，也不利于满足老年人的人际交往需求。社区养老是指由社区提供养老服务，主要包括两种形式：一是社区机构养老，即养老机构无论在区域位置还是在组织管理上都从属社区，在社区内运营，由社区负责管理；二是社区居家养老，即由社区相关组织为居家老年人提供若干养老服务项目。可见，在某种意义上，社区养老是机构养老与居家养老在社区基础上的重构。相对于传统机构养老和居家养老，社区养老的优势在于实现了“就地养老”、“就近养老”以及社会化养老，不仅利于满足老年人社会交往和情感交流的需要，缓解老年人特别是空巢老年人的“孤独症”，同时由于大部分养老服务由社区相关组织负责提供，也可极大减轻家庭成员的养老负担。

由于基层医疗卫生机构主要服务于所在社区的居民，因此各种基医主导型医养结合模式，无论是基层医疗卫生机构开设社区照料中心，还是基层医疗卫生机构开展上门医养结合服务，都属于社区养老模式，能够利用其社区化的优势为老年人提供更为便捷的医疗服务，在缓解孤独老年人的“孤独症”、减轻中低收入家庭的养老负担方面也有明显优势，是解决中低收入老年人和孤独老年人“养老难”、“就医难”的一种有效途径。

3. 医疗服务能力强

与一般专业养老机构相比，基层医疗卫生机构医疗服务能力优势突出：一是基层医疗卫生机构拥有相对稳定规范的医疗服务能力及与大医院的合作优势，更容易实现“大病去医院”“小病在社区”“康复回社区”的“双向转诊”目标。特别是相对于其他人群，老年人对长期康复护理和基础医疗的需求较为普遍，其医疗需求与基层医疗卫生机构基础医疗强的医疗供给能力相匹配。二是基层医疗卫生机构数量多、分布广，基本形成了覆盖全国城乡的社区卫生服务网络。网络化的社区卫生服务体系经过适当改进，就可形成了社区医养结合服务网络。三甲医院等高端医疗机构虽然医疗服务能力更强，但这类医院往往就医需求量大，病床等医疗资源紧张，不可能大规模开展医养结合服务。三是基层医疗卫生机构医疗组织健全，能够形成以全科医生为主导的专业医疗护理团队，在降低医疗风险、节约成本、提高老年人生存质量方面优势明显。[23]特别是随着社区居民健康档案和家庭医生制度的不断健全，基层医疗卫生机构在全面动态掌握所在社区老年人健康状况方面比一般养老机构和大医院更有信息优势，有助于进一步提高医疗服务的有效性、及时性。

总之，基医主导型医养结合模式所具有的服务价格低廉、社区化养老和医疗服务能力强的比较优势，使其在为中低收入老年人、孤独老年人和病残老年人提供医养结合服务方面具有巨大潜力，是提升养老服务业有效供给能力、解决我国养老服务根本性难题的一条极为重要的途径。

（三）劣势

虽然基医主导型医养结合模式在为中低收入老年人、空巢老年人和失能、半失能老年人提供医养结合服务方面具有诸多比较优势，但是目前这些优势大多还处于潜在的状态，没有完全转化成为现实的优势。从现实状况来看，据统计，截至 2017 年上半年全国医养结合机构共有 5814 家，其中养老机构设立医疗机构的有 3623 家，医疗机构设立养老机构的有 1687 家。可见，目前养老机构对医养结合的参与程度远高于医疗机构，这一方面与医养结合作为一种养老模式对传统机构养老的“路径依赖”有关，另一方面也表明现实中还存在许多制约基层医疗卫生机构开展社区医养结合服务的内部劣势和发展障碍，主要包括：

1. 服务定位滞后

多数基层医疗卫生机构仍然将自身定位于“社区门诊部”或“基层医院”之类单纯的医疗机构，还没有将医养结合服务纳入其职责范围，服务定位的滞后导致许多基层医疗卫生机构缺乏开展社区医养结合服务的主动性、迫切性。

2. 医养结合服务经营能力不足

基层医疗卫生机构开展社区医养结合服务对其管理者的素质和能力提出了新的要求，不仅要求基层医疗卫生机构管理者熟悉公共卫生服务，还要求其具备一定的养老服务市场化经营能力和市场开拓意识，这对于大多数长期习惯于公立医疗机构运作的基层医疗卫生机构管理者来说是一块短板。

3. 激励机制不足

要促使基层医疗卫生机构不把医养结合服务视为额外的负担而视为自身职责的一部分，就必须重构基层医疗卫生机构的激励机制，将社区医养结合服务纳入业绩考核体系，将社区医养结合服务与员工收入、岗位晋升、政府补贴挂钩，特别是形成社区医养结合服务的盈利模式，从而构建基层医疗卫生机构开展社区医养结合服务的激励机制，但目前这种激励机制还没有形成，基层医疗卫生机构经营社区医养结合服务，不仅面临众多政策上的不确定性，而且盈利模式也非常模糊，导致大多数基层医疗卫生机构对医养结合持观望态度。

4. 养老基础设施缺乏

虽然一部分基层医疗卫生机构可利用闲置的病房或病床开展医养结合服

务，但仍有相当多的基层医疗卫生机构缺乏必要的养老床位或养老病房等养老服务基础设施，在一定程度上限制了基层医疗卫生机构提供医养结合服务的项目范围和可行性。

（四）威胁

基层医疗卫生机构开展社区医养结合服务总体上还处于试点阶段，在管理体制、支付能力、吸引社会资本参与、人才培养等方面还没有形成比较成熟的外部支持环境。

1. 医养结合管理体制尚没有明确

医养结合处于医疗、养老与医疗保险三大领域的交叉地带。政府卫生部门、民政部门和社保部门对其都有一定的管理权限，但又都不是医养结合的主管部门，导致医养结合管理处于既多头监管又无人负责的矛盾状态，带来较多弊端。例如，对于医养结合中的医疗服务，卫生部门和民政部门都有资质认定和考核权，职责重叠，而考核标准又不一致，使得一些医养结合机构无所适从。又如由于范围界定缺乏相应的评估认定和转接机制，一些民办康复护理机构借医养结合之名，将老年人一般康复护理服务变相改为“医疗诊治”服务，套取医保资金。

2. 医养结合服务支付体系尚比较薄弱

老年人购买社区医养结合服务，除了一定的自费比例外，还需要必要的保险支付和政府补贴支付。但目前来看，可用于购买医养结合服务的长期护理保险制度还处于试点阶段，没有形成成熟的模式；商业养老保险和健康保险中也缺乏针对医养结合服务的康复护理类保险产品，医养结合的保险支付能力较弱；同时，对基层医疗卫生机构开展医养结合服务的政府补贴机制也基本处于空白状态。这在相当程度上抑制了基层医疗卫生机构开展医养结合服务的积极性。

3. 社会资本参与程度较低

基层医疗卫生机构自身能力有限，单纯依赖基层医疗卫生机构开展社区医养结合服务会在设施建设、资金支持、经营能力等方面遇到很多困难，需要吸引保险公司、房地产公司、健康管理公司、专业养老机构、慈善基金等社会资本积极参与，在养老设施建设和运营、融资、经营模式等方面提供合作和支持。但由于目前支持医养结合的各种配套政策尚不够细化，社会资本介入医养结合面临诸多风险，特别是现有政策规定把在民政部门注册登记的养老服务性质定性为非营利性的福利性事业，在很大程度上抑制了社会资本参与医养结合的积极性。

4. 人才培养模式相对滞后

基层医疗卫生机构开展医养结合服务，不仅需要大量的社区全科医生，还需要一批既懂医疗又养老市场的社区医养结合服务经营者，以及大量受过规范培训的社区护理员。但是目前针对上述人力资源的人才培养模式比较薄弱或欠缺，在一定程度上阻碍了基医主导型医养结合模式的发展。

三、推动基层医疗卫生机构开展医养结合服务的相关建议

以基层医疗卫生机构为主导开展社区医养结合服务，既适应了我国老龄化的基本特点，又有利于发挥我国基层医疗卫生网络的各种优势，是非常符合我国国情的一种医养结合模式。但是要将基医主导型医养结合模式的各种潜在优势充分发挥出来，还需要采取强有力的政策措施克服其面临的各种内外部发展劣势和障碍，为此我们建议：

（一）转变观念，对基层医疗卫生机构的职能进行重新定位

推行医养结合，需要对基层医疗卫生机构特别是社区医疗卫生机构的职能进行重新定位，从单纯的公共卫生服务提供者向社区全科医疗和医养结合服务综合提供者转变。只有真正转变职能定位，将社区养老服务纳入到基层医疗卫生机构的职责范围内，并建立相应的业绩考核指标体系，才能激励基层医疗卫生机构树立社区医养结合服务的经营理念，积极主动地拓展社区医养结合服务。事实上，在英国、德国、澳大利亚等发达国家，社区卫生服务机构不仅从事公共卫生服务，还都在一定范围内开展各种养老、幼儿保育等健康相关服务。

（二）顶层设计，对不同层次的养老服务进行分级管理

为解决目前医养结合服务的多头管理问题，建议将养老服务分为两个层次进行监管：第一个层次是非医养结合型养老服务，以民政部门为主进行监管。第二个层次是医养结合型养老服务，以医疗卫生部门为主进行监管，民政、医保部门协同配合。医养结合型养老服务又可细分为自理型医养结合服务和护理型医养结合服务，前者主要针对有慢性病，但生活能够基本自理的老年人，后者主要针对失能、半失能老年人。基层医疗卫生机构在开展医养结合服务时，可根据自身条件选择经营不同类型的医养结合服务。对于不同类型的医养结合服务，采取差别化的监管标准和政策支持力度。按照分级管理原则，基层医疗卫生机构开展医养结合服务仍以医疗卫生部门监管为主。分级管理的意义在于：一是有利于解决医养结合多头管理的难题；二是便于针对老年人具体的健康状况提供相适应的医养结合服务；三是有利于医养结合与医保体系在制度上的衔接。

（三）因地制宜，充分挖掘闲置社会资源完善社区养老设施

一是鼓励有闲置用房或病房利用率较低的乡镇卫生院、城市一、二级医

院和民营医院、城市社区卫生服务机构开设社区养老院、老年病科、护理院、老年人日间照料中心，或转型为老年病医院。二是鼓励没有闲置用房的基层医疗卫生机构采取签约上门服务的方式开展社区居家医养结合服务，或者采取协议合作的方式将日常照料等养老服务外包给专业养老机构。三是充分挖掘闲置社会资源，将闲置的办公用房和转型中的各类培训中心、疗养院等整合改造为社区养老设施。

（四）创新融资和经营模式，吸引社会资本参与社区医养结合服务

在融资模式上，一是建立医养结合发展基金，以基金利益共享、风险共担的运作机制，减少社会资金对投资医养结合服务的风险忧虑，吸引各类社会资本共同参与医养结合项目建设和运营；二是通过 PPP、以房入股等方式积极吸引保险公司、房地产公司等社会资本参与投资。在经营模式上，基层医疗卫生机构可与商业健康保险公司、健康管理公司、专业养老机构进行战略合作，利用上述机构的专业化优势采取连锁经营、服务外包等方式合作经营社区医养结合服务。

（五）整合资金来源，构建统一的多元化医养结合支付体系

对个人支付、社会医疗保险支付、长期护理保险支付、商业养老保险支付、商业健康保险支付以及政府对基层医疗卫生机构和养老机构的各种补贴等医养结合资金来源进行整合，构建统一的多元化医养结合支付体系：个人支付主要是指老年人用个人积蓄或养老金支付一定比例的医养结合费用。社会基本医疗保险主要用于老年人医养结合中的日常诊疗服务。长期护理保险主要用于支付康复期患者、高龄老年人和失能、半失能老年人的护理费用。允许长期护理保险账户与社会医疗保险账户按照一定比例相互划拨。商业健康保险则主要开发针对老年人一些特殊护理要求和特殊病种的保险产品。政府补贴则用于政府对基层医疗卫生机构开展社区医养结合服务进行建设补贴，或购买某些特定用途的医养结合服务。

（六）加强医养结合人力资源培养，构建社区医养结合服务团队

一是改进全科医生培养模式，除了必要的全科医疗教学外，还要增加养老服务方面的内容，培养一支既懂医疗服务又懂养老服务的社区全科医生队伍，科学规划全科医生的职业发展体系。二是以职业培训为中心，构建养老护理员的资格认证体系，确保养老护理员都能持证上岗。最终形成以全科医生为主导，包括社区护士和社区护理员在内的社区医养结合服务团队。

参考文献

[1] HENK N & PHILIP C B. Integrating services for older people: A resource book for manag-

ers, *Dublin*: *European Health Management Association*, 2004.

［2］Ada C. Mui. The program of all-inclusive care for the elderly（PACE）, *Journal of Aging & Social Policy*, 2002（2）: 53 -67.

［3］董恩宏，鲍勇，刘威．“医养融合”背景下社区医疗机构与养老机构联动模式研究综述［J］．中国卫生事业管理，2016（10）．

［4］BLACK, etc. Life insurance, *Prentice - Hall*, Inc. 1994（3）: 10 -37.

［5］张云，陈旭清．近十年来我国医养结合养老服务研究述评［J］．理论月刊，2017（5）．

［6］袁晓航．“医养结合”机构养老模式创新研究［D］．浙江大学硕士论文，2013．

［7］于卫华，林丹，陈雪羚．医养结合型照护长期照护的研究现状［J］．中国护理管理，2013（4）．

［8］刘清发，孙瑞玲．嵌入性视角下的医养结合养老模式初探［J］．西北人口，2014（6）．

［9］［21］黄佳豪，孟昉．“医养结合”养老模式的必要性、困境与对策［J］．中国卫生政策研究，2014（6）．

［10］左美云，王芳，尚进．“医养结合”面临的问题及对策［J］．中国信息界，2016（4）．

［11］［17］孟颖颖．我国“医养结合”养老模式发展的难点及解决策略［J］．经济纵横，2016（7）．

［12］张健龙．社会化养老与医养结合发展的思考［J］．卫生经济研究，2016（3）．

［13］李玉玲．“十三五”时期我国养老服务业发展的基本思路与对策建议研究［J］．人口与发展，2016（5）．

［14］空巢老人占老年人总数一半［EB/OL］．新华网，http：//www. xinhuanet. com/politics/2015 -05/13/c_1115276638. htm.

［15］睢党臣，彭庆超．“白发浪潮”下我国医养结合养老服务的发展困境与对策研究［J］．宁夏社会科学，2016（7）．

［16］吴玉韶，党俊武．中国老龄产业发展报告（2014）［M］．北京，社会科学文献出版社，2014．

［17］林宝．养老服务业“低水平均衡陷阱”与政策支持［J］．新疆师范大学学报（哲社版），2017（1）．

［18］赵晓芳．健康老龄化背景下“医养结合”养老服务模式研究［J］．兰州学刊，2014（9）．

［19］中国老龄科学研究中心课题组．全国城乡失能老年人状况研究［J］．残疾人研究，2011（2）．

［20］刘新霞，池景泉，韩艳萍．依托社区卫生服务资源完善我国养老服务体系［J］．中华全科医学，2010（4）．

［21］CONROY S, et al. Medical services for older people in nursing homes - Comparing services in England and The Netherlands, *Journal of Nutrition*, *Health and Aging*, 2009, 13（6）: 559 -563.

［22］甘贝贝．全国医养结合机构逾 5800 家［N］．健康报，2017 -7 -15．

［23］于保荣，王维夫，李友卫，阴佳，王庆．英国、澳大利亚和德国的基本卫生服务提

供及管理体制研究 [J]. 中国卫生事业管理，2007 (9).

Research on the Combination Mode of "Basic Medicine Leading Type"

Dai Jin Chen Yaguang

Abstract: Using SWOT analysis, it can be found that the community-based medical care and support model led by the primary health care institutions has many potential comparative advantages in adapting to the basic conditions of China's medical and health service system and solving the basic problems of aging in China. It is more suitable to play a certain role in the multi level and diversified integration service system in the future.

Keywords: Medical care combination, Pension service, Primary health care institutions

雾霾与经济增长关系的空间计量研究

——基于中国省级面板数据

于亚申*

摘　要： 本文运用中国 30 个省 10 年 PM2.5 的数据，参考环境库兹涅茨曲线理论（EKC），建立了相关的空间杜宾模型（SDM），试图量化以雾霾为代表的环境污染对经济增速的影响。本研究在中国国情下，得出了雾霾表面上对本省经济发展有着加速作用，实际上考虑到相邻省份雾霾扩散后，存在抑制作用的结论。同时，对雾霾污染于经济发展先升后降的作用有了相对准确的认识。该研究为探究环境污染与经济增长之间的关系提供了一定参考。

关键词： 雾霾　经济增长　空间计量分析　环境经济学

一、引言与文献综述

在过去的三十年间，中国经济发展迅速。根据国际基金组织（IMF）统计，在 2016 年全球经济增速约为 3.1% 的大环境下，中国仍实现了 6.6% 的经济增速，位居全球第一。然而近年来，中国的环境污染状况却令人担忧。雾霾成为了多地天气的主旋律，AQI 指数爆表的现象也屡见不鲜。根据北京美国驻华大使馆数据，自 2008～2014 年，2028 天中，只有 25 天的空气数据在美国的标准下可以被视为“良好”。雾霾污染不仅是威胁人类身体健康的无形杀手，还在一定程度上带来了经济损失，影响了经济发展速度。据亚洲开发银行（ADB）与中国环境保护部发布的研究报告推算，仅空气污染带来的年经济损失就超过 8000 亿元，仅疾病所带来的损失就占到了 GDP 总额的 1.2%。

本文由四部分组成，第一部分为引言与文献综述；第二部分梳理了环境污染与经济增长之间的相关理论、起源，并对国内外学者文献进行了综述，与此同时提出了本文的创新之处；第三部分着力于实证分析，解释数据来源，对数据进行了单位根平稳性检验、豪斯曼检验、空间相关性检验、LM&LR 及 Wald 检验，确保模型建立稳健，建立了空间杜宾模型，阐述并解释了相应的回归结果；第四部分基于实证分析结果，针对中国当下现状，得

* 于亚申（1996～　），辽宁大连人，北京大学环境学院硕士研究生，研究方向：环境经济学、空间计量经济学，电子邮箱：andrewyashen@foxmail.com。

出了两者关系的结论，并给出了相应的政策建议。

关于环境污染和经济增长速度之间关系，各国学者众说纷纭。而对于雾霾污染状况与经济发展两者关系，研究较少。目前国内外学者对于环境污染与经济增长关系的研究大多起源于国际贸易领域，将问题重点放置于国际贸易、环境保护、经济发展三者能否齐头并进（Grossman & Krueger，1991；Copeland & Taylor，2004；Tsurumi & Managi，2015）。有关学者提出了“环境库兹涅茨曲线”（Environmental Kuznets Curve，EKC）的理论，即环境污染与经济增长之间的关系呈“倒U型”。在单一经济体中，产业结构的转型升级，使得环境污染与经济增长存在着先升后降的关系（Kuznets，1955；Chenery and Syrquin，1989；Grossman & Krueger，1995；Gale and Mendez，1998）。

而对于真正关注于环境污染和经济增长之间关系的环境宏观经济学研究较浅，只有少数学者将环境污染要素引入到增长模型之中，讨论绿色发展的最优路径，及何时达到黄金律消费水平。并得出了由于资本存量较低，消费水平也会相比于黄金律消费水平较低（Keeler，1971；Forster，1973；Mayer，1981）。近期也有学者基于真实经济周期理论（RBC）展开分析，通过建立动态IAM（Integrated Assessment Model）宏观经济模型，考量以碳排放为代表的环境污染与经济增长之间的关系（Hassler et al.，2013）。

国内部分学者对中国的环境库兹涅茨曲线进行了不同的研究，主要分为三类：第一类研究使用时间序列分析的方法，认为经济增长与环境污染之间关系变化程度及规律并不符合EKC曲线，典型代表有（马树才，2006；方行明，2011）；第二类研究采用面板数据进行分析，认为中国的环境污染与经济增长呈EKC曲线的关系（包群等，2006）；而部分学者则否认了这一结论（高辉，2009）；也有学者得出了中国经济增长与环境污染间呈现出与环境库兹涅茨曲线相背离的“U”型关系的结论（王敏等，2015）；由于环境污染具有易扩散性。所以第三类研究中开始采用了空间计量模型进行检验，认为传统OLS模型低估了环境污染对经济增长的影响，并得出了废渣污染的降低有助于经济增长结论（吕健，2011）；及大部分省份处于雾霾污染随经济增长水平提高而加剧的阶段，雾霾污染与经济增长均存在显著的倒“U”型曲线关系（邵帅等，2016）；也有学者测度后认为中国各地区的雾霾污染存在着正的空间自相关且相关性长期处于稳定状态，得出了雾霾污染与经济发展的倒“U”型关系并不存在的结论（马丽梅等，2014）。

虽然国内外学者已对经济增长与环境污染之间关系做了许多有益的理论探索和实证研究，但由于中国早期研究的污染数据往往采用的是污染企业自报的排放量口径，而研究方法也是千差万别，所以对于环境污染的度量往往难以达到严谨、科学。导致了对中国经济增长与环境污染关系的研究结论往往大相径庭，而该结果又对于政策制定有着重要意义。

因此，本文在前人研究的基础上，考虑到雾霾的空间溢出效应，在环境库兹涅茨曲线的分析框架下，选用较为客观的卫星遥感数据，通过建立空间杜宾模型来量化研究以雾霾为代表的环境污染对经济增长的影响。

本文的创新之处在于：

1. 指标选取合理

目前的文献在选取环境指标的问题上主要集中于将 CO_2 和 SO_2 等污染物作为衡量环境污染的指标，还有学者使用 PM10（可吸入颗粒物）来反映雾霾的浓度，很少有直接选取 PM2.5 作为污染指标进行研究，虽然其他指标很难真实反映雾霾状况，但由于中国国内从 2012 年才开始对 PM2.5 进行统计，从而难以获得国内 PM2.5 长期准确的数据，所以国内学者的研究往往基于其他数据。而国际上对于 PM2.5 采集的体系比较健全，如美国宇航局与哥伦比亚大学国际地球科学信息网络中心运用卫星搭载设备使用 AOD 法对气溶胶光学厚度进行了测定，从而采集到了全球 PM2.5 数据（VanDonkelaaretal.，2015），因此，本文采用该 PM2.5 卫星遥感数据，运用插值法提取了云图中 2001 ~ 2010 年中国各省级地区 PM2.5 数据。经比较，该机构所采集数据与环保部后期统计的数据大体吻合，即数据具有可信性，保证了实证分析的有效性。

2. 计量模型科学

目前的大多数文献还是采取传统的面板数据模型进行分析，并没有对雾霾的空间特性进行考虑。雾霾污染并非单纯的局部环境问题，而在很大程度上会通过大气环流、大气化学作用等自然因素，以及产业转移、污染泄漏、工业集聚、交通流动等经济机制扩散或转移到邻近地区。本文充分考虑到雾霾的空间溢出效应，将空气污染的地理因素计入考量，提高了模型的准确性。省际空间矩阵丰富了研究的分析视角和方法，使得雾霾与经济增长之间的关系得到更充分合理的验证。

3. 结论规律可信

本文选取的样本数据为 2001 ~ 2010 年的中国省际面板数据，在样本的年份、地域跨度上更加全面，能够有效减少各省份之间的差异性所导致的模型异方差问题，得到更具有一般性的规律性结论，使得实证研究更具有说服力，实证结果更具有参考价值，更易检验出经济增长与雾霾污染之间的关系规律。

二、指标选取与模型构建

（一）指标选取

本文选取 2001 ~ 2010 年中国省际面板数据，借鉴了康雨在《贸易开放程度对雾霾的影响分析——基于中国省级面板数据的空间计量研究》中所选取的指标。本文所选指标的具体说明如表 1 所示。

表 1 指标选取说明

变量名称	变量定义
经济增速（lnGDP）	地区生产总值（亿元）
雾霾污染（lnP）	PM 2.5值（微克/立方米）
外商直接投资（lnFDI）	实际利用外资额（亿元）
能源强度（lnEI）	单位 GDP 能耗（吨标准煤/万元）
环境规制（lnER）	工业粉尘排放量（吨）

除 PM2.5 数据来自于 SEDAC（Socioeconomic Data and Applications Center）以外，以上各变量数据来源于国家统计局、各省统计局以及各省统计年鉴。

同时，为了消除价格因素的影响，本文对 GDP、FDI 数据进行了平减处理。由于研究经济增速，所以对各个变量进行了对数化处理，对数化并不会影响到数据的波动变化，对本文研究严谨性不会产生影响。

1. 被解释变量

经济增长（lnGDP）：GDP 可以反映一个地区的经济发展水平。经济学研究中常以 lnGDP 作为经济增速的研究对象，因此本文以中国 30 个省的 lnGDP 来衡量地区经济发展速度。（从中国统计年鉴所包含省份中剔除了西藏，因为其数据不齐）

2. 解释变量

雾霾污染（lnP）：二氧化硫、氮氧化物以及可吸入颗粒物是雾霾污染的主要组成部分，前两者为气态污染物，后者是加重雾霾污染的罪魁祸首。目前各个地区监测的颗粒物主要是以 PM2.5 的浓度值为代表，所以本文以 PM2.5 作为衡量雾霾污染的指标。

3. 控制变量

外商直接投资（lnFDI）：外商直接投资反映了中国 30 个省的实际利用外资额来衡量对外开放水平。由于年鉴上的数据以美元为单位，所以根据当年的年平均汇率值换算成人民币。

能源强度（lnEI）：单位 GDP 能耗意味着一个地区使用能源的效率，关系着经济结构优化程度。本文使用单位 GDP 能耗数据作为度量能源强度的指标。

此外，通过阅读相关文献发现影响因素是多样的，为了减少研究结果的偏差，本文在模型设定中加入了环境规制作为控制变量。

表 2 显示的是相关变量的基本描述性统计。表 3 为 PM2.5 与 ln（GDP）的分布情况。

表 2　变量描述性统计

变量	样本数	均值	标准差	最小值	最大值
ln(GDP)	300	8.368	0.928	5.704	10.346
ln(P)	300	3.193	0.590	0.775	3.950
ln(FDI)	300	4.412	1.650	0.207	7.901
ln(EI)	300	0.300	0.461	-0.841	1.509
ln(ER)	300	11.597	2.056	0.531	13.552

表 3　省际雾霾污染与经济增长速度的各年分布情况

地区	PM2.5（微克/立方米）									
	2001 年	2002 年	2003 年	2004 年	2005 年	2006 年	2007 年	2008 年	2009 年	2010 年
北京	31.4	36.3	37	27.7	31.1	35.9	35.5	38.6	29.5	28.5
天津	30.5	31.4	35	28.4	30.5	36.6	37.2	38.1	31.1	30.3
河北	27.9	28	30.7	22.9	26.1	30.3	29.6	26.7	22.5	24.1
山西	42.7	46.8	46.8	37	41.9	49.2	48.8	46.8	38.4	39.8
内蒙古	12.2	13.7	17.9	11.7	11.9	13.2	14.4	14.8	13.2	11.4
辽宁	17.1	19.4	23.9	16.8	18.1	19.8	19.5	22.4	20.1	18.2
吉林	13	16.4	21.5	14.6	12.8	15.4	15.2	18.7	17.2	15.1
黑龙	8.4	9.5	13.4	7.9	7.5	8.6	9	11.4	9	9.1
上海	27.7	28.9	25.7	25.6	22.9	26.4	31.8	28.1	28.8	23.5
江苏	38.7	43.8	43.5	41.7	41	46.3	48.3	44.5	46.7	44.8
浙江	23.5	23.7	21.5	23.5	21.6	22.3	24.5	26.1	22.9	22
安徽	34.1	36.5	37.1	34	36.4	36.3	40.7	38.7	34.7	38.5
福建	17.7	17.3	17	18.4	19.6	19	21.1	17.6	16.1	15.3
江西	27.1	29.8	31.6	29.7	32	32.6	35.1	33.2	26.9	27.2
山东	40	45.5	50.3	40.4	45.3	51.8	51.9	46	40.4	50
河南	45.9	43.2	47.1	38.1	46.8	48.5	51	47.5	39.5	43.3
湖北	37.9	35.7	38.5	34.1	39.5	38.7	40.4	40.7	34.6	37.7
湖南	30.3	31.6	34.3	30.9	34.1	35.6	35.1	35.6	31.4	31.4
广东	25	23.7	28.5	28.6	32.7	29.9	28.8	25.9	25.4	24.9
广西	34.9	37	35.5	40.4	41.1	39.4	39.6	38.1	34.3	35.6
海南	2.6	2.4	2.5	2.6	3	2.4	2.9	2.6	2.2	2.5

续表

地区	PM2.5（微克/立方米）									
	2001年	2002年	2003年	2004年	2005年	2006年	2007年	2008年	2009年	2010年
重庆	37	39	39	38	39	47	41	42	39	42
四川	36.2	37.9	38.1	36.8	38	46	39.7	40.1	35.3	40.5
贵州	22.6	22.6	20.2	22.5	25.6	24.6	25.3	24.1	20.8	20.4
云南	30.8	27.1	24.9	32.1	28.5	28.3	30.6	29.7	26.2	27
陕西	29.1	27.8	28.5	23.4	28.6	31.5	30.3	28	26.9	26.7
甘肃	20.1	17.4	20	16	19.4	18.6	19	20	18.1	17
青海	15.5	14.1	14.4	12.5	13.8	14.3	15.1	16.1	14.2	14
宁夏	17.6	14.9	17	14.1	16.6	16.5	16.2	16.6	15.4	13.7
新疆	17.9	18.8	18.3	18.7	16.8	18.9	18.9	20.5	19.3	17.7
地区	ln（GDP）（亿元）									
	2001年	2002年	2003年	2004年	2005年	2006年	2007年	2008年	2009年	2010年
北京	8.22	8.36	8.49	8.61	8.71	8.83	8.95	8.99	9.08	9.16
天津	7.56	7.67	7.82	7.94	8.13	8.23	8.32	8.49	8.60	8.74
河北	8.26	8.34	8.44	8.54	8.66	8.76	8.89	9.01	9.15	9.29
山西	7.62	7.75	7.93	8.08	8.21	8.32	8.45	8.57	8.58	8.74
内蒙古	7.45	7.57	7.75	7.92	8.13	8.33	8.52	8.72	8.86	8.97
辽宁	8.52	8.60	8.67	8.71	8.86	8.96	9.07	9.20	9.31	9.43
吉林	7.66	7.76	7.86	7.95	8.06	8.19	8.32	8.44	8.57	8.68
黑龙	8.13	8.19	8.28	8.37	8.48	8.56	8.62	8.70	8.73	8.86
上海	8.56	8.65	8.78	8.90	9.00	9.09	9.18	9.23	9.29	9.36
江苏	9.15	9.26	9.40	9.52	9.69	9.81	9.92	10.02	10.12	10.24
浙江	8.84	8.98	9.15	9.26	9.37	9.49	9.59	9.65	9.72	9.84
安徽	8.09	8.16	8.24	8.37	8.45	8.54	8.65	8.76	8.89	9.03
福建	8.31	8.40	8.48	8.56	8.65	8.76	8.88	8.96	9.09	9.21
江西	7.69	7.80	7.91	8.05	8.17	8.31	8.42	8.52	8.62	8.76
山东	9.13	9.23	9.37	9.52	9.68	9.82	9.91	10.01	10.11	10.18
河南	8.62	8.70	8.80	8.96	9.13	9.25	9.37	9.47	9.55	9.66
湖北	8.26	8.34	8.44	8.54	8.66	8.76	8.89	9.01	9.15	9.29
湖南	8.25	8.33	8.42	8.54	8.66	8.77	8.90	9.03	9.15	9.29
广东	9.40	9.50	9.64	9.75	9.89	10.01	10.12	10.19	10.26	10.35
广西	7.73	7.83	7.91	8.04	8.15	8.29	8.42	8.53	8.63	8.78

续表

地区	ln（GDP）（亿元）									
	2001 年	2002 年	2003 年	2004 年	2005 年	2006 年	2007 年	2008 年	2009 年	2010 年
海南	6.36	6.46	6.54	6.61	6.69	6.80	6.88	6.99	7.09	7.24
重庆	7.59	7.71	7.81	7.92	8.02	8.10	8.20	8.34	8.46	8.59
四川	8.36	8.45	8.55	8.66	8.77	8.90	9.02	9.12	9.23	9.36
贵州	7.03	7.12	7.23	7.33	7.47	7.58	7.72	7.85	7.95	8.04
云南	7.67	7.74	7.81	7.94	8.01	8.12	8.22	8.32	8.40	8.49
陕西	7.61	7.71	7.83	7.97	8.14	8.29	8.41	8.57	8.68	8.83
甘肃	7.03	7.11	7.21	7.33	7.43	7.56	7.65	7.74	7.80	7.93
青海	5.70	5.82	5.94	6.05	6.16	6.30	6.43	6.60	6.66	6.82
宁夏	5.82	5.93	6.07	6.19	6.28	6.41	6.57	6.77	6.89	7.04
新疆	7.31	7.38	7.51	7.60	7.73	7.85	7.92	8.01	8.04	8.21

资料来源：SEDAC 及各省统计年鉴。

（二）模型构建

1. 空间相关性分析

迄今，Moran's I 检验是最常用的空间相关性检验方法。因此，本文选用全局 Moran 指数检验空间的相关性。全局 Moran 指数反映的是空间邻接或邻近的区域单元属性值的相似程度，在本文中“I”表示各省份之间 PM2.5 的总体相关程度。

公式：

$$I=\frac{n\sum_{i=1}^{n}\sum_{j=1}^{n}w_{ij}(x_i-\bar{x})(x_j-\bar{x})}{\sum_{i=1}^{n}\sum_{j=1}^{n}w_{ij}\sum_{i=1}^{n}(x_i-\bar{x})^2}=\frac{\sum_{i=1}^{n}\sum_{j\neq 1}^{n}w_{ij}(x_i-\bar{x})(x_j-\bar{x})}{S^2\sum_{i=1}^{n}\sum_{j\neq 1}^{n}w_{ij}}$$

$$w_{ij}=\begin{cases}1 & \text{区域 } i \text{ 与区域 } j \text{ 相邻}\\ 0 & \text{区域 } i \text{ 与区域 } j \text{ 不相邻}\\ 0 & i=j\end{cases}$$

$$S^2=\frac{1}{n}\sum_{i=1}^{n}(x_i-\bar{x})^2,\ \bar{x}=\frac{1}{n}\sum_{i=1}^{n}x_i,\ I\epsilon[-1,\ 1]$$

式中，x_i 代表区域 i 的 PM2.5 的值；w_{ij} 为空间权重矩阵，表示空间单元 i 和 j 之间的影响程度；n 为省份数，I 越接近于 1 表示各省间的空间正相关性程度越高，属性值高的省份之间聚集在一起，属性值低的省份之间聚集在一起，省份之间性质越相似；越接近于 -1 表示各省间的空间负相关程度越高；数值为 0 表示省份之间没有空间的相关性。

经计算，在 2001 ~2010 年间，中国的全局 Moran’s I 指数的浮动区间为［0. 337，0. 447］，均通过了 1% 水平的显著性检验，说明了各省间 PM2. 5 浓度具有空间的正相关关系，在一定程度上存在着污染省份聚集的现象。

表 4 为本文中各省区市序号，下文中省份名称均参考本序号。

表 4 各省市序号及说明

序号	省区市	序号	省区市
1	北京	16	河南
2	天津	17	湖北
3	河北	18	湖南
4	山西	19	广东
5	内蒙古	20	广西
6	辽宁	21	海南
7	吉林	22	重庆
8	黑龙江	23	四川
9	上海	24	贵州
10	江苏	25	云南
11	浙江	26	陕西
12	安徽	27	甘肃
13	福建	28	青海
14	江西	29	宁夏
15	山东	30	新疆

图 1、图 2 分别为 2001 年、2010 年各省 PM2. 5 浓度的 Moran 散点图。在各图中，横坐标为经标准化的 PM2. 5 浓度值，纵坐标为经标准化的 PM2. 5 浓度的空间滞后值，散点图以均值作为原点。第一象限的点表示高—高正相关，第三象限的点表示低—低正相关，即属性值高的省份之间聚集在一起，属性值低的省份之间聚集在一起，省份之间性质相似；第二象限、第四象限均表示空间负相关。因此，第一、三象限表示典型观测区域，第二、四象限表示非典型观测区域。由图可知，中国大部分省份位于第一、三象限的典型观测区域，少部分省份位于第二、四象限的非典型区域，体现出 PM2. 5 空间的正相关关系较为显著，即空间溢出效应明显，Moran 检验的效果很好。

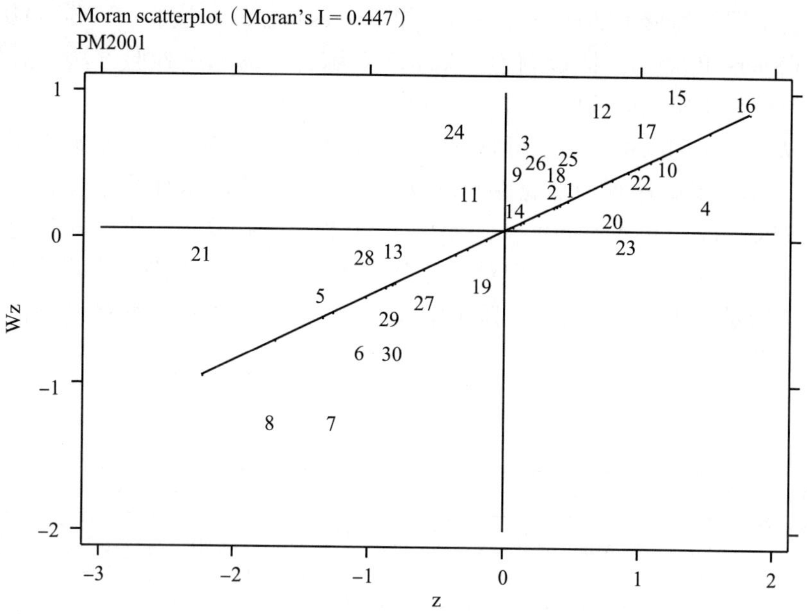

图 1　2001 年各省 PM2. 5 浓度的 Moran 散点图

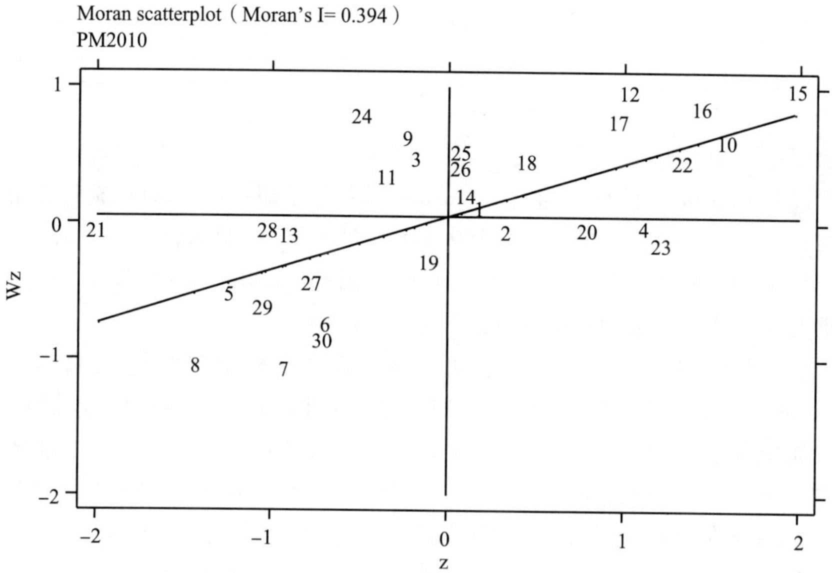

图 2　2010 年各省 PM2. 5 浓度的 Moran 散点图

2. 实证检验

（1）单位根检验。数据的稳定性是进行面板回归估计的前提条件，因此，为了避免伪回归，需要对面板数据进行单位根检验。面板数据的单位根检验方法可划分为两大类，一类为相同根情形下的单位根检验，如 LLC 检验；

一类为不同根情形下的单位根检验，如 Im-Pesaran-Skin 检验、Fisher-ADF 检验、Fisher-PP 检验。本文将使用 Stata13.0 综合考虑四种检验方法，对数据进行单位根检验，以确保数据的准确性。

从表 5 左侧的检验结果可以得知原数据在水平检验下，P 变量原序列即平稳，ER、GDP 序列的平稳性并没有得到四种方法的全部验证，而其他变量的 LLC、Pesaran & ShinW-stat、ADF、PP 检验都接受原假设，即其他变量都为非平稳变量，因此，我们对所有变量进行一阶差分处理，检验结果如下表右侧所示，所有变量均为一阶单整即 I（1），从而可以对变量进行接下来的回归分析。

表 5　　单位根检验结果

变量及检验统计值	水平统计量				一阶差分			
	LLC 检验	ADF 检验	Pesaran 检验	PP 检验	LLC 检验	ADF 检验	Pesaran 检验	PP 检验
ln(GDP)	-4.139*	39.475	1.513	72.112	-12.258*	104.026*	-1.518*	184.906*
ln(P)	-9.685*	129.796*	-5.087*	141.254*	-17.556*	198.132*	-8.467*	270.811*
ln(ER)	-6.875*	77.45	0.281	110.853*	-20.593*	160.714*	-3.329*	282.511*
ln(EI)	-4.048	16.709	8.508	19.964	-23.180*	193.610*	-9.383*	226.072*

注：* 代表 1% 的显著性水平下拒绝原假设。

（2）Hausman 检验。通过 Hausman 检验可知：Hausman 统计量值为 8.7833，大于相应临界值，p 值为 0.118，即在 5% 的显著性水平下并无法拒绝个体影响与解释变量不相关的原假设，因此，2001～2010 年中国各省的 GDP 与 P、FDI、EI、ER 应建立随机效应模型。

（3）LM 检验。通过 LM 检验可以判断模型在模型的识别方面，安瑟林等（Anselin et al.，1996）提出了如下基于拉格朗日（LM）检验的判别准则：如果在空间效应的检验中发现 LM-lag 比 LM-error 在统计上更加显著，则应该选择空间滞后模型，反之，则应该选择空间误差模型；如果 LM-lag 和 LM-error 在统计上都显著，则应该进一步比较稳健的 LM 检验，看 RobustLM-lag 和 RobustLM-error 统计量哪一个更显著，更显著的即为我们要选择的模型。

勒和派斯（LeSage and Pace，2009）则建议将空间杜宾模型作为空间计量模型分析的起点。用似然比（LR）检验和 Wald 检验空间杜宾模型是否可以退化为空间滞后模型或空间误差模型，原假设是空间杜宾模型可以退化为空间滞后或空间误差模型。若 LR 和 Wald 检验没有拒绝原假设，则认为空间杜宾模型可以退化为间滞后或空间误差模型，此时可进一步比较 LM 检验来确定具体的模型形式。若 LR 和 Wald 检验结果表明拒绝原假设，则空间杜宾模型更加合适（如表 6 所示）。

表 6　　模型识别检验

二值邻接空间权重矩阵		地理距离空间权重矩阵	
Wald – lag	21.2676*** (0.000)	Wald – lag	15.7188*** (0.0034)
Wald – error	55.4499*** (0.000)	Wald – error	24.9976*** (0.000)
LR – lag	24.6215*** (0.000)	LR – lag	20.3477*** (0.001)
LR – error	63.0108*** (0.000)	LR – error	44.4535*** (0.000)
LM – lag	6.9881*** (0.008)	LM – lag	362.0082*** (0.000)
LM – error	4.3860** (0.036)	LM – error	217.0085*** (0.000)
RobustLM – lag	27.3590*** (0.000)	RobustLM – lag	207.4845*** (0.000)
RobustLM – error	24.7569*** (0.000)	RobustLM – error	62.4848*** (0.000)

注：***，**，* 分别表示显著性水平小于 0.01，0.05 和 0.1，括号内的数值表示 p 值。

根据 Wald 和 LR 检验表明杜宾模型不能够退化为空间滞后或空间误差模型，即应该采用空间杜宾模型。

3. 模型设定

本文选用的模型为空间杜宾模型（SDM），模型的形式为：

$$y = \rho Wy + \alpha \iota_n + X\beta + WX\gamma + \varepsilon$$

ε 是服从于正态独立同分布的随机扰动项，Wy 是因变量 GDP_{it} 的空间滞后项，WX 是自变量 P_{it}、FDI_{it}、EI_{it}、ER_{it} 的空间滞后项。

空间杜宾模型既考虑了因变量 GDP_{it} 的空间相关性，又考虑了自变量 P_{it}、FDI_{it}、EI_{it}、ER_{it} 的空间相关性。因此，在杜宾模型中因变量 GDP_{it} 不仅受到各省自身自变量的影响，也会受到相邻省份的自变量和因变量的影响。所建模型为：

$$\ln(GDP_{it}) = \alpha \iota_n + \beta_1 \ln(P_{it}) + \beta_2 \ln(FDI_{it}) + \beta_3 \ln(EI_{it}) + \beta_4 \ln(ER_{it})$$

$$+\rho W\ln(GDP_{it})+\gamma_1 W\ln(P_{it})+\gamma_2 W\ln(FDI_{it})$$
$$+\gamma_3 W\ln(EI_{it})+\gamma_4 W\ln(ER_{it})+\varepsilon_{it}$$

GDP_{it}为 i 省在第 t 年的国内生产总值；P_{it}表示 i 省在第 t 年的 PM2.5 浓度值；FDI_{it}为 i 省在第 t 年的外商直接投资；EI_{it}为 i 省在第 t 年的单位 GDP 能耗；ER_{it}为 i 省在第 t 年的工业烟尘排放量。

W 表示空间权重矩阵，$W\ln(GDP_{it})$ 代表因变量地区生产总值的空间滞后项，$W\ln(P_{it})$ 表示自变量 PM2.5 浓度的空间滞后项，$W\ln(FDI_{it})$ 表示自变量外商直接投资的空间滞后项，$W\ln(EI_{it})$ 表示自变量单位 GDP 能耗的空间滞后项，$W\ln(ER_{it})$ 表示自变量工业粉尘排放量的空间滞后项，ε_{it}代表随机误差项。

在考虑了空间滞后项后，应使用直接效应、间接效应以及总效应来反映自变量对因变量的影响。直接效应表示自变量对本省因变量的平均影响，间接效应表示自变量对其他省份因变量的平均影响，总效应表示自变量对所有省份因变量的平均影响。

空间杜宾模型可以用以下形式表示：

$$(I_n-\rho W)y=X\beta+WX\theta+\iota_n\alpha+\varepsilon$$
$$y=\sum_{r=1}^{k}S_r(W)x_r+V(W)\iota_n\alpha+V(W)\varepsilon$$

其中，$S_r(W)=V(W)(I_n\beta_r+W\theta_r)$，$V(W)=(I_n-\rho W)^{-1}=I_n+\rho W+\rho^2W^2+\rho^3W^3+\cdots$

其矩阵形式为：

$$\begin{bmatrix}y_1\\y_2\\\vdots\\y_n\end{bmatrix}=\sum_{r=1}^{k}\begin{bmatrix}S_r(W)_{11}S_r(W)_{12}&\cdots&S_r(W)_{1n}\\\vdots&\ddots&\vdots\\S_r(W)_{n1}S_r(W)_{n2}&\cdots&S_r(W)_{nn}\end{bmatrix}\begin{bmatrix}x_{1r}\\x_{2r}\\\vdots\\x_{nr}\end{bmatrix}+V(W)\iota_n\alpha+V(W)\varepsilon$$

$$y_i=\sum_{r=1}^{k}[S_r(W)_{i1}x_{1r}+S_r(W)_{i2}x_{2r}+\cdots+S_r(W)_{in}x_{nr}]+V(W)_i\iota_n\alpha+V(W)_i\varepsilon$$

平均效应：$\frac{\partial y_i}{\partial x_{ir}}=S_r(W)_{ii}$，值为矩阵 $S_r(W)$ 中对角线元素的平均值，记

$$\bar{M}(r)_{direct}=n^{-1}tr(S_r(W))$$

间接效应：$\frac{\partial y_i}{\partial x_{jr}}=S_r(W)_{ij}$，值为矩阵 $S_r(W)$ 中非对角线元素的平均值，记

$$\bar{M}(r)_{indirect}=\bar{M}(r)_{total}-\bar{M}(r)_{direct}$$

总效应为矩阵 $S_r(W)$ 中所有元素的平均值，记 $\bar{M}(r)_{total}=n^{-1}\iota_n\cdot S_r(W)\iota_n$

三、数据与结果分析

本文实证分析的回归结果如下：

$$\ln(GDP_{it}) = \alpha\iota_n + 0.184\ln(P_{it}) + 0.030\ln(FDI_{it}) - 0.144\ln(EI_{it}) - 0.004\ln(ER_{it}) + 0.659W\ln(GDP_{it}) - 0.106W\ln(P_{it}) + 0.377W\ln(FDI_{it}) - 0.271W\ln(EI_{it}) - 0.002W\ln(ER_{it}) + \varepsilon_{it}$$

表 7　　实证分析结果

名称	回归系数	P 值	名称	回归系数	P 值
$\ln(PM_{2.5})$	0.1836051	0.02	$W*\ln(PM_{2.5})$	-0.1057713	0.017
ln(FDI)	0.0296513	0	W * ln(FDI)	0.377139	0.018
ln(EI)	-0.1435761	0.001	W * ln(EI)	-0.2705289	0
ln(ER)	-0.0036845	0.199	W * ln(ER)	-0.0015709	0.708
Rho	0.6588074	0	R-squared	0.9216	

根据表 7 实证结果，本文的总体分析如下：

1. 雾霾污染

在其他条件不变的情况下，PM2.5 浓度在 5% 的水平上与 GDP 具有显著的正相关关系，即 PM2.5 浓度每上升 1%，GDP 增加 0.18%。从中国经济发展的历程和大气污染来看，中国近三十年的经济高速发展是粗放型发展的结果，即通过增加生产要素的投入来实现经济增长，造成了雾霾污染与经济增长之间的矛盾。

雾霾对经济增长的作用机制可分为两方面：

一方面，目前 GDP 的核算并没有考虑到环境成本。而经济增长需要一系列的在建工程支持，在中国产能严重过剩的情况下，这种资源投入促进经济增长的效率较低，还会造成严重的雾霾污染。但这种负外部性并不能计入到 GDP 中，从而使雾霾与经济增长呈现正相关关系。

另一方面，由于中国对雾霾污染的治理日趋严格，生态环境的治理需要投入大量的人力物力，花费大量时间。这种产业转型升级需要高成本的投入，会使原有的生产模式受到影响，从而使 GDP 有所下降。GDP 的最终变化将取决于两方面的作用大小。由于本文选取的数据范围为 2001 ~ 2010 年，在该阶段内，中国环境治理的意识仍然淡泊。因此并未出现为治理雾霾而牺牲 GDP 的明显现象，即符合实证分析的结果。表明在该段时间内，中国 GDP 与雾霾总体呈正向关系，处于环境库兹涅茨倒“U”型曲线的前半段。

2. 外商直接投资

FDI 的估计系数在 1% 的水平下对 GDP 有显著的增促作用，这说明了

FDI 的流入确实能够促进本地区的经济增长。空间矩阵系数为正，说明一地吸引外资的增多对临近省份也有着经济增长的帮助。一般来说，投资主要用于产业转型升级，对经济发展具有重要意义，同时 FDI 的技术外溢效应能够提高地区的生产效率，推动其经济增长。因此，各地应该加快自身营商环境建设，与邻近省份取长补短互利共赢，以促进中国的经济发展。

3. 单位 GDP 能耗

每单位产出所消耗的煤炭量与 GDP 之间呈现显著的负相关，忽略其他条件影响，单位 GDP 能耗上升 1%，GDP 下降约 0.93%。单位能耗反映了能源使用效率。效率越高，经济增长越快。因此，为尽量降低单位 GDP 能耗，应提高煤炭的使用效率，加快调整能源结构，推动可再生能源与清洁能源的发展，从而加快中国绿色发展理念的实际践行。

4. 粉尘排放量

由实证可知，粉尘排放量与 GDP 呈现轻微的负相关关系，但是并不显著。工业是经济高速发展的重要推动力，粉尘排放量是衡量工业环境污染程度的重要指标，但从实证结果来看，粉尘排放量与中国的经济增长并没有显著的关系。

四、结论和政策建议

（一）结论

目前，中国对自然资源的滥用和环境污染的持续恶化对于经济增长的阻碍作用越来越强，环境污染与经济增长的关系问题愈发引起重视。本文运用 2001~2010 年有关 GDP、PM2.5 等变量的省级面板数据，建立空间杜宾模型，探究了雾霾污染状况等因素对经济增长的影响，得出结论：对于本省而言，经济增速与环境污染成正相关关系，GDP 单位能耗与粉尘排放量和经济增长呈负相关关系。但环境污染的空间溢出效应显著，且空间系数为负，意味着，本省的环境污染对于邻省经济增速有着负面影响的结果。

（二）政策建议

迄今，中国从总体上仍未摆脱“高投入、高消耗、高排放、低效率”的粗放型增长方式。环境污染与经济增长间的利弊权衡日益成为人们关心的重点。为了更好地实现未来经济的可持续发展，基于实证分析的结果给出以下建议：

1. 推动“三去一降一补”，深化供给侧改革

宏观层面，中国目前处于环境库兹涅茨曲线的前半段，即经济增速与环境污染正相关关系阶段，经济增速快的省市，在能源使用效率低等条件下，可能会存在着较高的大气污染水平。因此，全面深化供给侧改革将成为迈过拐点的有力武器。地方政府应全面贯彻落实两会精神，坚决执行去产能、去库存，去除低利润、高污染的产业，优化资源配置，提升资源产出效率；落实到具体，向钢铁、煤炭、房地产等传统高污染、高库存、能源利用率低的产业开刀，去产能、去库存。

2. 优化地区能源结构，攻坚蓝天保卫战

在中国经济发展势头良好的情况下，应将工作重点更多地放在保护生态环境上，积极响应习近平主席提出的绿色发展基本国策。一方面，应该提高能源消耗效率，尽快突破绿色清洁能源的瓶颈——储能技术：从而提高经济增长的质量；另一方面，加大检察院对于环境监督的执法力度，对污染产业进行一定的治理与惩罚，对重工业设立环境污染强制责任险，同时开辟环境污染举报热线，举报违章施工企业。

3. 适当鼓励共享经济，促进绿色发展

共享经济是所有权同使用权的分离，在一定程度上能够用较少的物质存量满足较多的服务需求，这与可持续发展和绿色发展的要求是一致的。共享经济通过产品的分享和循环，能够盘活原先闲置或利用率不高的物质存量，满足比原先更多的服务需求，进而降低物质消耗、促进绿色发展。共享经济想要更好地促进绿色经济发展，政府应该秉承着鼓励创新、包容审慎原则，制定适度的新兴产业监管规则。深化统计管理体制改革，健全新兴产业统计。

4. 官员绿色锦标赛，预防政企合谋

各省 GDP 锦标赛是过去几十年来经济迅猛发展的一剂助推剂，而“唯 GDP 论”则成为许多官员心中默念的信条。牺牲环境，对违章排放企业“睁一只眼，闭一只眼”则成为了新时期政企合谋的典型代表。根据研究，我们发现环境污染依然成为地区协同经济再增长的阻碍，而绿色发展则有助于经济增长。由此，可以考虑将辖区“绿色 GDP”——空气质量纳入官员晋升的考量。

参 考 文 献

[1] GROSSMAN, G M. and KRUEGER, A B. “Environmental Impacts of a North American Free Trade Agreement” [J]. National Bureau of Economic Research. 1991, No. w3914.

[2] BRIAN R COPELAND, and A M Scott Taylor. Trade, Growth, and the Environment [J]. Journal of Economic Literature 2004, Vol. 42 (1), pp. 7 – 71.

[3] MANAGI S, HIBIKI A, TSURUMI T, et al. Does trade openness improve environmental quality [J]. Journal of Environmental Economics and Management, 2009, 58 (3): 346 – 363.

[4] KUZNETS, S. “Economic growth and Income Inequality” [J]. American Economic Re-

view, 1955, 45 (1), 1 - 28.

[5] SYRQUIN M, CHENERY H B. Three decades of industrialization [J]. World Bank Economic Review, 1989, 3 (2): 145 - 181.

[6] GROSSMAN G M, KRUEGER A B. Economic Growth and the Environment [J]. Quarterly Journal of Economics, 1994, 110 (2): 353 - 377.

[7] GALE L R, MENDEZ J A. The empirical relationship between trade, growth and the environment [J]. International Review of Economics & Finance, 1998, 7 (1): 53 - 61.

[8] KEELER T E. The Economics of Passenger Trains [J]. The Journal of Business, 1971, 44 (2).

[9] FORSTER B A. Optimal Consumption Planning in a Polluted Environment [J]. Economic Record, 1973, 49 (4): 534 - 545.

[10] MAYER, WOLFGANG. "Theoretical Considerations on Negotiated Tariff Adjustments," [J]. Oxford Econ, 1981, Pap. 33: 1, pp. 135 - 53.

[11] J HASSLER, P. KRUSELL, A A SMITH, Jr. Environmental Macroeconomics [M]. Handbook of Research Methods and Applications in Empirical Macroeconomics Volume 2B 1895 - 2004.

[12] 马树才，李国柱．中国经济增长与环境污染关系的 Kuznets 曲线 [J]．统计研究，2006 (8): 37 - 40.

[13] 方行明，刘天伦．中国经济增长与环境污染关系新探 [J]．经济学家，2011 (2): 76 - 82.

[14] 包群，彭水军．经济增长与环境污染：基于面板数据的联立方程估计 [J]．世界经济，2006 (11): 48 - 58.

[15] 高辉．环境污染与经济增长方式转变——来自中国省际面板数据的证据 [J]．财经科学，2009 (4): 102 - 109.

[16] 王敏，黄滢．中国的环境污染与经济增长 [J]．经济学（季刊），2015 (2): 557 - 578.

[17] 吕健．中国经济增长与环境污染关系的空间计量分析 [J]．财贸研究，2011, 22 (4): 1 - 7.

[18] 邵帅，李欣，曹建华，杨莉莉．中国雾霾污染治理的经济政策选择——基于空间溢出效应的视角 [J]．经济研究，2016 (9): 73 - 88.

[19] 马丽梅，张晓．中国雾霾污染的空间效应及经济、能源结构影响 [J]．中国工业经济，2014 (4): 19 - 31.

[20] 康雨．贸易开放程度对雾霾的影响分析——基于中国省级面板数据的空间计量研究 [J]．经济科学，2016 (1): 114 - 125.

[21] ANSELIN L, R FLORAX, A K BERA, M J YOON. Simple Diagnostic Tests for Spatial Dependence [J]. Regional Science and Urban Economics, 1996, Vol. 26, 77 - 104.

[22] JAMES LESAGE, R KELLEY PACE. Introduction to Spatial Econometrics [M]. CRC Press, Florida, 2009.

Spatial Econometric Analysis Focusing on the Relationship of PM2. 5 to GDP in China

Yu Yashen

Abstract: In this article, according to data of PM2. 5 from 30 provinces in China in last decade, we refer to the Environmental Kuznets Curve (EKC) and set up the related Spatial Dubin Model (SDM) to analyze the impact of environmental pollution represented by haze on economic development, which reveals that in last decade, haze is positively associated with economic growth with slope reducing year by year, conforming to the first half of the inverse "U" in the EKC. The research demonstrates the conclusion that haze can accelerate economic growth in early stages, achieves a more accurate understanding to the first-rise-then-fall contribution of pollution to economic growth and provides fundamental basis for the policy-making of "Blue Sky Defense" in provinces and the development of the green economy and sharing economy.

Keywords: Environmental pollution, Economic growth, Spatial econometric analysis, Environmental Economic

〔微观运行与规制〕

内部控制缺陷、产权性质与债务期限结构

段晴晴*

摘　要：本文以2011~2016年A股上市公司为样本，运用多元回归分析了内部控制缺陷及其整改对债务期限结构的影响，并引入产权性质作为调节变量进行分组检验。研究发现：内部控制缺陷的出现会缩短公司的债务期限结构，缺陷越严重，长期债务的比例越小，债务期限结构越短；如果公司出现内部控制后积极整改，可以一定程度上提高内部控制质量，打消债权人疑虑，从而获取期限更长的债务期限；然而以上两种相关关系在国有企业中均表现不显著，这说明国有属性减弱了内部控制缺陷及其整改对债务期限结构的影响。

关键词：内部控制缺陷　产权性质　债务期限结构

一、引　　言

目前，我国债务融资市场的发展较西方国家相对滞后，在市场化改革的进程中，我国众多企业面临着信贷融资受限以及债务期限结构失衡的困境，限制了企业的长期发展。一方面，我国企业短期负债比重较大，长期负债比重较小；另一方面，我国公司债券比重仍在公司债务中较低，银行贷款是公司债务的主要来源，而银行中又以国有银行为主导，并且对政策变动非常敏感，因此以我国制度背景为基础来探讨政治关联对企业债务期限的影响十分必要。同时内部控制作为一项重要的公司管理制度受到理论界的关注，大量的相关研究文献证明了内部控制对改善公司合规状况、财务状况、经营状况及促进资本市场健康发展确实卓有成效。因此本文拟对内控制缺陷及其整改情况对债务期限结构的影响展开研究，在此基础上加入产权性质作为调节变量，探讨在我国情境下，国有企业属性能否以及如何对内部控制缺陷与债务期限结构的关系产生影响。本文的研究将进一步丰富债务期限结构研究以及

---

* 段晴晴（1992～　），山东枣庄人，中南大学商学院博士生，研究方向：会计学，电子邮箱：525976248@qq.com。

内部控制研究的理论文献，并且为改善公司融资窘况以及促进我国资本市场健康发展提供新的思路。

二、文献综述

（一）债务期限结构理论相关文献

国外对于债务期限结构的研究起源于 20 世纪 70 年代，迈尔斯（Myers，1977）最先从代理成本的角度对债务期限结构进行研究。其后国内外理论界从不同角度深入研究了债务期限结构，主要形成了债务期限结构的代理成本理论、信号传递理论、期限匹配理论、税收理论等。（1）代理成本理论。该理论认为短期债务具有较高的偿还压力，因此可以抑制股东的投资不足倾向（Myers，1977；Barnea et al.，1980），减轻资产替代行为（Jensen and Meckling，1976；Barnea et al.，1980）。另外，在公司现金流充足的时候，需要时常偿付的短期债务还可以通过降低自由现金流从而抑制管理者的过度投资机会（Jensen，1986）。因此，当公司的代理成本较高时，公司通常倾向于选择短期债务；（2）信号传递理论。该理论认为公司举借长期债务，对外部投资者来说反而是一个比较坏的信号。如迈尔斯和迈基里夫（Myers and Majluf，1984）发现信息不对称度越高、融资次序越向后，向资本市场传递的消极信号越强烈，因此公司一般优先进行内部融资，相比长期债务，更倾向于短期债务。同时弗兰纳里（Flannery，1986）也指出经营状况好的公司会倾向于选择可以准确定价、并无多少寻租空间的短期债务。（3）期限匹配理论，也被称作免疫假设，意味着把公司债务期限与公司资产期限两者匹配，由莫理斯（Morris，1976）提出，从而达到资金的有效配置，同时降低违约风险。（4）税收理论。债务期限结构的税收理论从债务的税盾效应而来。布瑞克和拉维德（Brick and Ravid，1985）认为当公司的利率期限结构上扬时，公司更倾向于选择长期债务，反之公司就会倾向于选择短期负债。随后，他们进一步发现利率不确定情况下，有税负公司发行长期债务是最优选择；斯科尔斯（Scholes，1992）从边际税率的角度发现只有边际税率高的公司才能够发行长期债务，债务期限结构与边际税率正相关。

基于上述理论，学者们引入了众多对债务期限结构产生影响的因素，这些因素总结起来主要包括以下几个方面：（1）公司特征。如资产规模、财务杠杆、资产期限、自由现金流量等与债务期限结构呈正相关关系，而成长性、所得税率的影响结果具有不同的意见（Barclay and Smith，1995；Stohs and Mauer，1996；肖作平，2005；孙铮等，2005；刘力涵，2015）；（2）公司治理。不同的文献研究了管理者持股（Datta et al.，2005）、大股东持股（武晓玲和翟琦，2011）、终极股东控制权（肖作平和张樱，2016）等不同角度对债务期限结构的影响，基本都认同健全的治理机制会提高长期债务的比例，延长债务期限；（3）制度环境。随着对债务期限结构研究的深入，学者们的考察范围逐渐由公司自身要素向外拓展，开始考虑外部制度环境因素，并且发现制度环境对债务期限同样具有显著的作用。如孙铮等（2005），肖作平（2007），陈鹏委（2007），凡等（Fan et al.，2012）均发现，市场化水平、法律完善程度等制度环境因素与公司债务期限结构显著的负相关。章细贞（2011）揭示了政治关联有助于帮助公司获取更长期限的银行贷款，且制度环境越薄弱的地区，政治关联对延长债务期限结构的作用越显著。

（二）内部控制的经济后果相关文献

萨奥法案实施后，与内部控制以及内部控制缺陷经济后果相关的研究取得了突飞猛进的进展。目前相关研究基本认可了内部控制的积极作用，如：（1）提高会计信息质量及财务报告可靠性。如麦克马伦等（McMullen et al.，1996）、艾伯特（Albert，2010）、方红星和金玉娜（2011）、孙光国和莫冬艳（2012）等发现内部控制具有提高盈余质量以及财务报告可靠性的作用，道尔等（Doyle et al.，2007）、霍利斯阿什博等（Hollis Ashbaugh - Skaife et al.，2008）发现出现内部控制实质性缺陷时，企业的财务信息质量显著降低，后者还证实了在发生了内部控制缺陷的公司中，对内部控制缺陷的整改可以更快速地提高公司的盈余质量；（2）降低资本成本。如吉米等（Kim et al.，2011）、戈登和威尔福德（Gordon and Wilford，2012）、唐等（Tang et al.，2015）、李超和田高良（2011）、袁放建等（2013）发现内部控制缺陷的发生及披露，会导致企业债务融资成本以及权益资本成本上升，倪晓央（2016）进一步发现缺陷的整改可以降低债务资本成本；（3）提高投资效率。李万福等（2011）、方红星和金玉娜（2013）、刘焱（2014）的研究均支持了这个结论，他们发现内部控制能够抑制企业的非效率投资行为，显著地提升公司的投资效率；（4）提高公司价值。胡等（Hu et al.，2013）、杨松令等（2014）的研究均认为内部控制的实施与披露可以直接带来公司价值的明显提升，姚瑶等（2015）发现内部控制的改善不仅可以提高公司价值，还可以减轻政府控制对公司价值造成的负面影响，尽管这些影响正在逐渐减弱。

虽然对内部控制及内部控制缺陷的经济后果研究硕果颇丰，但对于内部控制缺陷对债务期限结构这个话题进行研究的直接文献还很少。刘焱（2014）研究发现，当公司存在内部控制实质性缺陷时，债务期限较短；杨德明（2011）从银行的角度出发，也发现银行会向内部控制质量高的上市公司发放更多的长期贷款，说明银行对上市公司的内部控制质量有一定的识别能力。由内部控制经济后果的相关研究来看，内部控制具有显著地改善公司财务状况、经营状况、提高公司质量，进而促进资本市场健康发展的作用。

基于此，本文猜测内部控制同样具有改善公司债务期限结构、降低债务市场风险的作用。从研究对象而言，国外的研究对象是发达的西方资本市场，法律环境、监管制度均比较成熟，而我国的研究对象是还处于正在发展完善中的中国资本市场，国有产权在资本市场上占比重大，市场化水平还未达到较高水平，法律环境、监管制度尚不完善，考虑到我国的现实情况，政治关联的影响难以忽略，所以考虑产权性质才能更好地解释我国经济转型中的资本市场。

三、理论分析与研究假设

（一）内部控制缺陷及整改对债务期限结构影响的假设

当内部控制有效时，内部控制要素均达到一个良好的状态，这意味着公司自上而下权责分明、相互制衡，信息交换顺畅，且处于持续地监督之下，拥有自动纠错机制，进而降低了受托人的逆向选择风险与道德危机，缓解了公司内部与外部的委托代理冲突，委托人无须再制定多余的约束条件、花费更多的精力、成本去监督受托人的行为，从而节约了代理成本。同时，有效的内部控制显著地提高了财务报告的可靠性、资产的安全性以及公司的经营效果，这些都符合委托人的利益诉求，控制目标的实现进一步缓解了代理冲突。

与有效的内部控制相反的是，内部控制缺陷的发生意味着内部控制设计或运行无效，可能存在权责不分、信息不畅、无法有效监督等问题，控制目标也未能达成，偏离了债权人的控制要求与利益诉求，缺陷程度越严重，偏离越严重，这将引起债权人的忧虑，进而增加控制与监督成本。依据债务期限结构的委托代理理论，代理成本高的公司应该发行短期债务来约束股东及管理层的行为，减少财富的不合理转移以及防止滥用资金过度投资。

基于上述分析，我们提出如下假说：

H1：内部控制缺陷与债务期限结构负相关。

（二）内部控制缺陷整改对债务期限结构影响的假设

内部控制缺陷整改是针对内部控制缺陷而实施的行为，对内部控制缺陷整改的讨论一般建立在内部控制缺陷的基础之上。对内部控制缺陷整改是否影响债务期限结构的讨论，研究的是内部控制缺陷整改是否能够恢复债权人信心。因为存在债权人在发现内部控制缺陷后不再信任该企业，即使是整改也难以恢复的可能性，这一定程度上减弱了企业进行缺陷整改的意义与积极性。

基于代理成本理论及前文分析，内部控制缺陷的发生将会导致短期债务比例增加，债务期限结构降低。如果企业在发现缺陷后，积极采取措施对其整改，消除或控制导致缺陷发生的因素，连续地监控整改状况及内部控制持续运行状况，不断完善内部控制建设，那么亡羊补牢，为时未晚，企业的内部控制质量相对不进行整改的企业将会有所恢复甚至提高，相应的代理成本会有所降低，债务期限结构将会有所增加。另外基于信号传递理论，管理层积极采取措施对内部控制缺陷进行整改的行为，说明了管理层将风险因素进行了消除或控制，也向外界传递了企业对风险因素敏感，且具备一定控制能力的信号，这可以缓解债权人对已经发生的内部控制缺陷以及公司风险的忧虑，进而一定程度上恢复对企业以及管理层的信心。

基于上述分析，本文提出以下假设：

H2：内部控制缺陷整改与债务期限结构正相关。

（三）不同产权性质下内部控制缺陷及整改对债务期限结构影响的假设

考虑到我国数千年的政治传统，国有企业与非国有企业相比具有较强的政治关联。假设内部控制缺陷对债务期限结构产生影响，影响效力在不同的产权性质下，可能会产生显著的差异。如余静文（2011）基于现金流角度实证检验表明，非国有企业的信贷约束更强，而国有企业则不存在信贷约束。本文认为以下三个方面可能会导致差异的产生。

首先，信贷“歧视”问题仍旧存在。政府设立资本市场的初衷便是为国有企业解困，大多数的上市公司是由国有企业改制而来，而且截至目前的上市公司中仍旧是国有企业居多，因此国有企业在市场中更具有发言权，具有更好的谈判优势，相比之下，非国有企业会受到“歧视”。政府对银行业务的介入，也导致银行借款预算约束的软化，使银行借款失去了应有的治理效用。程六兵和王竹泉（2015）发现进行银行股份制改革之后，信贷“歧视”的状况有所减轻，但借款逾期的非国有企业仍旧比国有企业获得的贷款数量少，贷款成本较高。

其次，银行信贷是我国企业债务融资的主要手段。在我国的金融体系中，银行体系仍占据较大比重，掌握了大部分的资金。而中国当前的商业银行仍由国有商业银行占主导地位。在这种情况下，由于产权性质相同，国有银行与国有商业银行实质上同属一家，国有商业银行可能会倾向于处于政治联系与政治目的，优先向国有公司发放信贷资金。如程六兵和王竹泉（2015）发现国有企业向国有银行借款的比重越高，发生逾期的概率越大，他们推测这种情况可能是由于国有企业与国有银行相同的产权性质导致监督不到位所造成的。

最后，国有属性可能会补偿企业的信誉。国有企业往往是政府干预和调控经济的重要工具，通常享受政府财政补助，一旦公司遭遇财务危机，可以向政府请求援助，政府出于政治目的，会帮助公司继续获取资金。也就是说政府实质上是国有企业债务担保人（孙铮等，2005），这在银行看来，有政府的背书，公司的履约风险以及清算风险大大降低，因而会放松对国有上市公司的债务约束。

综上，对于国有企业，银行及其他债权人可能会忽略内部控制缺陷的预警信息，放松债务条款，意味着在国有企业中，内部控制缺陷对债务期限结构的影响可能并不显著。基于以上分析，我们在假设 1 的基础上提出以下假设：

H3：相对于非国有企业，内部控制缺陷对债务期限结构的影响在国有企业中有所减弱。

基于上述分析，由于政治关联产生的作用，内部控制缺陷整改对于债权人信心的恢复作用同样可能会被忽略。因此，我们提出第四个假设：

H4：相对于非国有企业，内部控制缺陷整改对债务期限结构的影响在国有企业中减弱。

四、研究设计

（一）样本选择与数据来源

本文采集了 2011 至 2016 年全部的 A 股主板上市的非金融行业公司，遵循以下原则进行剔除：（1）2010 年（含）以前未上市的公司样本，这是为确保公司上市年限较长，行为相对成熟；（2）同时含有 B 股、H 股的公司样本，这是因为外资股与 A 股的监管要求不同；（3）当年上市状态曾标注过为 ST、*ST、PT 的公司样本，这是因为这些公司的财务状况异常，若这些公司纳入研究样本中将影响研究结论；（4）未披露内部控制报告的观测值，这是因为披露报告这个行为本身就会传递出关于内部控制质量的信息。在此基础上剔除缺失值，最终得到观测值 7035 个，其中 2011 年 926 个观测值，2012 年 1124 个观测值，2013 年 1277 个观测值，2014 年 1295 个观测值，2015 年 1231 个观测值，2016 年 1182 个观测值。样本公司的产权性质数据即实际控制人性质数据来自色诺芬数据库，其他数据均来自 CSMAR 数据库，无手工采集数据，可减少误差。本文采用 Stata 14.0 对样本数据分析，为控制极端值的影响，已对所有连续变量进行 1% 水平下的 Winsorize 处理。

（二）变量定义

1. 债务期限结构（DMC）

参考孙铮等（2005），考虑到数据的易获得性，本文使用资产负债表期末长期债务与总债务的比例测度债务期限结构，这个方法在相关研究中被广泛应用。

2. 内部控制缺陷（ICD）

内部控制缺陷有多种定义方式与量化方法，本文参考叶建芳（2012）、郭军等（2016）的研究，从以下三个方面判断内部控制缺陷：一是通过阅读企业披露的内部控制评价报告，获取公司管理层主动识别的内部控制缺陷情况；二是如果公司当年度存在违规事实受到证监会、交易所等机构的处罚，则认为公司当年存在重大内部控制缺陷；三是如果公司当年被出具非标准审计意见的审计报告，则认为公司当年存在重大内部控制缺陷。本文按照《基本规范》的要求，将内部控制缺陷分为一般缺陷、重要缺陷以及重大缺陷三个维度进行考察。

3. 内部控制缺陷整改（ICR）

参考叶建芳（2012）的做法，针对出现了内部控制的企业，如果下一年不再披露内部控制缺陷，则视作内部控制缺陷已得到整改，将 ICR 赋值为 1，否则赋值为 0。由于内部控制缺陷整改需要经历一段时间，因此本文将内部控制缺陷整改滞后一期，研究内部控制缺陷整改后对债务期限结构的影响。

4. 产权性质（ACE）

指上市公司实际控制人性质，若实际控制人为国有资本则取 1，否则取 0。在回归检验中，本文将按照所有权性质的不同分组回归。

本文选择以下控制变量：资产规模（SIZE）、现金流量水平（CASH）、财务杠杆（LEV）、成长能力（GROWTH）、第一大股东持股（SHRCR）、盈利能力（ROA）、资产期限（AM）、实际税率（TAX）、市场化程度（MARKET），具体变量定义及说明见表 1。

表 1 变量及其定义

变量名称	变量符号	变量计量
债务期限结构	DMC	期末长期负债/总负债
内部控制缺陷	ICD	当不存在内部控制缺陷时取 0，当存在一般缺陷时取 1，当存在重要缺陷时取 2，当存在重大缺陷时取 3
内部控制缺陷整改	ICR	当下一年公司不再披露内部控制缺陷时则认为缺陷得到整改，ICR 取 1，否则取 0
产权性质	ACE	实际控制人性质，国有取 1，非国有取 0
市场化水平	MARKET	取樊纲等（2016）编著的各地区市场化指数，2015、2016 年市场化水平取 2014 年数据，以所有样本市场化程度中位数为标准，大于等于中位数则取 1，否则取 0
资产期限结构	AM	年末固定资产净值/年末总资产
所得税率	TAX	所得税费用/税前利润总额
公司规模	SIZE	年末总资产的对数，即 ln（年末总资产）
现金流量水平	CASH	经营活动现金流量净额/年末账面总资产
财务杠杆	LEV	资产负债率，即年末总负债/年末总资产

续表

变量名称	变量符号	变量计量
盈利能力	ROA	总资产净利率，即年度净利润/年末总资产
成长能力	GROWTH	(当年营业收入 - 上年同期营业收入)/上年同期收入
大股东持股	SHRCR	以第一大股东持股比例度量
行业虚拟变量	INDU	若样本属于某一行业则取 1，否则取 0
年度虚拟变量	YEAR	若样本为某一年度则取 1，否则取 0

（三）模型构建

为验证假设 1 及假设 3，运用如下模型 1 考察内部控制缺陷对债务期限结构的影响，并通过按照产权性质的不同分组回归检验产权性质的调节作用。

$$DMC_t = \alpha_0 + \alpha_1 ICD_{i,t} + \beta_1 MARKET_{i,t} + \beta_2 AM_{i,t} + \beta_3 TAX_{i,t} + \beta_4 SIZE_{i,t} + \beta_5 CASH_{i,t} + \beta_6 LEV_{i,t} + \beta_7 ROA_{i,t} + \beta_8 GROWTH_{i,t} + \beta_9 SHRCR_{i,t} + \sum \beta_{10} IND_{i,t} + \sum \beta_{11} YEAR_{i,t} + \varepsilon_{i,t}$$

为验证假设 2 及假设 4，运用如下模型 2 考察内部控制缺陷整改对债务期限结构的影响，并通过按照产权性质的不同分组回归检验产权性质的调节作用。

$$DMC_t = \alpha_0 + \alpha_1 ICR_{i,t-1} + \beta_1 MARKET_{i,t} + \beta_2 AM_{i,t} + \beta_3 TAX_{i,t} + \beta_4 SIZE_{i,t} + \beta_5 CASH_{i,t} + \beta_6 LEV_{i,t} + \beta_7 ROA_{i,t} + \beta_8 GROWTH_{i,t} + \beta_9 SHRCR_{i,t} + \sum \beta_{10} IND_{i,t} + \sum \beta_{11} YEAR_{i,t} + \varepsilon_{i,t}$$

五、实证分析

（一）描述性统计分析

表 2 报告了各变量的描述性统计结果。由表中可知，统计期间，债务期限结构的均值为 0.156，说明目前我国上市公司债务以短期为主，长期负债的比例较小。内部控制缺陷的均值为 0.815，内部控制缺陷整改的均值为 0.317，这说明资本市场中内部控制缺陷严重程度平均水平较低。但出现了内部控制缺陷的上市公司中，仅有 1/3 采取措施进行了缺陷整改，这主要是因为一般缺陷并未引起上市公司管理层的关注，部分企业未采取有效的措施进行整改，或者重大缺陷未整改彻底。《内部控制基本规范》在上市公司中未执行到位，需要继续加强其在事务中的落实。另外值得注意的是，资产期限 AM 的均值为 0.240，说明我国上市公司的资产中以短期资产为主，按照

期限匹配理论，债务期限应与资产期限相匹配，但是我国的债务期限均值仅为 0. 156，与资产期限显著地不匹配。

表 2 变量的描述性统计分析

变量名称	样本数	均值	标准差	最小值	最大值
DMC	7035	0. 156	0. 183	0. 000	0. 738
ICD	7035	0. 815	1. 113	0. 000	3. 000
ICR_{t-1}	2332	0. 317	0. 465	0. 000	1. 000
SOE	7035	0. 550	0. 498	0. 000	1. 000
MARKET	7035	0. 505	0. 500	0. 000	1. 000
AM	7035	0. 240	0. 179	0. 001	0. 743
TAX	7035	0. 187	0. 194	-0. 634	0. 910
SIZE	7035	22. 308	1. 203	19. 649	25. 675
CASH	7035	0. 043	0. 073	-0. 180	0. 253
LEV	7035	0. 490	0. 203	0. 072	0. 906
ROA	7035	0. 034	0. 050	-0. 153	0. 191
GROWTH	7035	0. 148	0. 446	-0. 548	2. 886
SHRCR	7035	35. 630	15. 180	8. 794	74. 976

（二）回归分析

1. 企业内部控制缺陷对债务期限结构的影响

本文分别对全样本以及不同产权性质下样本进行了检验。由表 3 可知，ICD 的回归系数为 -0. 005，满足 1% 的显著性水平，这说明内部控制缺陷与债务期限结构显著负相关，由此假设 1 得到验证，其经济含义表明内部控制缺陷越严重，长期债务的比例越小，债务期限结构越短。并且这个结论支持了债务期限结构的代理成本理论，即存在内部控制缺陷的企业，其代理成本要高于内部控制运行良好的企业，而缺陷越严重，代理成本越高，为解决代理问题，企业以及债权人会倾向于选择短期债务来约束管理层及股东的投资行为，减少财富的不合理转移。

在分组检验中，国有样本 ICD 系数为 -0. 002，其绝对值低于全样本下相关系数的绝对值，且该系数不显著，而在非国有样本 ICD 的系数为 -0. 007，满足 1% 的显著性水平，且该系数的绝对值要高于全样本以及国有样本。以上说明 ICD 与 DMC 的负相关关系在国有样本中有所减弱，已经达到不显著的水平。由此，假设 3 得到验证。这意味着由于国有产权的介入，内部控制缺陷对债务期限的制约作用减弱，债权人可能会考虑到由于国有企业的政治联系，从而忽略内部控制缺陷代表的风险信息，放松对国有企业的债务约束。

控制变量的检验结果与相关研究也基本一致。MARKET 与债务期限结构显著负相关，说明市场化水平越高，债务期限结构越短。AM 与债务期限结构显著正相关，支持了债务期限结构理论中的期限匹配理论。但可以看到，两者的相关系数最高为 0. 256，这说明债务期限还远不能与资产期限相匹配，债务期限结构严重的不平衡。TAX 在全样本下与债务期限结构在 10% 的水平下显著负相关，说明公司实际税率越大，公司越倾向于发行短期债务，并不支持税收理论。其他控制变量中，SIZE、LEV 均与债务期限结构显著正相关，CASH 与债务期限结构显著负相关，说明公司资产规模越大、财务杠杆越大、现金流量水平越低，债务期限结构就会越长。SHRCR 在全样本下与债务期限结构在 1% 水平下负相关，说明大股东持股比例越高，短期债务的比例越大，以此来减少大股东权力过大而产生的代理成本。而 GROWTH 在全样本下与分组检验中均未通过显著性检验，且其回归系数为正，与刘力涵（2015）的检验结果一致。ROA 与债务期限结构负相关，但该相关关系仅在非国有样本下显著，显著性水平为 5% 。负相关关系说明公司的盈利能力越好，即公司绩效越好，此时公司越倾向于发行短期债务，这支持了债务期限结构的信号传递理论。但该相关关系在国有样本中不显著，可能是因为银行发放贷款时对国有企业的盈利能力考虑较少，而更多地关注国有企业的政治联系。

表 3　　内部控制缺陷对债务期限影响的分组回归结果

DMC	全样本	ACE = 1	ACE = 0
	回归系数（T 值）	回归系数（T 值）	回归系数（T 值）
ICD	-0. 005 *** (-2. 98)	-0. 002 (-0. 66)	-0. 007 *** (-3. 43)
MARKET	-0. 010 *** (-2. 85)	-0. 016 *** (-3. 30)	-0. 009 * (-1. 65)
AM	0. 208 *** (16. 51)	0. 256 *** (15. 87)	0. 127 *** (6. 23)
TAX	-0. 017 * (-1. 82)	-0. 017 (-1. 40)	-0. 017 (-1. 24)

续表

DMC	全样本	ACE = 1	ACE = 0
	回归系数（T 值）	回归系数（T 值）	回归系数（T 值）
SIZE	0.041*** (22.01)	0.042*** (17.11)	0.041*** (14.57)
CASH	-0.178*** (-6.44)	-0.164*** (-4.16)	-0.173*** (-4.52)
LEV	0.096*** (8.32)	0.090*** (5.47)	0.099*** (6.14)
ROA	-0.054 (-1.19)	-0.036 (-0.54)	-0.135** (-2.18)
GROWTH	0.007 (1.82)	0.008 (1.20)	-0.001 (-0.10)
SHRCR	-0.001*** (-5.86)	-0.001*** (-5.36)	-0.000 (-1.46)
YEAR	控制	控制	控制
INDUSTRY	控制	控制	控制
_cons	-0.807*** (-20.97)	-0.882*** (-16.74)	-0.807*** (-13.34)
N	7035	3869	3166
F	156.40***	112.48***	40.063***
Adj - R^2	0.365	0.428	0.243

注：*** 代表 P 值 <0.01，** 代表 P 值 <0.05，** 代表 P 值 <0.1，括号内 T 统计量均经过公司水平的 clustering 调整。

2. 企业内部控制缺陷整改对债务期限结构影响的分析

本文分别对全样本以及不同所有权性质下样本分组进行了检验，检验结果如表 4 所示。由表中可看到，ICR_{t-1} 的回归系数为 0.021，在 1% 的水平下显著。这说明内部控制缺陷整改与债务期限结构显著正相关，即内部控制缺陷得到整改后，可一定程度上提高内部控制质量，消除债权人的疑虑，从而获取更多的长期债务，提高公司的债务期限，假设 2 得到验证。

在分组检验中，内部控制缺陷整改的系数在国有样本中虽同样为正数，但并不显著，说明在国有上市公司中，内部控制缺陷整改后，内部控制质量的提升并不能显著地提高债务期限；而在非国有样本中，内部控制缺陷整改的系数满足 1% 的显著性水平，且较全样本下相关系数更大，说明在非国有上市公司中，内部控制缺陷整改后，内部控制质量的提升可以显著地提高上市公司的债务期限。即在其他条件不变的情况下，内部控制缺陷整改对债务期限结构的正向影响在国有上市公司中有所减弱，甚至不显著。由此，假设 4 得证。控制变量的检验结果与表 3 基本一致。

表 4　内部控制缺陷整改对债务期限影响的分组回归结果

DMC	全样本	ACE = 1	ACE = 0
	回归系数（T 值）	回归系数（T 值）	回归系数（T 值）
ICR_{t-1}	0.021*** (3.09)	0.003 (0.29)	0.032*** (3.34)
MARKET	-0.011* (-1.87)	-0.023*** (-2.88)	0.003 (0.34)
AM	0.225*** (10.68)	0.269*** (9.98)	0.138*** (3.92)
TAX	-0.000 (0.03)	-0.009 (-0.44)	-0.001 (-0.06)
SIZE	0.042*** (13.93)	0.047*** (11.74)	0.039*** (8.11)
CASH	-0.261*** (-5.48)	-0.277*** (-4.07)	-0.198** (-2.89)
LEV	0.085*** (4.50)	0.039 (1.44)	0.139*** (5.17)
ROA	-0.064 (-0.88)	-0.076 (-0.73)	-0.108 (-1.01)
GROWTH	0.008 (1.14)	0.019* (1.70)	-0.001 (-0.09)
SHRCR	-0.001*** (-4.33)	-0.001*** (-4.08)	-0.001* (-1.70)
_cons	-.819*** (-12.67)	-0.962*** (-11.10)	-0.726*** (-7.01)
N	2，332	1363	969
F	54.96***	40.23***	14.18***
Adj - R^2	0.361	0.419	0.254

注：*** 代表 P 值 <0.01，** 代表 P 值 <0.05，** 代表 P 值 <0.1，括号内 T 统计量均经过公司水平的 clustering 调整。

六、结 论

我国众多企业面临着信贷融资受限以及债务期限结构失衡的困境，限制了企业的长期发展，损害了企业价值。在内部控制理论发展越发完善的情况下，内部控制缺陷及整改对债务期限结构影响的相关文献却很少。且随着制度环境研究的兴起，考虑到我国上市公司以国有为主，政府干涉较强的情况，本文开拓思路，探讨了不同产权性质下内部控制缺陷及整改对债务期限结构的影响，通过理论分析及实证检验，本文得出以下结论。第一，内部控制缺陷与债务期限结构显著地负相关，说明上市公司内部控制缺陷越严重，长期债务的比例越小，短期债务的比例越大，债务期限越短。第二，内部控制缺陷整改与债务期限结构显著地正相关，说明上市公司出现内部控制后积极整改，可以一定程度上提高内部控制质量，打消债权人疑虑，从而获取期限更长的债务期限。第三，上述两个相关关系均在国有企业中表现不显著，在非国有样本中表现显著，这说明国有公司中，债权人更加看重的是国有企业的政治联系，而会忽略内部控制缺陷隐藏着的风险信息，从而放松债务约束，不加区分地为其发放借款，尤其是长期借款。

针对上述研究结论，本文提出如下建议。第一，企业与监管机构共同努力，提高企业内部控制质量，延长债务期限结构，进而改善企业面临的筹资困境，债权人同样可以从在内部控制体系约束下进行的高质量投资项目获取利益，这是债权人与债务人的互利双赢局面。第二，规范内部控制披露。作者在收集公司的内部控制评价报告中管理层主动识别的缺陷，以及公开信息反应的缺陷信息时，发现有些公开信息中反应的缺陷信息，比如受到监管部门处罚、被出具非标准审计意见，并未被管理层识别出来，即当年内部控制评价报告中未披露内部控制缺陷。出现上述情况，有可能是因为上市公司对内部控制缺陷认定标准不明确、不具体所致。因此，为使内部控制能达到规范市场、提高公司信息质量、经营绩效的目的，必须规范内部控制披露现状，为信息使用者提供可靠的内部控制信息。第三，加速政企分开政策。上述结论三说明了在我国情境下，产权性质的影响仍旧很重大。对于国有企业，债务期限结构的很多约束因素可能会由于政治关系而得到“赦免”，这可能会增加公司的违约风险以及银行的不良贷款率，进而给资本市场带来风险。因此，政府应当减少对国有企业经营的干涉，逐步、尽快地实现政企分离，使国有企业脱离对政治关系的依赖，更加适应市场经济规律。同时，有必要深化国有银行体制改革，增强其独立性，使其能够平等、规范地对待各债务主体，使其能够行使债权人的合法权益，并承担规范市场的义务。

参考文献

[1] 肖作平．对我国上市公司债务期限结构影响因素的分析［J］．经济科学，2005，Vol. 27（3）：80－89.

[2] 余静文．国有企业与非国有企业信贷约束的差异研究——基于现金－现金流敏感度的分析［J］．当代经济科学，2011，33（5）：18－26，124.

[3] 程六兵，王竹泉．信贷歧视与银行股份制改革——基于借款逾期公司的经验证据［J］．财经研究，2015，41（6）：82－93.

[4] 孙铮，刘凤委，李增泉．市场化程度、政府干预与企业债务期限结构——来自我国上市公司的经验证据［J］．经济研究，2005（5）：52－63.

[5] 叶建芳，李丹蒙，章斌颖．内部控制缺陷及其修正对盈余管理的影响［J］．审计研究，2012（6）：50－59.

[6] 郭军，赵息．高管权力、制度环境与内部控制缺陷［J］．系统工程，2016（7）：73－77.

[7] 刘力涵．审计师质量对上市公司债务期限结构的影响［D］．南京大学，2015.

[8] MYERS S C. Determinants of corporate borrowing［J］. Journal of financial economics，1977，5（2）：147－175.

[9] JENSEN M C.，MECKLING W H. Theory of the Firm：Managerial Behavior，Agency Costs，Capital Structure［J］. Journal of Financial Economics，1976，3（4）：306－360.

[10] BARNEA A，HAUGEN R A，SENBET L W. A rationale for debtmaturity structure and call provisions in the agency theoretic framework［J］. The Journal of Finance，1980，35（5）：1223－1234.

[11] JENSEN M C. Agency Costs of Free Cash Flow，Corporate Finance，and Takeovers.［J］. American Economic Review，1986，76（2）：323－329.

Internal Control Deficiencies，State-owned Eenterprises and Debt Maturity Structure

Duan Qingqing

Abstract：This article taking the A-share listed company from 2011 to 2016 as a sample，using multiple regression，analyzes the effect of internal control deficiencies and their remediation on the debt maturity structure，and introduces the nature of property rights as a moderator for group inspection. The study finds that：the emergence of internal control deficiencies will shorten the company's debt maturity structure，and the more serious deficiencies are，the smaller the proportion of long-term debt is，and the shorter the debt maturity structure is. Then the remediation of Internal control deficiencies can improve the quality of internal control after deficiencies emerging to some extent, eliminate the doubts of creditors and thus obtain longer-term debt maturity. However, the above two correlations do not perform well in state-owned enterprises, which indicates that the state-owned property weakened the influence of internal control deficiencies and their rectification on the debt maturity structure.

Keywords: Internal control deficiencies, State-owned enterprises, Debt maturity structure

虫草资源与藏族农牧民家庭生计之间关系的实证分析

——来自西藏那曲地区嘉黎县的调查数据*

王璐瑶　廖桂蓉**

摘　要：本文通过分析嘉黎县50户农牧民家庭的定量和定性数据，主要考察虫草资源与藏族农牧民家庭生计之间的关系。我们重点探讨了三个问题：不同类别家庭与虫草收入的关系；不同村庄的家庭与虫草收入的关系；虫草采集量、虫草收入与家庭特征变量的关系。结果表明：虫草收入占家庭年现金收入的平均百分比为63%，虫草收入已成为当地农牧民家庭收入的核心；包括劳动力、受教育水平和本土知识在内的人力资本是采集虫草的重要因素，而富有、规模大、抚养比高、处于通讯和交通便利的村庄的家庭往往能够采集到更多的虫草，获得更多的收入。值得关注的是，虫草在给藏族农牧民带来大量现金的同时，也加剧了贫困问题结构化和生计问题脆弱化等问题。

关键词：虫草　藏族　农牧民　生计

一、引　　言

虫草（即冬虫夏草，藏语称为亚扎贡布）是青藏高原最具特色的生物资源之一，早在15世纪在藏医中就有记述，全球仅分布于中国、不丹、印度和尼泊尔四国。在中国，虫草已被定为濒危物种和国家二级保护珍稀物种，生长在海拔3000至5000米的高寒草甸地带，主要分布于西藏、青海、四川、甘肃和云南5个省（自治区）100多个县的夏季草场，其中主产区为西藏和青海，而最受市场青睐的则是西藏北部那曲地区以及与之比邻的青海藏区的虫草。在西藏，除阿里地区外的6个地市共41个县都有虫草分布，这些县分别是拉萨市的当雄、曲水、堆龙德庆、达孜和墨竹工卡5个县，昌都地区的昌都、江达、贡觉、类乌其、丁青、察雅、八宿、左贡、芒康、洛隆

* 基金项目：西南民族大学2018年研究生创新型科研项目“西南少数民族地区精准扶贫问题的实证研究”（CX2018SP157），四川省软科学项目“脆弱性视角下易地扶贫搬迁农户的后续生计与政策导向研究”（2017ZR0232）

** 王璐瑶（1995～　），河南南阳人，西南民族大学经济学院硕士生，研究方向：劳动经济学，电子邮箱：974703447@qq.com。廖桂蓉（1976～　），四川成都人，西南民族大学经济学院教授，经济学博士，研究方向：中国少数民族经济，电子邮箱：liosalv@163.com。

和边坝 11 个县，山南地区的乃东、桑日、曲松、措美、洛扎、加查、隆子和错那 8 个县，日喀则地区定日、定结、亚东、吉隆和聂拉木 5 个县，那曲地区的那曲、嘉黎、比如、聂荣、索县和巴青 6 个县，林芝地区的林芝、工布江达、米林、波密、察隅和朗县 6 个县（旺姆等，2012）。

由于虫草的采集和销售都是在民间进行的，要估算每年的虫草采集量和销售收入是非常困难的。西藏农牧厅草原监理站（2009）的统计数据显示，西藏自治区虫草的分布面积为6500 万亩，总资源量约为65 到70 吨，每年的采集量保持在 40 到 50 吨。德国学者温克勒丹尼尔（Winkler Daniel，2010）指出，1999 年到2009 年 11 年间，那曲地区虫草年平均产量为 17 吨，占西藏年平均产量的 38.8%；昌都地区为 16 吨，占 36.7%；林芝地区为 4 吨，占 9.2%；山南地区为 3.3 吨，占 7.5%；拉萨市为 1.8 吨，占 4.1%；日喀则地区为 1.6 吨，占 3.7%。虫草产量受气候变化影响波动较大，特别是与降雨量密切相关。2002 年，那曲地区的虫草产量达 23 吨，高于该地区年平均产量；而昌都地区的虫草产量低于年平均产量，仅为 12 吨。2007 年，那曲地区的虫草产量仅为 12.5 吨，低于该地区年平均产量；昌都地区的虫草产量则高于该地区年平均产量为 17.5 吨。2009 年，西藏虫草总产量只有大约 36 吨，为 30 年来产量最低的一年。

近年来，国内外一些学者分别从人类学、地理学和经济学等多个视角来分析虫草现象，其中也有学者分析研究了喜马拉雅地区的虫草经济现象及其对当地藏族社区经济社会发展的影响。据温克勒丹尼尔（2010）的保守估计，在西藏农牧区，家庭现金收入的 40% 来自于虫草收入；在虫草主产区，这个比例甚至高达 70% ~90%。旺姆、贡布扎西、卓嘎和旦巴等（2012）学者经调查研究认为，在西藏虫草主产区农牧民收入的 80% 以上来自于虫草，而且随着虫草总收入的持续增加，虫草收入对西藏农业总产值的贡献也在逐步加大；1999 ~2007 年，虫草收入对西藏农业发展的贡献率年均达到 10.84%。罗绒占堆（2012）也指出，“西藏自治区有 1/3 的农牧民群众的主要收入来自虫草资源，农牧民人均纯收入的 1/3 以上不是来自农牧业和其他产业，而是来自较为单一的虫草采集收入，虫草资源已成为影响西藏农牧民收入的一个重要资源。”

尽管国内外许多学者都在关注虫草资源及其对藏区农牧民生计的影响，但鲜有学者运用定量分析方法从家庭层面来考察虫草资源与藏区农牧民生计之间的关系。本文将使用入户访谈等方式调研数据，定量分析西藏那曲地区虫草主产区嘉黎县 5 个村 50 户藏族农牧民家庭的虫草生计功能，主要关注虫草在获得方面的异质性、虫草获得与家庭变量之间的关系、虫草采集数量和虫草收入的影响因子等。

二、研究区域、研究对象与数据来源

（一）研究区域

嘉黎县位于西藏中部偏东、那曲地区东南部、唐古拉山与念青唐古拉山之间，东连昌都地区边坝县和林芝地区波密县，南邻拉萨市当雄县、林周县、墨竹工卡县和林芝地区工布江达县，西接那曲县，北依比如县；距那曲地区所在地 211 公里，距拉萨市 537 公里；面积 13056 平方公里，耕地面积 4965 亩，平均海拔为 4500 米①；属藏北高原与藏东高山峡谷结合地带的高原山区，地势从西北到东南由高到低倾斜，受地形的影响，西北寒冷，东南温和，冬寒夏凉。嘉黎县属于高原亚寒带半湿润季风气候区，太阳辐射强、光照充足，常年平均气温 -0. 9 度；年、日温差较大，冬季降雪频繁，无霜期短；自然灾害多，危害较大。

2011 年，嘉黎县总人口为 3. 3 万人，乡村人口达 3 万人②。西藏自治区 2010 年人口普查资料显示，嘉黎县藏族人口占总人口的比重为 98. 1%，农业人口比重达 94. 1%，男女性别比为 103. 7；人口出生率为 23. 7‰，人口死亡率为 6. 4‰，人口自然增长率达到 17. 3‰；0 ~ 14 岁的人口占总人口比重为 34. 4%，少儿抚养比超过 55%。共有家庭户 6157 户，平均每户人口规模为 5. 2 人，平均每户住房间数为 3. 1 间，人均住房建筑面积为 27. 4 平方米。受教育水平低，平均受教育年限仅 3. 3 年，文盲人口占 15 岁及以上人口比重为 37. 6%③。嘉黎县经济以畜牧业为主，兼有少量种植业，主要饲养牦牛、绵羊、山羊、马、驴、骡等，种植业有青稞、春小麦、豌豆、油菜及马铃薯、萝卜等；经济林木有核桃、野梨等，药用植物有大黄、贝母、雪莲、麝香、虫草等，尤其虫草是驰名中外的贵重药材。

（二）研究对象

虫草是冬虫夏草菌寄生蝙蝠蛾科的幼虫而形成的僵虫与子座的复合体，生长在地表平均温度为 4. 4℃ ~9℃、昼夜温差大、无绝对无霜期、冻土时间长、日照充足、紫外线强的气候环境。虫草具有珍贵的药用价值，我国古代 70 多部中药学文献把虫草的功用归纳为："阴阳并补，治劳嗽膈症，诸虚百损；功与人参、鹿茸同，但药性温和，老少病虚者皆宜食用……。"新中国成立以来，我国有 200 多部药书详细记载了虫草的药效与用途，历部《中华人民共和国药典》记载其功用为："补肺益肾，止血化痰。用于久咳虚喘，

---

①② 资料来源于《2012 中国区域经济统计年鉴》。

③ 资料来源于《西藏自治区 2010 年人口普查资料》。

劳嗽咯血，阳萎遗精，腰膝酸痛。”随着国内外医学的发展和中药学在全世界的逐步普及，近年来发现的虫草功用及效果越来越广泛（农业部草原监理中心，2010）。

20 世纪 80 年代以来，受中国、东南亚、日本、韩国和美国市场需求不断增长的影响，虫草价格迅速上涨。20 世纪 70 年代，西藏虫草价格每斤仅为 10 元左右；到 80 年代，每斤虫草的价格已愈百元；到 90 年代，每斤已超过千元；2000 年以后，虫草价格飙升，次等质量的虫草价格每斤已突破万元，到 2007 年每斤虫草的价格已超过 5 万元；2008 年，受全球金融危机影响虫草价格显著下降，但到 2009 年虫草价格又很快回升到金融危机前的水平（罗绒占堆，2012）。现在的虫草真可谓是“寸草寸金”，在采集期内虫草产区几乎所有的劳动力都会加入到采集的队伍，上至五六十岁的老人，下至五六岁的儿童，并驻扎在产区的山里直到采集期结束。值得注意的是，由于虫草资源争夺战随其价格的飙升而愈演愈烈，致人死伤的冲突和群体性恶性事件时有发生，虫草争夺事件已经对当地的社会稳定带来了严重威胁。

（三）数据来源

2011 年 6 月至 8 月期间，课题组在嘉黎县 5 个村进行了入户访谈。为了保证调查信息的准确性和有效性，我们对家庭中的户主或参与家庭决策的人员以及了解并参与虫草采集和贸易的老人进行了访谈，访谈的目的旨在获得用于统计分析的可量化的家庭人口基本信息特征、虫草资源情况和家庭生计状况等数据资料。通过开放式提问和讨论获得的定性数据主要用于描述家庭的基本特性，如家庭历史、过去几年的收入、家庭生计状况和虫草资源采集量的变化情况等等，这些数据资料需要进一步整理和分析。我们还将村作为统计模型中的解释变量，试图说明村与村之间存在的差别。

本文所使用的数据主要是来自于课题组在嘉黎县所做的实地调研数据。需要检讨的是，由于嘉黎县虫草分布区特殊的气候和地理环境，调查并未采取严格的随机抽样方法来开展，而是主观上选取了嘉黎县的 5 个虫草分布村作为调查范围，每个村随机选取 10 户家庭作为调查对象，共对 50 户家庭进行了入户访谈。

三、研究方法与变量选择

由于嘉黎县的财富衡量标准与我们的标准有很大差异，我们吸纳了当地人的财富衡量标准，将房子的大小和牲畜数量等当地财富衡量指标列入了调查问卷。基于这些财富指标，我们将调查的农牧民家庭分为三类：贫穷家庭（n = 12），中等家庭（n = 27）和富有家庭（n = 11），并请村中的关键知情人来核实家庭分类情况。我们使用 R v. 2. 15. 3（R Development Core Team，

2013）软件来进行统计分析，运用广义线性模型（Generalized Linear Models，简称 GLMS）来探讨农牧民家庭特征变量对虫草采集量和虫草收入差异的影响。在进行统计分析前，将作为响应变量的虫草采集量和虫草收入进行平方根处理，指定虫草采集量和虫草收入的概率分布服从高斯分布。将赤池信息量准则（Akaike information criterion，简称 AIC）① 作为模型选择的基础，对模型的复杂度和模型拟合数据的优良性进行测量，以确保相关统计变量不会被贸然删除，并对候选模型进行排序。表 1 中，广义线性模型中解释变量的选择，是在参考了虫草资源与农牧民家庭生计关系方面的相关文献资料的基础上进行的。我们尽量选择看起来有意义的和有用的变量，并在研究地点进行田野考察来收集数据，试图通过分析收集到的数据资料探寻变量之间内在的相互依存关系。

表 1　　统计分析中需要使用的响应变量和解释变量

变量名称	变量解释	变量单位或性质
响应变量：		
虫草采集量	2011 年采集的虫草数量	克
虫草收入	2011 年每个家庭获得的虫草收入	元
解释变量：		
年龄	家庭户主的年龄	岁
非农工作	是否从事放牧或务农以外的非农工作	是/否
抚养比	抚养人口占有劳动能力人口的比重	低/中/高
教育	家庭中有一个或多个 16 岁以上成员受过小学或小学以上的正规学校教育	是/否
放牧	将饲养牲畜作为生计的一个来源	是/否
家庭规模	家庭人口数量	1 ~ 10 人
收入	2011 年的家庭全年现金收入	元
牧草地	家庭拥有的牧草地面积	亩
村庄	村子编号	1 ~ 5 村
家庭类别	根据本地人的理解来区分的富裕程度	贫穷/中等/富有

注：表中“抚养人口”是指家庭中 15 岁以下的儿童、60 岁以上老人以及不能参与家庭生产的伤残人员。

① 赤池信息量准则是由日本统计学家赤池弘次创立和发展的，建立在熵的概念基础上，是衡量统计模型拟合优良性的一种标准。

四、虫草资源与藏族农牧民家庭生计关系的统计分析

在虫草采集季节，我们调查的 50 户家庭中采集虫草的藏民几乎每天要花上 10 个小时在草原上搜寻，他们的采挖工具一般是镢头和小铲。为了不伤及虫体，他们在采挖时常常会将虫体周围的草皮连土一起挖起，然后将草皮和土抖落后取出虫草。在采集虫草的农牧民中，男女数量几乎相当，男性占 57% 和女性占 43%，其中 16 岁以下的占 20%。平均每户采集 274.4 克，中位数为 250 克，范围在 0 ~ 600 克之间。

（一）虫草与农牧民家庭类别

家庭类别往往和包括收入在内的其他家庭特征变量密切相关。富有家庭的人口数往往较多，几乎都有安排家庭成员放牧，而且基本都有受过正规学校教育的家庭成员。调研数据分析表明，50 户农牧民家庭的年现金收入平均为 28583 元（中位数为 26268 元，范围在 840 ~ 118819 元之间，n = 50）。富有家庭的家庭规模更大，人口抚养比更高，在富有家庭中，91% 的家庭都在放牧，仅 1 户家庭没有放牧，91% 的家庭受过正规学校教育，仅 1 户家庭没有受过正规学校教育。饲养牲畜数量最多的是中等家庭，89% 的中等家庭采取了放牧的生计策略，其家庭规模虽不及富有家庭但仍大于贫困家庭。贫困家庭的人口数量最少，抚养比最低，饲养的牲畜数量也最少，受教育水平低（见表 2）。

表 2 三种不同类别家庭的家庭特征

家庭类别	数量（户）	平均收入 ± SD（元）	家庭规模 ± SD（人）	放牧家庭比例（%）	受过教育的家庭（%）	牲畜数量 ± SD（头）	抚养比（%）
富有家庭	11	52912 ± 32567	6.73 ± 1.8	91	91	49.73 ± 30.6	89.4
中等家庭	27	25945 ± 4925	5.93 ± 2.1	89	78	52.59 ± 38.2	81.9
贫困家庭	12	12218 ± 5634	3.00 ± 1.7	67	58	17.50 ± 17.8	62.5

2011 年，调查的 50 户家庭中虫草收入占家庭年现金收入的平均百分比为 63%（中位数为 72%，范围在 0 ~ 94% 之间，n = 50），可以说虫草收入已成为当地农牧民家庭收入的核心，但不同类型家庭之间仍存在着显著差异（Kruskal - Wallis 检验：$K = 16.69$，$df = 2$，$p < 0.001$）。富有家庭的虫草收入明显多于其他家庭，但其虫草收入占家庭年现金收入的平均百分比却低于其他家庭。富有家庭的现金收入来源明显多元化，除了大部分的收入来自虫草外，还有一部分收入来自放牧、交通运输等。贫困家庭从虫草中获得的收

入明显偏少，但却占到他们较小收入的 70% 以上，而剩下的收入则主要来自于政府或亲戚的救济金、低保或当临时工（主要从事建筑工作）。中等家庭则介于富有家庭和贫困家庭之间（见图 1）。

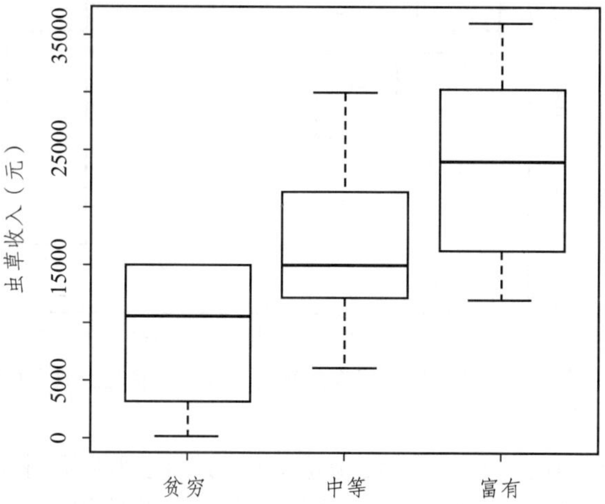

图 1　不同类别家庭的虫草收入情况

注：箱框的顶部和底部分别表示四分位数的下限和上限，在箱框中的直线表示的是中位数，垂直线的顶端为最大值，圆圈表示离群值。

（二）虫草与不同村庄的农牧民家庭

从 5 个村庄来看，虫草收入在各村庄之间有着显著性差异（Kruskal – Wallis 检验：K = 28.621，df = 4，p < 0.001）。虫草收入占家庭年现金收入的比重在各村庄之间也有显著性差别（Kruskal – Wallis 检验：K = 26.994，df = 4，p < 0.001）。从家庭平均值来说，3 村农牧民家庭的虫草采集量最多、虫草收入最高，远远超过其他 4 个村庄家庭的虫草采集量和虫草收入；而 1 村家庭的虫草采集量和虫草收入都是最低的；5 村的家庭虫草收入占比的分布情况很分散，其他 4 个村庄的家庭虫草收入占比的分布情况则相对比较集中；1 村、2 村和 5 村家庭的虫草收入占年现金收入的平均百分比不超过 60%，3 村和 4 村则超过 80%（见图 2）。

3 村和 4 村由于通电、通电话、能接收电视节目，而且距最近的乡镇政府、小学、卫生站均很近，仅 2 ~ 5 公里，足不出户就能了解到成都和广州的虫草市场行情，也可以方便快捷地到乡镇集市上去卖掉虫草。另外，3 村的平均家庭人口规模数量较多、抚养比较高、受教育水平也较高，这些都是其虫草采集量和虫草收入较多的因素之一。1 村和 2 村却不通电、也不能接收电视节目，1 村甚至不通电话，使得本村居民不能做到足不出户就能了解到虫草的价格信息。而且 1 村、2 村和 5 村距最近的乡镇政府、县城、车站

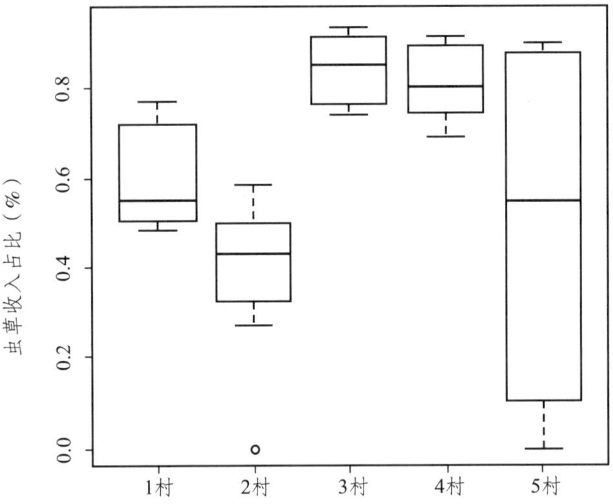

图 2 各个村庄的农牧民家庭虫草收入占家庭年现金收入的比重

所在地距离都在 20 公里以上，使得这些村的居民也不便到乡镇、县城等市场去销售虫草，很多农牧民只得在采集地点以较低价格卖掉虫草。另外，1 村各家庭的人口规模整体较小、人口抚养比较低，这些也是其虫草采集量和虫草收入最低的原因。

（三）虫草与农牧民家庭特征

在访谈中我们了解到，不同品种的虫草质量也会不同。饱满肥壮、金黄色、个头大的虫草品质往往更好；那些在高海拔地区采集的虫草会被认为品质更高，而那些在森林中发现的虫草则不值钱；不同时令采集的虫草品质也会不同。采集虫草的藏民往往有着丰富的经验，知道在什么时候、什么地方会采集到数量更多、品质更好的虫草。在 6 月下旬或 7 月初，藏民们往往会转移到更高的山上去采集虫草，因为虫草的采集期随海拔和纬度不同而不同，通常海拔越高、纬度越高，虫草的采集期越向后推迟。

考虑到在当地的现金经济严重依赖虫草，故而我们未将家庭收入纳入统计模型变量当中，以避免循环。我们将年龄、非农工作、家庭规模、家庭类别、牲畜数量、抚养比及牧草地 7 个变量列入广义线性模型中，用来解释各家庭户之间虫草采集量的差别（表 3）。结果显示模型一与模型二的 AIC 值差异显著，而模型一因为所需变量更少所以更优，其参数估计结果如表 4 所示。统计分析结果表明，家庭规模和家庭类别是虫草数量和虫草收入最重要的影响因素（模型加权平均值为 0.98），然后分别是非农工作（0.88）、牲畜数量（0.79）、抚养比（0.22）。

表 3　　　　2011 年虫草采集量的广义线形模型统计表

年龄	非农工作	家庭规模	家庭类别	牲畜数量	抚养比	牧草地	方差解释（%）	AICc	Delta	Weight
	+	+	+	+			52.00	285.12	0.00	0.4483
	+	+	+	+	+		52.96	286.83	1.71	0.1906
+	+	+	+	+			52.01	287.83	2.71	0.1156
	+	+	+				46.43	288.02	2.90	0.1053
		+	+	+			44.05	290.19	5.07	0.0355
+	+	+	+				46.44	290.61	5.49	0.0289
		+	+			+	42.96	291.16	6.04	0.0218
		+	+		+		52.96	291.18	6.06	0.0216
		+	+		+	+	44.94	291.99	6.87	0.0117

注：+表示该变量已被列入在模型中。AICc 是对赤池信息量准则（AIC，是衡量统计模型拟合优良性的一种标准）的修正。在样本小的情况下，AIC 就转变为 AICc；当 n 增加时，AICc 就收敛成 AIC；所以 AICc 可以应用在任何样本大小的情况下（Burnham and Anderson，2004）。Delta AICc 用来测量模型与最优模型的差异。

表 4　　　　2011 年虫草采集量最优模型参数估计表

$R^2=0.52$，Adjusted $R^2=0.4774$，$F=12.19$，$df=4$，$P<0.001$，$n=50$				
	Estimate	SE	t	P
截距	5.45312	1.76221	3.094	0.003385 **
非农工作（是）	−3.53448	1.29459	−2.730	0.009004 **
家庭规模	1.28447	0.42755	3.004	0.004339 **
家庭类别	3.50498	0.98986	3.541	0.000941 ***
牲畜数量	−0.06043	0.02645	−2.285	0.027087 *
***，$P<0.001$；**，$P<0.01$；*，$P<0.05$				

由表 4 可以看出，从事非农工作对虫草采集量呈负影响，即从事非农工作的家庭采集的虫草数量较少，获得的虫草收入也较少。家庭规模、家庭类别与虫草采集数量之间呈正向关系，即家庭规模越大、家庭富裕程度越高，家庭采集的虫草数量就越多，相应地获得的虫草收入也越多。家庭牲畜数量对虫草采集量呈负影响，即牲畜数量越多的家庭虫草采集量反而越低，获得的虫草收入也越少。

五、结论与启示

生活在西藏自治区嘉黎县的藏族农牧民的生计高度依赖于当地生态系统提供的自然资源，尤其依赖于高度商品化和能够为其带来可观经济收益的虫草。虫草的获得反映了藏族农牧民的家庭特征、人力资本水平和草原习性等，也凸显了藏族农牧民贫困问题的结构化和生计的脆弱性等问题。

（一）结论

包含劳动力、受教育水平和本土知识在内的人力资本是最重要的虫草采集因素。众所周知，青藏高原等高海拔地区空气中氧气的平均含量约为海平面的 60%，生活在低海拔地区的人来到这里通常会引起一系列不良的高原反应症状，而藏族农牧民因为其自身体格原因能够适应高海拔地区的低氧环境，因而虫草的采摘环节几乎都是由藏族农牧民来完成的。藏族农牧民由于传承了祖先的生产生活经验，他们能够巧妙地将虫草采集与放牧有机地结合起来，放牧的生产生活方式能够让他们更有可能到有虫草生长的草原上去，也更了解哪些草原可能生长着虫草。他们将虫草等大自然提供的产品作为应对生计风险的一个强有力的经济基础，而丰富的采集经验让他们在虫草采集方面更具优势。而那些会计算和识字的农牧民则在讨价还价方面处于更有利的地位，因为要和汉人做生意，会说普通话也是一个必需的条件，所以那些受过学校教育的藏族农牧民往往也能够争取到更好的虫草价格。另外，那些能够前往更高海拔地区的身体强壮的藏族农牧民往往在采集虫草方面具有更大的优势，因为在海拔越高地区采集的虫草往往质量更高，能够卖到更高的价钱。

虫草数量、虫草收入与家庭规模、家庭类别、抚养比在内的家庭人口特征密切相关。过去，在偏远的藏族牧区，人多畜少是导致农牧民家庭贫困的一个重要原因。而现在，富有的家庭往往是那些家庭规模较大、孩子数量较多、抚养比较高的家庭。因为虫草采集主要依靠劳动能力，规模较大的家庭往往因为拥有更多的家庭成员而能够采集到更多虫草，从而获得更多收入。孩子也是农牧民家庭采集虫草的重要劳动力资源，为了方便孩子跟随家人上山采集虫草，虫草主产区的多数学校在虫草采集时期都要停课，孩子们在前面找虫草，大人们跟在后面采掘虫草，充分展现了人多眼多在采集虫草中的绝对优势。另外，那些能够派出家庭成员到乡镇或县城去卖虫草的大家庭，往往也会获得更高的价格，而在高原采集点出售的虫草往往会更便宜。那些规模较大的家庭也能够应付虫草的高层次竞争，他们的家庭成员更有可能通过长途跋涉到更远的地方或更高海拔的地区来获得高品质的虫草，从而获得更多的虫草收入。

（二）启示

虫草价格的飙升缓解了藏族农牧民的绝对贫困，但其贫困问题却进一步结构化。1993 年嘉黎县还是西藏仅有的 5 个国家级贫困县之一，农牧民人均纯收入只有 431 元，位列西藏倒数第三，农牧民的生活十分贫困。但是随着虫草价格的飙升，加之虫草资源的采集权归当地农牧民所有，这个贫困县发生了根本性的逆转，据罗绒占堆的保守估计，2008 年嘉黎县农牧民人均纯收入已突破 6000 元，远远超过当年西藏的农牧民人均纯收入水平（3176 元）。尽管虫草收入让藏族农牧民得到了最大最直接的实惠，缓解了农牧民的绝对贫困问题，但也扩大了农牧民收入的差异，导致农牧区出现了贫富悬殊等社会问题。我们常常会将藏族农牧民的贫困问题归咎于其“懒散”的本性，但这种解释往往忽视了参与市场经济所必需的资金资本和社会资本。虽然虫草收入给农牧民带来了资金资本，却无法逆转其在社会资本和文化资本方面的劣势，而广大藏族农牧区也很难提供资金资本向其他资本转化的路径。“市场机制难以抹平藏族起步时的劣势，往往还拉大了原来的差距，并使大部分藏民的贫困问题结构化。近年来虫草产区的农牧民对虫草收入的严重依赖恰恰反映了这一结构性问题的加剧（梁雅茜，2012）。”

虫草经济让藏族农牧民融入地区、国家甚至国际经济圈，但其生计却进一步脆弱化。由于生态地理环境的限制，藏族农牧区很难像其他低海拔地区一样通过大力发展农业和工业来推动 GDP 的高速增长。又由于受教育水平低和语言障碍等因素影响，藏族农牧民也很难在市场竞争中获得优势地位。但因为虫草，居住在海拔 3000 米以上的边远山区的藏族农牧民，“被市场经济的洪流卷进一条跨越民族边界甚至国境的漫长商品链中。这条商品链从源头‘世界屋脊’流出，顺着地势自西向东奔流，在全球化的洋流下漂洋过海，一直流到日本、韩国甚至洛杉矶（梁雅茜，2012）。”虫草将藏族农牧民整合到全球经济网络中，并为他们提供必要的产品和现金。尽管虫草给农牧民带来了可观的经济效益，但经济的转型也使得大多数农牧民家庭的生存基础减弱。随着市场机制的日益深化，农牧业生产资料和农牧民生活用品的价格上涨速度远远快于农牧民收入增长的速度，大多数家庭的农牧业产品甚至不能自给自足，可利用草场的不足也导致大多数牧民不能再依靠单一的游牧生活来维持生计。于是，藏族农牧民便依靠采集虫草这种独特的资源来平衡收入，在农牧区甚至已出现了一批主要依靠采集虫草来支撑生计的农牧民。相比较于低工资和条件恶劣的劳动力市场，采集虫草不需要任何技术，也不存在语言和教育水平的劣势，更不需要起步资金，而且能在短时间内获得巨额现金收入，因此，藏族农牧民往往会放弃外出打工的念头而以采挖虫草为主要营生。另外，由于升学率（尤其是高考）偏低和就业形势严峻，很多孩子读了书之后还是“升学无门、就业无路、务农（牧）无技能”，藏族农牧民对让孩子上学也没有太大热情，家长们这种功利性的价值观和态度又会进一步削弱孩子们的市场竞争力。综上所述，收入结构的单一化和对国内外虫草消费者的严重依赖，使得藏族农牧民的生计在市场波动中愈发脆弱。

参考文献

[1] 卓嘎，罗章，旺姆．西藏冬虫夏草资源的可持续利用中存在的问题及对策［J］．现代农业科学，2008（5）：29－31.

[2] 西藏自治区农牧科学院．西藏高原草地畜牧业应对气候与全球变化研讨会论文集［M］．西藏人民出版社，2012.

[3] 西藏自治区草原监理站．西藏自治区冬虫夏草管理工作汇报［Z］. 2009.

[4] DANIEL WINKLER. "Caterpillar fungus（ophiocordyceps sinensis）production and sustainability on the Tibetan plateau and in the Himalayas," *Chinese Journal of Grassland*, Vol. 32：96－108，2010.

[5] 罗绒战堆．一次合作研究对西藏农牧民生计的影响［J］．中国藏学，2012（4）：85－90.

[6] 农业部草原监理中心．青海省冬虫夏草调查报告［Z］. 2010.

[7] *R Development Core Team*：R：A Language and Environment for Statistical Computing. *R Foundation* for *Statistical Computing*，*Vienna*，*Austria*，2013.

[8] 梁雅茜．虫草、藏药与西藏的全球化［J］．文化纵横，2012（2）：56－63.

Empirical Analysis on the Relationship between Caterpillar Fungus and Household Livelihoods of Tibetan Farmers and Herdsmen

——The Survey Data from Lhari County in Naqu Prefecture of Tibet

Wang Luyao Liao Guirong

Abstract：Using quantitative and qualitative data from 50 Tibetan households in Lhari County，we explored the relationships of households with caterpillar fungus：We examined（1）the relationships of households in the three wealth categories with income of caterpillar fungus，（2）the relationships of households in the five villages with income of caterpillar fungus，and（3）the relationships of Characteristics of households with caterpillar fungus amount and income. The mean percentage of household cash income earned from caterpillar fungus was 63%，and caterpillar fungus income has become the core of household income of the local farmers and herdsmen. Overall access to caterpillar fungus was related to human capital，such as education、 labor and Indigenous knowledge. Wealthier, larger, pastoralist households with higher dependency ratios tended to collect more caterpillar fungus. Notably, caterpillar fungus not only gives the considerable economic benefits to Tibetan farmers and herdsmen, but also brings many problems such as structural poverty and livelihood vulnerability.

Keywords: caterpillar fungus, Tibetan, farmers and herdsmen, livelihoods

国内规制经济学二十年研究进展与热点分析

谢 思 王 喆*

摘 要： 本文利用中国知网 CSSCI 数据库，从发文数量、发文期刊与机构角度分析我国规制经济学近二十年的研究概况。同时，对 1998 ~ 2017 年我国规制经济学的研究热点进行总体性分析，发现研究多集中于“金融监管”、“环境规制”与“食品安全”三个方面，各领域内研究主题与方法不断扩展。通过研究热点的阶段性分析，发现规制经济学的研究重点与整个监管体系的变迁密不可分。基于监管机构再次改革、社会主要矛盾转化、共享经济到来等，提出规制经济学未来的研究重点与方向。

关键词： 规制经济学 热点分析 阶段分析 政府机构改革

中共十九大提出，我国经济已由高速增长阶段转向高质量发展阶段，正处在转变发展方式、优化经济结构、转换增长动力的攻关期。具体来看，国有企业改革、市场准入负面清单实施、人民生活水平提高、生态文明建设等问题，都是未来工作的重点，而这些领域的内容与规制经济学密不可分。我国对规制经济学研究起步较晚，许多方面需要在借鉴国外相关理论的基础上，结合中国实际进行深入研究。同时，随着社会主义市场经济的建立及逐渐完善和政府简政放权的不断深入，各部门对有效监管的需求日益强烈，规制经济学的学科地位与实际应用价值都在急剧提高。因此，对规制经济学的研究进展与热点问题进行梳理，分析其研究前沿，有助于明晰我国规制经济学的发展脉络以及未来研究方向。

一、我国规制经济学近二十年研究概况

为分析我国近二十年规制经济学研究状况，本文利用中文社会科学引文索引（CSSCI）进行搜索。由于“规制”一词来源于英文 Regulation，其在学术界通常被翻译为“规制”“管制”“监管”等相似词汇，它们在本质上

---

* 谢思（1992 ~ ），辽宁沈阳人，辽宁大学经济学院博士研究生，研究方向：规制经济学，电子邮箱：1017828289@ qq. com。王喆（1994 ~ ），河南周口人，辽宁大学经济学院硕士研究生，研究方向：规制经济学。

都是一致的。因此，本文选取 1998～2017 年 CSSCI 收录的篇名中含有“管制”“规管”“规制”“监督管理”或“监管”的论文作为代表规制经济学领域的文章，即本文的研究对象。

（一）发文数量

基于中国知网 CSSCI 期刊数据库的“篇名”进行检索，截至 2017 年末，共发表约 14764 篇规制经济学论文。从时间上来看，1998 年至 2000 年，论文数量变动较小；2001 年至 2010 年论文数量不断上升；2011 年至 2017 年，论文数量在 1000～1200 篇内上下波动（图 1）。2001 年 11 月，我国正式加入世界贸易组织（WTO），市场经济呈现全球化发展，从而对监管能力、监管体系有更高的要求，规制经济学论文在此后开始逐年增加。2007 年十七大报告对监管有了进一步要求，包括深化垄断行业改革，引入竞争机制，加强政府监管和社会监督；推进公平准入，破除体制机制障碍；坚持安全发展，强化安全生产管理和监督等等。2008 年金融危机全面爆发、奶制品污染事件频繁曝光、国务院机构进行改革等等事件，引发了学术界对监管问题的深思。因此在 2007 年以后，规制经济学论文数量急剧上升。2010 年以后，论文数量整体趋于平稳，无大幅度增长。具体分类来看，“规管”论文数量趋近于零，可忽略不计。“监督管理”论文数量较少，“管制”论文数量呈先上升后下降的趋势。“规制”与“监管”是规制经济学学者最常用的两个词汇，2014 年以前，“监管”论文数量始终居于榜首，但近几年，被“规制”论文反超，“规制”论文数量一直呈现增长趋势（图 2）。

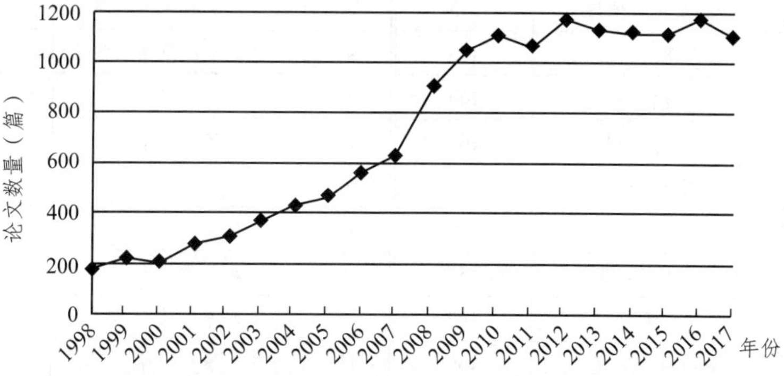

图 1　1998～2017 年规制经济学领域论文数量

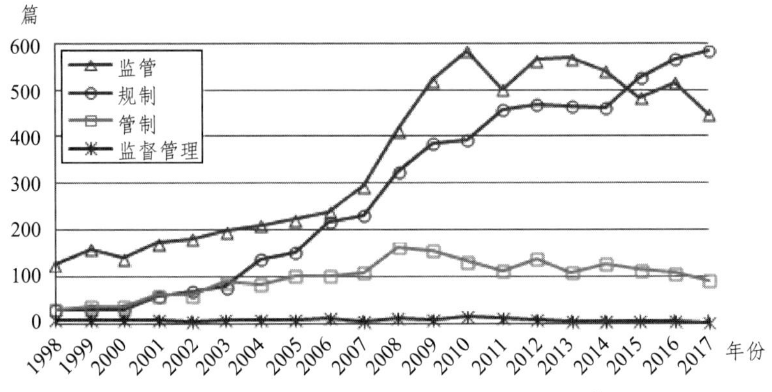

图2 1998～2017年四类论文数量变化趋势

（二）发文期刊与机构

由表1可知，1998～2017年发文最多的期刊主要有《中国金融》《上海金融》《价格理论与实践》等，发文数量排名前十五的期刊共发表论文2981篇，约占总发文量的五分之一，说明这些期刊一定程度上致力于规制经济学的研究。发文数量排名前十五的机构共发文4067篇，约占发文总量的28%。这些机构大都为“双一流”大学，为我国规制经济学的发展做出了巨大贡献。

表1 1998～2017年发文数量排名前十五的期刊与机构

序号	期刊	发文数量	序号	机构	发文数量
1	中国金融	563	1	中国人民大学	573
2	上海金融	410	2	武汉大学	400
3	价格理论与实践	213	3	北京大学	338
4	河北法学	175	4	中南财经政法大学	282
5	环境保护	169	5	上海财经大学	268
6	生产力研究	163	6	南开大学	267
7	中国行政管理	159	7	吉林大学	263
8	国际金融研究	159	8	南京大学	262
9	证券市场导报	154	9	西安交通大学	259
10	求索	142	10	华东政法大学	244
11	财经问题研究	139	11	厦门大学	236
12	中国工业经济	138	12	中央财经大学	229
13	法学	135	13	复旦大学	224
14	当代财经	134	14	西南政法大学	222
15	金融研究	128	15	对外经济贸易大学	220

二、热点分析

（一）总体分析

本文根据论文中出现的关键词，进行规制经济学的热点分析。由图 3 可知，在 1998～2017 年的二十年间，排名前 5 位的关键词为“监管”“金融监管”“环境规制”“规制”与“法律规制”。从排名前 15 位的关键词来看，二十年间，我国规制经济学研究的热点领域主要包括金融、环境与食品三大方面。

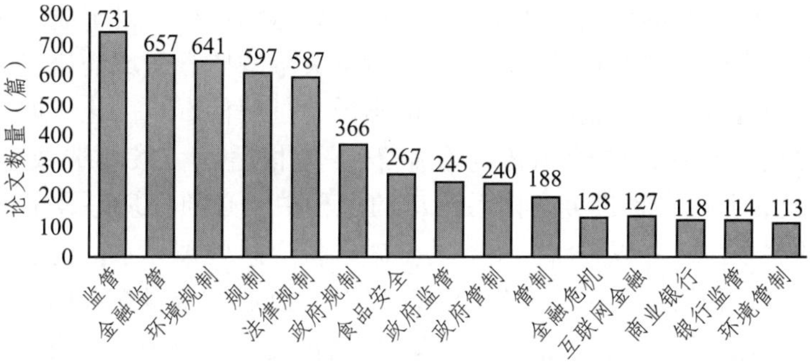

图 3　1998～2017 年规制经济学论文排名前 15 位的关键词

1. 金融监管

金融产业是由金融机构所构成的一种行业，这些金融机构在金融市场上经营各种金融产品，为经济的运行提供各种必要的金融服务。然而由于这一产业具有信息不对称、自然垄断与外部性三个市场缺陷，因此有必要对其进行金融监管。在这一问题上，存在两个相对立的派别，即金融监管学派与自由银行学派。从理论上来看，金融业历经“自由—管制—自由—监管”多个阶段。[1] 自 20 世纪 30 年代以来，金融业由自由发展转向管制，而在 20 世纪 70 年代，自由化开始回归。在这一时期，“金融抑制”被认为是造成发展中国家经济落后的罪魁祸首，因此主张金融自由化，坚持效率优先，以促进金融业的发展，从而带动经济繁荣。在 20 世纪 90 年代，自由化依旧没有弥补市场的缺陷，一些学者认为政府适当干预是必要的，主张安全与效率并重，自由化越是发展，金融监管理应更加严格。实际上，金融自由化并没有否定金融监管的基础，反而增加了金融监管的现实意义与必要作用。因此，为规避与化解金融风险，实施有效的金融监管是 90 年代全球性的重大课题。对此，我国学者进行了大量研究，并探寻金融体制改革的方向。张庆珍、温树英认为，加强金融监管是国际金融趋势，是我国加入 WTO 后防范金融风险的必要手段，也是金融体制改革的重要内容。必须坚持正确原则，通过建立健全法律体系，提高金融监管水平。[2] 在监管技术上，采用激励相容制度方案；在监管理念上，从猫与老鼠的对立关系转变为脑与四肢的协同关系；在监管模式上，主张功能型监管；在监管机制上，从单一监管转变为多样化监管。[3] 我国从 1996 年开始，开展了一系列整顿金融秩序的工作，采取多种措施防范金融风险，把中央银行当做“消防队”，四处救火，导致原本分散的风险都集中于中央银行自身。同时，在金融全球化的国际背景与经济转型的国内背景下，我国金融风险不断扩大。对此，一些学者提出要稳步推进金融自由化，使金融运行逐渐转移到市场机制的基础上，同时加强中央银行的宏观调控与总揽全局的监管能力。

2007 年美国爆发次贷危机，并迅速发展为影响全球的金融危机，金融监管面临着前所未有的挑战。从监管的角度反思这场危机，对于改进我国的金融监管具有十分重要的意义。随后，大量有关金融监管领域的研究，都是围绕这一主题进行。美国金融监管失灵的本质是过度信奉自由化，加之监管重叠与空白领域并存，监管主体与金融发展不相适应，最终造成危机的爆发。[4] 因此，我国在推进金融体系改革的过程中，必须处理好金融创新与风险控制的关系，建立以政府为主导的金融危机应急处理体系，构建金融机构的评级制度，积极参与国际合作等。2013 年，互联网金融在我国兴起，2015 年后开始迅速发展，“影子银行”“P2P 网络信贷”等成为了热门词汇。几年中，网贷平台频繁出现跑路现象，这与金融创新和金融监管之间的矛盾不无关系。一方面，互联金融飞速发展，金融创新日新月异；另一方面，金融监管严重滞后甚至在存在灰色地带。因此，加大互联网金融监管改革力度成为重中之重。同时，金融“脱媒”后，风险特点发生转变，信息的公共属性增强，必须加强互联网金融市场的透明度，建立健全相关征信系统，提高监管效率。[5] 通过相关文献梳理可知，对于金融监管的研究，具有明显的阶段性特点，金融监管改革的重点也在不断变化（图 4）。

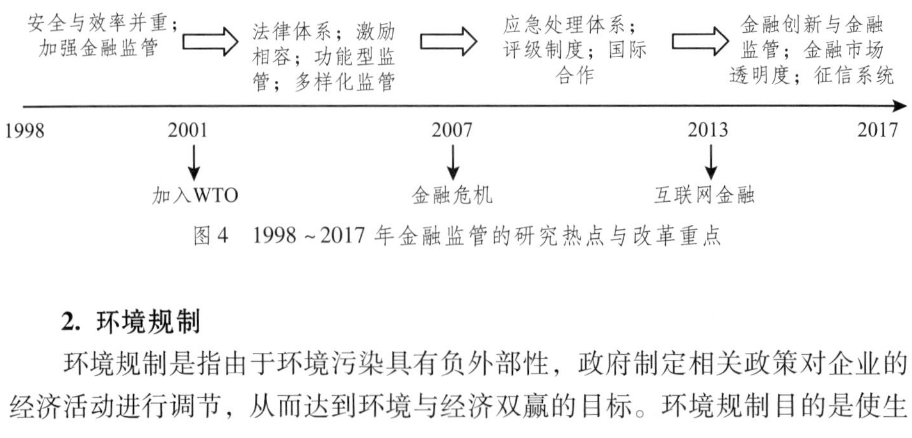

图 4　1998 ~ 2017 年金融监管的研究热点与改革重点

2. 环境规制

环境规制是指由于环境污染具有负外部性，政府制定相关政策对企业的经济活动进行调节，从而达到环境与经济双赢的目标。环境规制目的是使生产者与消费者在做出决策时考虑到外部成本，以使他们的行为调节到社会最优化生产与消费的组合。[6] 20 世纪 70 年代，环境规制作为社会性规制的一部分，开始被人们广泛关注。从理论上来看，第一位把环境问题进行经济学分析的经济学家是庇古，他提出的庇古税在一定程度上解决了环境的外部性影响。20 世纪 60 年代，科斯从产权的角度为环境的外部性问题提供了另一种思路。随后，大量学者从公共经济学角度出发，提出各种政策意见解决环境问题的市场失灵。20 世纪 80 年代后，委托代理理论、信息经济学等现代经济学理论与方法被应用其中，环境规制理论进一步深入。从规制手段上来看，传统的环境规制以命令控制性为主，随后以市场为基础的激励性手段开始被应用，之后自愿性环境规制、隐性环境规制开始出现。从内容上来看，是否进行环境规制不是研究的重点，如何使环境与经济协调发展才是研究的主题。对此学术界产生两种观点，即“遵循成本说”与“创新补偿说”。学者们从各种角度，应用不同方法，试图论证环境规制与经济发展的关系，找出二者共同发展的破解之道。

我国关键词为“环境规制”的规制经济学领域内的文章，2002 年才开始出现（图 5）。2001 年，我国加入 WTO，随后对环境规制的研究多集中于它与国际分工的关系或对对外贸易的影响。我国与其他国家的环境规制存在差异，会对国际贸易产生一定影响。当环境规制较严格时，我国会进口更多的污染密集性产品；当环境规制较宽松时，我国会向发达国家出口更多污染密集性产品。[7] 2005 ~ 2011 年，我国环境规制论文数量快速增长。2005 年后，我国进入环境污染事故的高发期，环境问题呈现地域广、影响大、频率高的趋势。松花江重大水污染、河北白洋淀死鱼、太湖污染、巢湖滇池蓝藻等一系列重大事件的爆发，对人民生活与经济发展都产生重大影响。2007 年，中共十七大报告在全面建设小康社会奋斗目标的新要求中，第一次明确提出了建设生态文明的目标，环境问题被提升到了新的高度。2010 年后，低碳经济开始进入环境规制的研究视角。因为产业结构是影响低碳经济发展的重要因素，因此，要构建低碳产业机构，政府环境规制必须有效介入。[8] 2012 ~ 2017 年，我国环境规制论文数量急剧上升。2012 年，中共十八大报告把生态文明建设放在突出地位，并将其纳入中国特色社会主义事业“五位一体”的总布局。2013 年“雾霾”成为年度关键词。2014 年国家减灾办、民政部第一次把损害健康的雾霾天气纳入 2013 年自然灾情进行通报。在此期间，有关空气污染，尤其是雾霾的研究成为环境规制新的课题。2015 年，十八届五中全会创造性地提出了绿色发展理念，并把它作为指导未来我国经济与社会发展的五大理念之一。此后，“绿色技术创新”“绿色生产率”等成为新的研究重点。2017 年，中共十九大报告把生态文明建设提升为“千年大计”，同时将“美丽”一词纳入国家现代化目标之中。通过文献梳理发现，一直以来我国对环境规制的研究多集中于环境规制对外商直接投资、技术创新、企业竞争力、特定产业等的影响，应用一系列研究方法对全国、各区域或某一省份进行具体研究。同时，随着环境问题的不断出现与国家大政方针的推出，生态环境的地位不断提升，新的研究内容不断出现（图6）。

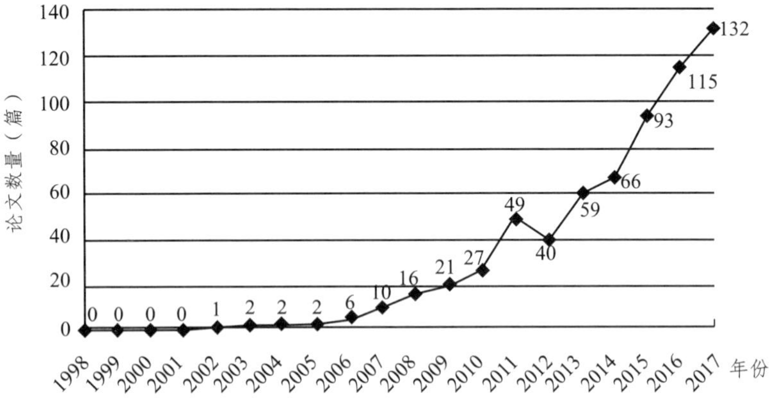

图 5　1998～2017 年环境规制论文数量

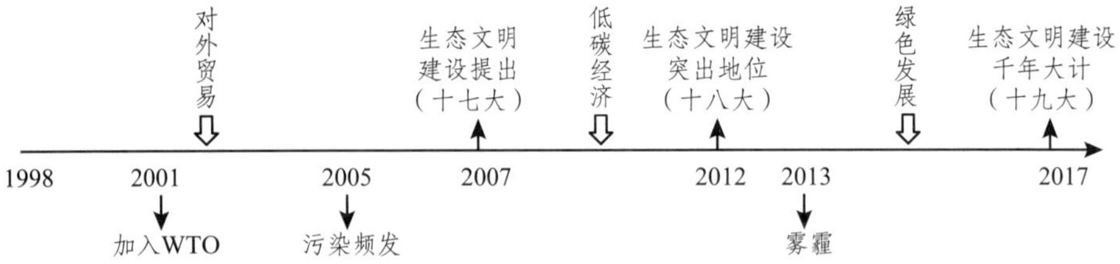

图 6　1998～2017 年环境规制的社会背景与研究热点

3. 食品安全

造成食品安全问题的根本原因在于信息不对称，即生产者与消费者对某一产品信息的了解程度不同而导致市场失灵。具体来看，食品安全问题大致分为两种类型：一种是“无良”，即在农产品种植、食品加工、经营等各环节中，金钱利益驱使下的企业在投入物选取和用量上不守承诺而导致的食品安全问题；另一种是“无知”，即由于管理疏漏、无知或现有技术的局限性而导致的食品安全问题。从整体看，我国食品安全问题多数表现为“无良”，需要依靠监管的力量来解决。

2004～2008 年，“劣质奶粉事件”“苏丹红事件”“三聚氰胺事件”等大型食品安全事故频发，引发了学界对于我国食品安全监管的反思。这一时期，研究的问题集中于两个方面：一是对他国食品安全监管体系的研究；二是对我国食品安全监管存在问题及对策研究。普遍认为，法律法规不健全、食品安全标准不完善、监管部门众多但缺乏协调统一等是造成我国食品安全监管不利的主要原因。因此，加强食品安全立法、明确统一的食品安全标准、一体化监管是改革的方向。同时，主张多元监管模式，提倡第三方力量参与。第三方力量能够影响食品安全公共政策的制定、降低食品安全公共产品供给的成本、培育公民、企业与社会的食品安全公共意识。[9] 2009 年，我国颁布了《食品安全法》。从《食品卫生法》到《食品安全法》不仅体现了立法形式与内容的改变，更体现了监管理念与思想的转变，然而，分段监管的模式并没有改变。此后，食品安全从对危机的应对转移到对风险的规制。事后的危机应对无法解决根本问题，因此必须树立风险规制意识，设立安全预警制度，加强风险教育。2013 年，我国的大数据时代到来，食品安全监管开始发生智能化变革，随后有大量学者对此进行研究。利用大数据技术，食品安全监管向全产业链监管、循“数”监管和全方位监管转变，因此，智能化监管机制急需建立完善。[10] 同时，物联网技术也普遍被应用于食品安全监管中，创造出全新的物联网管理模式。应用新兴技术，食品的追溯体系得以真正建立，信息不对称情况得到部分缓解，多元监管才能更好落实。2015 年新修订的《食品安全法》开始实施，在原有法律的基础上，进一步完善统一权威的食品安全监管机构，从分段监管过渡到食药监部门统一监管；更加强调预防为主、风险防范，新建立责任约谈、风险分级管理等重点制度；实施食品安全共同监管，充分发挥媒体、消费者等各个群体在食品安全治理中的作用等。新修订的《食品安全法》也对农药使用、婴儿配方奶粉、网购食品等社会关注的问题作出了回应，同时，加大了对食品安全违法行为的处罚力度。通过文献梳理发现，对于食品安全监管，学者们不断提出新的改革思路与方向，相关立法也在不断修订完善，新兴技术如大数据等的出现，进一步推动了食品安全监管的革新（图 7）。

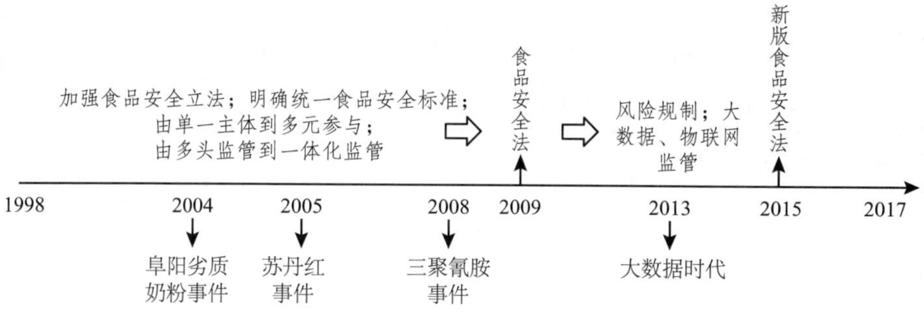

图 7　1998 ~ 2017 年食品安全的研究热点与改革重点

（二）阶段分析

1. 1998 ~ 2001 年

自 CSSCI 成立到 2001 年，我国规制经济学领域论文的关键词多为经济性规制，包括“金融监管”“自然垄断”“证券市场”等（表 2）。1992 年，中共十四大确立了社会主义市场经济定位，监管开始步入正轨。1998 年，我国进行了改革开放以来第四次规模较大的政府机构改革，对市场监管产生重大影响。与 1993 年机构改革不同的是，此次改革的目的与目标高度协调。计划时代的产物——工业专业经济部门在此次改革中几乎全部撤销，政企不分的局面有了很大程度的扭转。国务院组成部门由 40 个减少到 29 个，实现机构精简。同时，国务院证券委员会被并入中国证监会，统一负责证券业监管，原来由中国人民银行监管的证券机构开始由中国证监会统一监管。同年，中国保监会成立，负责对保险业的统一监管。一些自然垄断行业开始了以取消特许垄断供应权、开放竞争为核心的监管改革。在此期间，规制经济学论文的内容都是基于市场监管初步建立的大背景下而研究的。

表 2　　1998 ~ 2017 年阶段性前十五个关键词

序号	1998 ~ 2001 年	2002 ~ 2012 年	2013 ~ 2017 年	2017 年
1	金融监管（49）	监管（460）	环境规制（466）	环境规制（132）
2	监管（29）	金融监管（415）	监管（242）	法律规制（60）
3	规制（18）	规制（370）	法律规制（239）	规制（42）
4	法律规制（13）	法律规制（335）	规制（209）	监管（37）
5	金融风险（12）	政府规制（236）	金融监管（193）	金融监管（36）
6	中央银行（10）	政府管制（180）	食品安全（135）	互联网金融（33）
7	自然垄断（9）	环境规制（175）	互联网金融（127）	政府监管（30）
8	保险监管（9）	管制（139）	政府规制（125）	食品安全（21）
9	管制（8）	食品安全（132）	政府监管（115）	政府规制（21）
10	证券市场（8）	政府监管（126）	技术创新（59）	网约车（18）
11	放松管制（7）	金融危机（104）	商业银行（57）	法律监管（14）
12	监管体制（7）	银行监管（91）	政府管制（53）	技术创新（13）
13	改革（7）	自然垄断（85）	影子银行（51）	演化博弈（11）
14	政府管制（7）	启示（74）	环境管制（49）	共享经济（11）
15	证券监管（6）	改革（72）	刑法规制（49）	分享经济（10）

资料来源：笔者根据相关资料整理，括号内数字为带该关键词的论文数量。

2. 2002 ~ 2012 年

2002 ~ 2012 年，关键词不再局限于金融领域，开始出现社会性规制内容。2001 年，我国加入 WTO，在此大背景下，我国于 2003 年进行新一轮政府机构改革，提出“决策、执行、监督”三权相协调的要求。组建国资委指导推进国有企业改革和重组，组建商务部推进流通体制改革，并取消原有的国家经贸委和外经贸部。同时，设立银监会加强金融监管，标志着我国“一行三会”分业监管、分工合作的金融监管体制正式确立。此外，国家药品监督管理局重组为国家食品药品监督管理局，原属于国家经贸委管理的国家安全生产监督管理局变成国务院直属机构。监管结构中既有经济性监管机构，也有社会性监管机构，我国基本形成了监管型政府体系。此次政府机构改革注重发挥市场机制的调节作用，强化政府的公共服务职能。2007 年，十七大报告中强调“加快行政管理体制改革，建设服务型政府，加强政府监管和社会监督。”2008 年，我国开始进行大部制改革。组建国家能源局、工信部、交通运输部、人力资源和社会保障部、环境保护部等。同时，国家食品药品监督管理局改由卫生部管理，食品药品监督管理机构省级以下垂直管理改为地方分级管理。此次改革加强与改善了宏观调控，着眼于社会管理与公共服务，同时对一些职能相近的部门进行整合，实行综合设置，理顺部门职责关系。

3. 2013 ~ 2017 年

2013 年开始，学者们对“环境规制”“食品安全”等的关注进一步提升，同时，一些新兴关键词开始出现，如“互联网金融”“影子银行”“网约车”“共享经济”等。2013 年《国务院机构改革和职能转变方案》发布，拉起了新一轮政府机构改革的序幕。开始实行铁路政企分开，组建交通运输部（下设国家铁路局），取消铁道部，组建中国铁路总公司，承担铁道部的企业职责；组建国家卫生和计划生育委员会；将国务院食品安全委员会办公室、国家食品药品监督管理局、国家质量监督检验检疫总局、国家工商行政管理总局（部分职能）整合为国家食品药品监督管理总局（加挂国务院食品安全委员会办公室牌子）等。我国监管体制呈现从多部门向大部门制的单一部门监管发展的趋势。此次改革重点在于转变政府职能和理顺职责关系，稳步推进大部门制改革，继续推进简政放权。在互联网的大背景下，生活方式急剧变革，互联网金融、网约车等的发展使监管更加复杂，而大数据、云计算等新兴科技的运用，开启了监管的改革创新。

我国的行政管理体制改革由精简机构到为市场经济奠定基础，再由宏观调控、市场监管、社会管理和公共服务基本定位到“大部制”改革，政府职能不断转变，简政放权不断深入（表 3）。伴随着历次政府机构改革与社会时代转换，监管体系经历“初步建立—全面建设—改革创新”各个阶段，推动着规制经济学研究重点的持续变化。同时，随着规制理论与计量方法的进一步完善，规制经济学理论与实证研究不断丰富。

表 3 1998～2017 年政府机构四次改革

时间	1998 年	2003 年	2008 年	2013 年
特征	政企分开	三权协调	大部制	渐进整合
部门	29 个	28 个	27 个	25 个
重点	在历次改革中人员精简力度最大；政府职能转变有重大进展	抓住当时社会经济发展阶段的突出问题；进一步转变政府职能	首次明确提出大部门制；进一步转变政府职能、理顺部门职责关系	简政放权；稳步推进大部门制改革

三、未来研究方向

社会大背景即政府机构变迁、国家政策出台、重大社会事件、新兴技术革新等，以及相关理论的发展都会影响规制经济学的研究内容与方向，同时规制经济学的研究成果一定程度上也会影响政府相关政策的制定，为监管实践出谋划策。2018 年，“两会合并”“三局合一”、组建生态环境部等举措体现了我国大部制改革的又一次推进。“两会合并”将金融监管形成合力、“三局合一”打通市场监管全流程，这些举措解决了过去分业监管、分段监管的弊病①。在监管机构改革的过渡期，如何避免部门“等等看”“不敢为”的情况发生，以及在改革后如何实现原来不同机构间的协调、怎样保证合力监管的高效、如何保证监管的专业性等问题都亟待研究。新时代下，主要矛盾的转化要求市场监管部门必须坚持以人民为中心的发展思想，以满足人民对美好生活的需求为出发点，进一步转变监管理念，创新监管机制，加强消费维权，提升监管的法治化水平。而面对日新月异的大环境，监管的改革创新面临巨大挑战。伴随共享经济的到来、互联网金融产品不断更新等，一些监管领域出现空白。如何利用大数据、云计算等新兴技术提升监管水平，从而做好简政放权的“减法”、加强监管的“加法”、完善服务的“乘法”，是未来规制经济学研究的重中之重。

参考文献

[1] 李成，刘杜芳．从管制到自由化：金融监管理论的批判与整合［J］．上海经融，2003（4）：26－28.

[2] 张庆珍，温树英．加强金融监管是中国金融体制改革的重要内容［J］．山西大学学报（哲学社会科学版），1999（1）：28－32.

① “两会合并”是指组建中国银行保险监管管理委员会，不再保留银监会与保监会。“三局合一”是指组建国家市场监督管理总局，不再保留国家工商行政管理总局、国家质量监督检验检疫总局和国家食品药品监督管理总局。

[3] 蔡则祥，卞志村．金融自由化与金融监管趋势［J］．经济问题，2001（9）：6－9.
[4] 孙杨．美国金融危机的监管反思与启示［J］．经济纵横，2009（9）：119－121.
[5] 岳意定，王远方．互联网金融中的监管问题：基于激励理论的分析框架［J］．求索，2017（2）：129－134.
[6] 傅京燕．环境规制与产业国际竞争力［M］．北京：经济科学出版社，2006：52.
[7] 杨涛．环境规制对中国对外贸易影响的实证分析［J］．当代财经，2003（10）：103－105.
[8] 谭娟，陈晓春．基于产业结构视角的政府环境规制对低碳经济影响分析［J］．经济学家，2011（10）：91－97.
[9] 李长建，张锋．构建食品安全监管的第三种力量［J］．生产力研究，2007（15）：77－79，118.
[10] 方湖柳，李圣军．大数据时代食品安全智能化监管机制［J］．杭州师范大学学报（社会科学版），2014（6）：99－104.
[11] 和军，樊寒伟．2004～2014 年全国四大区域全面小康建设比较研究［J］．中国特色社会主义研究，2016（01）：47－54.

Twenty Years' Research Progress and Hotspots of Domestic Regulation Economics

Xie Si　Wang Zhe

Abstract: In this paper, we use CSSCI database of CNKI to analyze the regulation economics in China for nearly two decades from the perspective of the number of issued documents, published journals, and institutions. At the same time, a general analysis of the research hotspots of regulation economics in China from 1998 to 2017 found that the research focuses on three aspects: "financial supervision", "environmental regulation" and "food safety. The research themes and methods in various fields are continuously expanding. Through the phased analysis of research hotspots, it is found that the research focus of regulation economics is inextricably linked with the changes of the entire regulation system. Based on the reform of the regulation agencies, the transformation of major social conflicts, the arrival of the sharing economy, and so on, the future research focus and direction of regulation economics are proposed.

Keywords: Regulation Economics, Hotspot analysis, Stage Analysis, Government Institutional Reform

分享经济监管研究

李　佩　丁　洋*

摘　要： 分享经济作为多角度、多层级、多领域、多地域、交叉性的涉及社会生产、生活等各个方面的经济发展模式，发展浪潮迅速席卷全国，成为我国经济发展新动能。但是分享经济在参与者、运营模式和分享资源等方面具有不同于传统经济的发展特征，也有相应的特殊化的监管要求，给我国当前的监管体系提出了新的监管挑战和创新机遇。为扫清我国分享经济发展的体制机制障碍，创建适应性的政策、法规，营造良好的监管环境，本文对创新我国分享经济监管体系的战略性建议主要包括：坚持创新分享经济监管体系的相关原则、建立协调统一的监管体系和创新分享经济监管方式等三个方面。

关键词： 分享经济　发展特征　监管体系　监管方式

一、引　　言

分享经济借助现代互联网信息技术，以当前多样化、网络化社会经济关系为依托，将众多的企业、消费者、劳动者集聚于分享平台，直接撮合、快速匹配分散资源的供需者，以充分整合利用各种社会资源，降低了现存的社会资源的沉没成本，并使得资源供给者获取额外收益、需求者得到更多消费者剩余，参与主体在满足自身利润、效用最大化的情况下实现了共赢。近年来，随着我国分享经济发展势如破竹，以势不可挡的速度迅速成长，快速地营造了分享经济氛围，培育了分享经济市场，分享经济的发展优势也日渐凸显，并逐渐成为我国经济发展中最活跃的新动能，助力大量的创新创业项目不断涌现，拓展了社会有效供给和需求，提高了我国的就业率，促进了我国经济的包容性增长。我国中央政府也已发声支持分享经济发展。2015 年 9 月，李克强总理在大连举行的夏季达沃斯论坛上首次专门正式提出“目前全球分享经济呈快速发展态势，是拉动经济增长的新路子”。2016 年 3 月，《政府工作报告》进一步强调“支持分享经济发展，提高资源利用效率，让更多人参与进来、富裕起来”。2016 年 7 月，《国家信息化发展战略纲要》

---

* 李佩（1991～），山东菏泽人，中国工商银行股份有限公司广州分行职员，经济学硕士，研究方向：政府监管，电子邮箱：1820979286@ qq. com。

丁洋（1998～　），北京人，对外经贸大学国际经济贸易学院本科生，研究方向：国际贸易。

明确了“发展分享经济，建立网络化协同创新体系”的信息化发展方向。

由于分享经济自成一格的发展特征，以及适应性法律法规的制定具有滞后性和路径依赖性，我国分享经济越来越受制于传统的社会经济监管制度，很难大刀阔斧地跨步向前，或者是逐渐地野蛮生长，出现了一系列发展问题和监管痛点、难点，倒逼政府和各方监管主体创新分享经济监管体系，为分享经济发展扫清制度障碍，制定适应性的规范与管理政策，营造良好的监管氛围。我国中央政府针对分享经济的创新监管政策也已开始发布。2016 年 7 月，政府开始针对分享经济创新监管体系提出“创新监管方式，完善信用体系”的新要求。2017 年 3 月，我国《政府工作报告》明确了“以体制机制创新促进分享经济发展”的新政策。2017 年 7 月，《关于促进分享经济发展的指导性意见》围绕分享经济市场准入、行业监管、营造发展环境等进行了全面部署，“鼓励创新、包容审慎”成为分享经济监管的主基调。因此，在分享经济以惊人的速度发展的同时，相关监管主体要在充分认识分享经济、熟悉分享经济发展特征的基础上，了解分享经济监管要求，探索创新分享经济监管的新路径，使我国分享经济运营有法可依、有章可循，消除分享经济企业创新发展的政策风险的“隐形门”，为我国分享经济有序发展保驾护航。

二、我国分享经济发展现状及其发展意义

近年来，我国分享经济整体上已快速走过谨慎摸索的初创时期，正进入方兴未艾的快速成长阶段，我国分享经济的交易额、融资额以及参与人数等都在迅速增加。如表 1 所示，2015 年至 2017 年，我国分享经济的市场交易额分别为 18100 亿元、34520 亿元、49205 亿元，年均增长率约为 66.63%，预计未来五年，有望保持年均约 30% 的高速增长率；我国分享经济的融资规模分别为 1460 亿元、1710 亿元、2160 亿元，年均增长率约为 21.72%，其中，2017 年全球规模最大的 10 笔风险投资中，有 5 笔投向中国企业；我国参与分享经济活动的人数分别超过 5 亿、6 亿、7 亿，年均增长率约为 18.33%，其中，提供服务者人数分别为 5000 万、6000 万、7000 万，平台型企业员工数分别为 500 万、585 万、716 万。

表 1　　2015 ~ 2017 年我国分享经济发展规模

年份＼项目	交易额（亿元）	融资额（亿元）	参与总人数（万）	提供服务者人数（万）	平台型企业员工数（万）
2015	18100	1460	50000	5000	500
2016	34520	1710	60000	6000	585
2017	49205	2160	70000	7000	716
年均增长率	66.63%	21.72%	18.33%	18.33%	19.70%

资料来源：根据我国分享经济发展年度报告（2016 ~ 2018 年）整理。

分享经济作为移动互联网时代下的一种基于分享物品、服务或其他资源的新的商业模式，对我国经济新常态下实现经济快速增长和成功转型也具有重要意义。具体主要表现为以下几点：（1）资源整合、配置高效化。分享经济可将分散的众多资源快速整合起来，并使分享资源市场化、货币化，以较低的单位使用成本灵活、智能地匹配供需，将各种社会资源高效科学地调动至合理位置，提高了资源的社会生产价值。（2）交易便捷、交易成本最小化。分享经济借助信息技术和信用机制使得分享信息充分整合、清晰可见，且提供了跨越时空的信息精准对接模式、交易沟通渠道和安全交易流程，减少了信息不对称，降低了交易的搜寻成本、沟通谈判成本、决策执行成本和监督成本等，使得分享交易更加便捷、高效。（3）工作、生活灵活自由化。分享经济平台创新了一种“员工 + 平台 + 企业”的合作方式，使灵活的劳务合作代替了传统固化的劳动雇佣关系，职工和企业的相互依附程度减弱。员工可以多种生产要素通过各种方式参加工作，实现人尽其才、物尽其用的同时，工作和生活的协调更加多元化、弹性化，即工作和生活都更加自由、灵活。（4）生产、生活绿色环保化。分享经济充分利用现存资源，可减少其他同类产品的生产所消耗的资源的和生产废料，可使闲置资源避免成为被遗弃的垃圾、污染环境。同一资源的分享使用，也可减少其他资源的使用对环境造成的污染，有助于节能减排，有利于社会生产和生活的绿色环保。

三、分享经济发展特征及其监管要求特性

在传统经济模式下，商品、服务从生产者到消费者一般包括以下流程：生产企业购买生产资源，生产企业生产商品、开发服务，商品、服务通过一系列经销渠道，最终其所有权单向流动转移至消费者。而在分享经济模式中，商品、服务的生产及其消费呈现出不同的特征。即分享经济创新的生产、消费模式中，众多分享资源（包括产能）的分享信息汇集于分享平台，分享资源在供需者之间双向流动，生产者租赁生产设备、临时雇佣劳动力或购买产能。同时，相对于传统经济模式，分享经济中的生产者和消费者的联系较少，消费者分享的多元资源更多的来源于非企业的个体（如图 1、图 2 和图 3 所示）。具体的分享经济发展特征主要表现在参与者特殊化、运营模式特殊化、分享资源特殊化等方面。

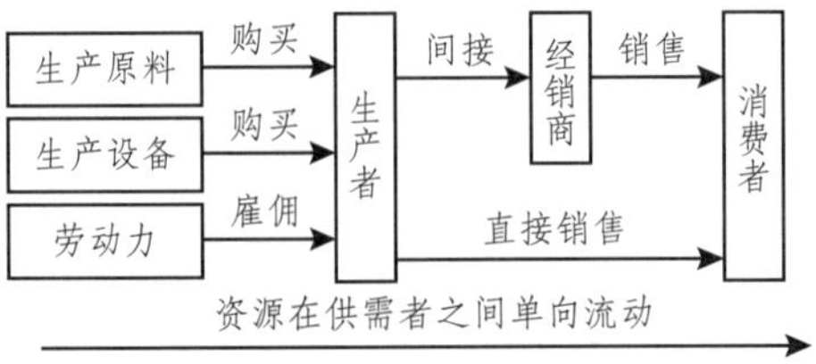

图 1 传统的商品生产、消费模式

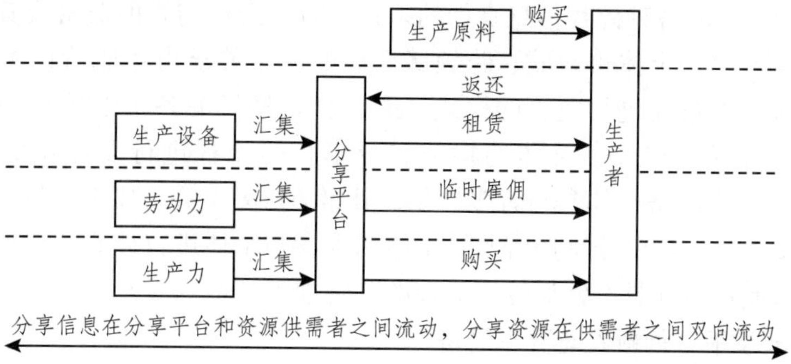

图2　分享经济中创新的商品生产模式

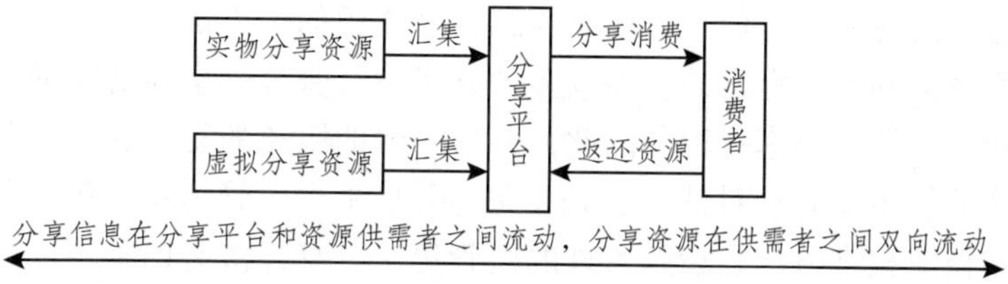

图3　分享经济中创新的资源消费模式

（一）参与者的特殊化

1. 个体参与者众多

网络化交叉参与分享经济的众多个体是分享经济的重要主体。在传统经济模式下，通常以企业为主，个体以企业为粘性依托参与生产至营销等各个流程，且在消费中个体以独自消费为主，较少涉及分享消费。而随着社会生产、消费过剩日渐凸显，人们认知盈余、理性消费、绿色生活的意识日益提高，分享经济也为参与者提供了众多个性化产品、服务、社交体验以及额外收益等，节约交易时间、金钱等成本，大众对当前“使用而不占有”的分享理念更加认可。因此，众多个体借助互联网信息技术，自下而上主动降低对企业的依托粘性，发起以个体为主的分享经济，以其各种资源跨区域、跨领域、交叉地分享式参与商品和服务的生产、消费等各个流程，为分享经济发展提供了巨大的分享资源和分享经济数据。据我国国家信息中心2017年11月发布的问卷调查统计，81.9%的被访者表示非常能接受或者比较能接受分享经济，仅有1%的被访者表示比较不能接受或者非常不接受分享经济。

在个体为分享经济注入发展活力的同时，其广泛、分散、多样化、跨区域、跨领域、高弹性的个体特征也对分享经济监管提出了新的要求。（1）分享经济中个体与企业短期合作模式成为主流，两者合作的粘性降低，弹性骤增，各种交易分散化，要求监管体系将被监管主体从传统的以企业为主转向全面覆盖企业和个体参与者，针对个体的分散特性建立适应性的信息追溯体系，包括个体的各种碎片信息真伪的审核、行为合法与否的监管及其权益保障问题等。(2) 个体跨地域、跨领域交易的特性要求市场监管体系打破现有按地域、按行业进行监管的模式，融合分享经济的各个地域和领域的分享信息，根据参与分享个体的特征和分享行为流程进行多样化的分类监管。(3) 分享经济个体参与者多样化，其素质参差不齐，要求、争议、矛盾也更加多样化，需要分享经济监管主体深入参与个体进行调研，根据参与个体的要求制定更加具有针对性适应性的监管细则。

2. 分享平台创新参与分享经济

相较于传统经济模式，分享平台是创新参与者。分享平台利用现代互联网信息技术链接分享资源的供需者，快速地收集并整合参与者、分享资源以及分享过程的各种碎片信息，精准匹配分享资源的供需信息，促成分享者之间的非面对面的点对点交易，并以多种方式参与管理分享经济交易过程，监管参与者的多样化分享行为。因此，分享平台的服务的复杂和多样化特性也需要各个监管主体有针对性地建立并完善分享平台监管体系，包括分享平台的角色定位、权责分配、运营管理的监管等。分享经济有四种不同的运营模式：个人对个人模式（C2C），分享资源、服务的供需双方都是个人，分享交易平台不拥有分享资源的各种权利，是轻资产模式；企业对个人模式（B2C），消费者是个人，分享平台一般提供分享资源，是重资产模式；个人对企业模式（C2B）和企业对企业模式（B2B）是C2C模式的两种衍生的轻资产模式，且分享平台在这两个模式中都是交易的链接匹配者。分享平台在不同的运营模式中的定位和重点监管部分各有不同（如表2所示）。

表2 分享平台在不同模式中的监管特征比较

<table>
<tr><td colspan="2">分享平台监管</td><td>个人对个人模式（C2C）</td><td>个人对企业模式（C2B）</td><td>企业对个人模式（B2C）</td><td>企业对企业模式（B2B）</td></tr>
<tr><td colspan="2">角色定位</td><td>交易链接角色</td><td>交易链接角色</td><td>分享资源提供者角色</td><td>交易链接角色</td></tr>
<tr><td rowspan="2">重点难点</td><td>运营管理</td><td>分享平台和资源供需者交易全程</td><td>分享平台与临时工作者的交易</td><td>分享平台与资源需求者的交易</td><td>分享平台和资源供需者交易全程</td></tr>
<tr><td>权责分配</td><td>分享平台和资源供需者</td><td>分享平台与临时工作者</td><td>分享平台与资源需求者、分享资源的管理</td><td>分享平台和资源供需者</td></tr>
<tr><td colspan="2">监管难度</td><td>最难</td><td>较难</td><td>难</td><td>比较容易</td></tr>
</table>

C2C模式中，分享资源的供需者都是个人，涉及的交易要求繁杂化、分享资源多样化，分享信息繁多且过于分散、碎片化。因此，分享平台监管主要针对其交易链接角色，交易中权责分配和运营管理的监管尤为重要，且最

为复杂，需要监管分享交易全程，包括分享信息、资源匹配、流程管理、矛盾处理等各个方面。B2C 模式中，尽管个人消费时间、地点不确定，且消费频率、弹性较大，但分享平台对交易的控制力提升，提供的资源比较标准化、统一化，与分享消费的个人之间的交易相对规范，所以其监管主要是针对分享资源提供者角色，交易中的权责分配和运营管理的监管相对简单，主要覆盖分享平台与资源需求者之间的交易，集中于分享资源、流程管理、个人信息和矛盾处理等方面。C2B 模式和 B2B 模式中，分享平台的监管主要是针对其交易链接角色。C2B 模式中，分享资源以临时工作者所具有的知识、技能、经验等各种生产力为主，专业性和技术性的衡量较为复杂，但资源需求者是企业，分享平台与企业的合作比较规范化。因此，分享平台在交易中的权责分配和运营管理的监管主要覆盖分享平台与临时工作者之间的合作，集中于分享信息、资源匹配、矛盾处理等方面。B2B 模式中，分享资源的规模较大，但企业与企业之间的合作相对专业化、规范化，双方对交易风险的规避和交易矛盾的解决可借鉴传统的经济模式。所以分享平台在交易中的权责分配和运营管理的监管最为简单，主要包括分享信息、资源匹配、矛盾处理等方面。

（二）运营模式的特殊化

1. 所有权与使用权分离、增加返还阶段

传统商业交易模式中，除了租赁交易，一般动产在供需者之间的交付伴随着使用权和所有权的组合转移，是一次性的、永久性的，不涉及交易资源的返还。而分享经济交易的典型特征是分享资源在供需者之间所有权和使用权分离，分享资源的转移仅伴随着其使用权的转移，是非一次性的、暂时性的，使得分享资源可以以较低的使用价格在使用者之间流动，增加了其使用频率和使用价值，但也增加了分享资源的返还阶段。

在非特殊情况下，分享的动产资源的所有权并未进行登记或声明，动产的占有人一般对外表现为所有人，容易将分享资源占为己有，且在当前动产流转迅速、频繁的市场条件下，动产交易很难也很少审核所有权，导致第三人容易在受让分享资源时，善意取得分享资源的所有权，使原所有权人的所有权的追及力受限、利益受损的风险增加。另外，在分享资源的返还阶段中，出现了鉴别实物是否按期返还、是否完璧归赵以及确定相应的赔付责任人、赔付金额等重要问题由谁解决、如何解决的难题。因此，分享资源的所有权和使用权的分离以及在自然人参与的分享资源返还阶段，需要各个监管主体加强对分享资源的流动过程的关注和追溯，避免分享资源被不正当处分，建立相关的参与者的权责分配及其监管机制，制定资源返还的相关流程、监管内容及其责任人，确定解决相关问题的责任人的选择方式和选择范围，明确相关问题的解决方式方法，制定相关的衡量标准，建立各方共同解决赔付等问题的协调机制。

2. 互联网等信息技术成为重要发展引擎

层出不穷的云计算、大数据、物联网、移动互联网等信息技术是分享经济得以快速爆发式增长的关键支撑。互联网等信息技术凭借其强大的数据容量和数据分析能力，超越时空限制，迅速地大范围聚合、生成、分享了与分享经济参与者相关的各种碎片化信息，并助力分享经济中的信用体系的建立。大数据、云计算、定位技术、第三方支付等信息技术可迅速地对系统内的资源供需方远程进行智能化精准匹配，助力参与者进行非面对面的一键式安全交易，节约交易的经济成本和时间成本，促进分享资源在分享者之间高效流动。

互联网等信息技术快速促成分享经济中各种信息的生成、整合、分享，助力分享资源的高效交换、配置的同时，其也带来了信息安全、信息真实性以及信息资源规模经济效应等问题。即一旦被不法利用，会造成分享交易的失败、个人隐私被侵犯、信息滥用等，破坏分享经济发展秩序，危害国家、社会、经济安全。需要相关的监管部门与时俱进，针对互联网等信息技术存在信息泄露、信息失真的隐患，建立必要的信息系统内部访问、修改、删除和传播的控制体系，在信息传播过程中，要求注明信息出处、信息加工者等。对于信息真实性的核查，需要相关政府部门或行业管理部门开放数据库，在一定程度上打破各类“信息孤岛”，使分享经济参与者通过各个部门的数据信息进行核验，来确认分享经济中的各种信息数据的真实性。另外，一些率先发展的分享经济企业利用互联网等信息技术，极易凭借其先占优势获得巨大的客户信息资源并形成产业壁垒，进而存在滥用产业支配地位、侵害他人利益的风险。需要政府要加强监管和规范分享经济企业利用信息资源进行竞争的行为，促进分享经济企业有序发展、防止恶意竞争。

（三）分享资源特殊化

在传统的商业模式下，基于少量产品的生产服务成本过高和供需匹配艰难等问题，大多企业只可进行标准化、批量化生产，消费者的长尾需求很难得到满足。而分享经济中，分享资源更加的多样化、分散化，其风格独特、别具匠心的特点满足了众多长尾需求。分享经济利用各种现代信息技术聚集了大量且多元的个性化资源和个体服务者，快速形成了涵盖众多风格各异分享资源的蓄水池，众多的个体服务者也提供了覆盖社会生产和生活等各个方面的小批量甚至是独一无二的定制化服务资源。另外，分享经济中除了 B2B 模式中的分享平台以及 B2C 模式中的分享企业提供的分享资源外，个人提供的分享资源一般都是星星点点地分散于各个地区、各个领域。

分享资源的多样化和分散化特征，为相关的监管主体提供了新的监管挑战。一方面，分享经济囊括众多品类的分享资源，涉及社会生产、生活的各个方面，也涉及参与者或者第三方的财产、人身安全，甚至是社会公共安全等，如分享资源的安全性、民宿社区的治安问题等，需要加强分享资源的质量、安全等监管。另一方面，许多个性化、特色化的分享资源，其种类、规格差异较大，且呈现星罗棋布的分散化分布态势，传统产品的标准化的衡量标准和考核体系不再适用，导致分享资源的评价标准存在不稳定性，甚至许多分享资源未纳入监管体系，其质量和安全系数的考核难度加大。因此，各个监管主体要针对分享资源的多样化和分散化特征统一订制更加细化的监管底线标准和其他差异化衡量标准，并建立灵活、智能的分享资源全覆盖监管体系，既要充分突出差异性，又要保证分享资源的质量、安全以及分享流程的规范，提高分享资源的信誉和可信赖度。

四、建立分享经济监管体系的战略建议

（一）坚持创新分享经济监管体系的相关原则

1. 坚持鼓励创新、包容审慎的监管原则

我国分享经济正处于从起步期向成长期的加速转型阶段，分享经济各个领域的发展模式、运营流程等都处于探索阶段，展现出层出不穷的发展特点和创新的不确定性。尽管当前分享经济出现了一些发展问题，但其迅猛发展的态势需要自由创新的监管环境，避免监管过严成为其不可抗拒的壁垒，并且分享经济市场监管体系的建立本身具有滞后性，不能一蹴而就、盲目监管。因此，政府为分享经济发展破除体制机制障碍时，要秉持包容审慎的监管态度，明确政府政策的积极支持导向，提供包容创新的监管环境。在制定独断性、强制性的法律法规之前，政府可以先出台支持分享经济发展的政策或者指导性意见，鼓励分享经济市场先行发展，由其自我管理、评判多元化分享模式，自动检验、突显现有监管制度的缺陷，进而刺激政府进行适应性监管，避免政府独断决策，监管力度过刚，扼杀分享经济发展的积极性。但是，市场经济有其客观的发展缺陷，分享经济作为新的经济增长点，也不能野蛮生长，层出不穷的发展问题需要政府进行底线监管。在潜在风险较高、大众参与率较高等需要监管规制的方面，政府要坚持底线监管，快速出台相关的监管政策或文件，避免分享经济发展出现危害社会安全、破坏社会秩序的事件。

2. 坚持有的放矢、差异化监管的原则

分享经济覆盖出行、住宿、餐饮、穿衣、知识技能和空间等众多领域和细分市场。在各个细分市场的发展进度、发展模式、业务流程、分享资源、利益相关者及其权责分配都各有不同，监管问题的差异性也较大，一刀切的监管模式不再普遍适用于分享经济的细分市场，也不能解决各个模式发展的全部问题，需要政府和不同的监管部门针对分享经济各个细分市场和不同的发展模式分别制定各自的监管体系和监管细则，进行有的放矢、差异化监管。如，我国网约车市场已进入成长发展期，其运营趋于稳健化，发展问

题、监管盲点已日渐凸显，需要完善相关监管模式、形成适度监管体系来规范其发展；而处于共享家庭厨房、共享服装等市场还处于初创期，其尚处于尝鲜、探索阶段，发展活跃、变化快捷，需要放松监管以及更多的创新支持政策来鼓励其发展。再如，出行领域的网约车市场，其监管主要涉及司机的资格审查以及司机和平台的权责分配，而共享单车市场的监管主要涉及单车管理和相关安全事故的处理，在信用普遍代替押金的态势下，押金管理的难度在逐渐减弱；住宿领域的监管主要涉及分享住所的准入许可、安全性检查及其外部性影响的监管，与出行领域的监管重点截然不同。

（二）建立协调统一的监管体系

1. 政府要加强顶层设计、制定法律法规、践行监管权责

分享经济发展快速且不断变化，需要政府集思广益，加强顶层设计，对监管环境快速做出调整，尽快破除制度性的监管障碍，创新制定适应性法律法规，营造良好的分享经济监管环境。因此，政府首先要在国家层面释放发展分享经济的积极信号，以具有较高弹性的、变动成本较小的指导性指南进行顶层设计，以鼓励各领域分享经济的发展。制定相关的法律法规，明确分享经济参与主体之间的权责分配（包括分享资源供需者之间的权责分配及其与分享平台之间的权责分配等），确定各个监管主体的监管内容及其权责分配。同时，提高政府各部门履行其监管分享经济职责的积极性，促进各政府监管主体快速建立分享经济监管体系，有效执行监管任务、实施监管措施。政府在分享经济监管中应充分考虑其采取的监管措施对其他监管主体的引导作用，坚持“审慎监管”原则，发展与监管并重。另外，政府要主动承担分享经济监管的托底职责，保障分享经济监管有序开展。例如，分享经济监管涉及的消费者维权、劳动者权益保障、税收公平以及基础设施（网络等）建设等公共问题方面，需要政府承担重要职责。

2. 行业协会要加快建立其自律规范、监管体系

相较于政府，行业协会与分享经济市场联系更加密切，对行业的发展状况、发展特征了解更加深入。行业规范、监管体系可有效指导行业行为，提高行业运行效率和监管效率，是协调行业资源配置和规范行业发展秩序的有效手段，是政府监管的重要补充。然而，我国分享经济行业组织协会还未形成，行业规范、监管体系还未建立，分享活动的协调和统一运行的标准有待探索。因此，我国应加快建立分享经济行业协会，可在分享经济企业的资金管理模式、市场准入门槛、市场营销手段、产品服务提供、产品服务定价以及强制信息披露等方面进行交流讨论，并与相关的政府监管部门进行磋商，逐渐形成行业分享企业运营规范、分享资金管理规范、分享经济信息安全的内部的行业自律管理体系，以监管分享经济行业发展，避免部分企业违规经营或者进行金融欺诈行为。

3. 分享平台要提高风控意识、加快建立规范参与者的监管体系和自律监管体系

分享平台与分享资源的供需者都有业务交流，是分享经济流程中的核心连接体，聚集了大量的分享资源信息、客户信息和交易的信息流，且分享经济平台维护自身发展的风控战略也需要重点采取各种监管措施，保证其交易中的信息、资源、服务的真实性、安全性以及参与者的合法权益不受侵犯。因此，分享平台是分享经济监管中不可或缺的监管主体，起着至关重要的作用，要充分发挥其对参与者监管的能动性，提高其监管意识和监管技术水平，逐渐形成分享平台自我监管的风险控制、准入制度、交易规范和信用评价机制等，推进分享经济平台监管体系的完善。如，我国共享厨房平台回家吃饭，为家庭厨房提供统一的培训和包装，要求每一个厨师办理健康证，以保证平台的食品安全；我国滴滴出行为保证分享交易的安全性，主动实施各种监管措施，推出“分享行程”“紧急求助”“号码保护”“人像认证”“三证验真”以及“车型一致”等安全功能体系。

4. 大众参与者要积极参与建立大众监管机制

广泛的大众参与者是分享经济活动的主要主体，数量多、多元化、分散广且分享体验丰富，其监管建议和投诉问题能够更加凸显社会关注的监管热点和监管痛点，增加分享经济监管体系的民主化、科学性、有效性，是分享经济运营中不可或缺的监管者。而我国当前大众参与者监管分享经济的模式还未形成，收集监管意见的渠道、投诉意见的反馈机制还未建立，如何带动大众参与者监管分享经济的积极性，将参与者的体验和建议真正融入分享经济监管有待进一步深入探索。因此，政府、分享经济行业协会和分享平台应协同设立投诉渠道、制定投诉处理方案、建立投诉者事后反馈渠道和投诉事件处理监督机制，保证参与者的监管意见和投诉问题得到满意解决，助力大众参与者参与分享经济监管体系的研讨。

5. 各个监管主体之间要加强沟通与协作

在分享经济中，交易资源囊括众多实物资源和虚拟资源，交易活动往往不仅涉及供需双方，还涉及参与平台，交易流程包括网络用户注册、网上协商交易、物流传送分享资源、第三方支付、交易完成后的互评等多个步骤，需要相关的监管主体参与监管分享经济时要进行充分密切的沟通与协作。首先，我国政府、行业协会制定分享经济监管的法律法规、规范标准前，应深入分享经济企业进行调研，与分享经济参与者深入沟通，使分享经济监管体系充分适应分享经济运行实践要求。其次，在进行分享经济监管时，要对分享资源、分享信息、相关资金以及分享流程的操作等一系列相关问题进行审查核验。需要政府各监管部门、行业协会和分享平台加强信息互动，促进各个监管主体之间数据共享，实现各类监管措施的无缝对接，最终提高分享经济监管的效率和效果。最后，政府、分享经济协会、分享经济平台要与分享经济参与者加强沟通。在我国分享经济日新月异的发展过程中，分享经济发展模式在逐渐变化，新的发展问题也层出不穷，需要监管部门保持与分享经济参与者的交流沟通，减少各方之间的信息不对称性，促进监管体系及时适应分享经济发展需要。

（三）创新分享经济监管方式

1. 分享经济信用制度监管方式

分享经济借助互联网、大数据等信息技术，汇集了广泛的参与者，生成了大量的交易信息、互评信息和信用积分，信用制度也开始成为分享经济发展的软件要素。一方面，分享经济平台通过对申请者的信用积分进行平台准入评价。分享经济活动是非面对面式的陌生人参与的活动，信用是活动能否开始的根本决定要素，因此分享经济平台在参与者准入方面，格外重视参与者信用情况，即分享经济利用信用制度进行事前监管。例如，ofo共享单车与蚂蚁金服下的芝麻信用达成战略合作，即芝麻信用650分以上的用户可押金参与共享单车，开启了“信用开锁”的新的监管方式。另一方面，分享平台通过开通交易双方相互评论机制，记录交易流程中各方的交易行为，监督、管理双方的交易行为，并实时更新参与者的信用累积状况，建立“黑名单”制度，对不同信用等级的参与者采取相应的奖惩措施。另外，分享平台的信用制度可以制约参与者的不良行为的发生，即参与者在参与分享活动中，为了维护、累积信用积分，受制于双方互评的信用机制，会主动改正不良的分享行为。

2. 分享经济数据信息化监管方式

当前，数据信息技术已成为分享经济交易必不可少的“活化能”，分享平台以其为媒体中介，进行网络化、虚拟化、信息化、流程化的分享交易，汇聚并生成了大量的信息、数据，需要相关的监管主体利用现代数据信息技术来跨越时间、空间的限制，快速、高效、灵活、智能地在互联网中进行信息整合、数据运算，并将信息、数据处理结果实时应用于分享经济监管，形成了数据信息化监管新方式。一方面，打破了各类“信息孤岛”，在一定程度上实现了分享平台、工商、质检、金融、交通、电信和公安等多部门的信息、数据共享与互动，促成了各个监管主体通过各类信息、数据的交流及整合运算来监管分享经济，有利于维护信息真实性和有效性。另一方面，分享经济平台利用互联网信息技术对平台信息、数据进行分析，以此评价、预测分享经济活动的运行趋势、运行风险点及其相关诱因和时空分布特征，提高了分享经济监管的事前准备能力，促进了相关监管主体应用数据信息技术创新监管工具，以规模化、高效化、精准化、专业化、智能化监管分享经济。另外，数据信息化监管分享经济需要相关部门统一制定分享经济统计、评价体系，确定标准的统计指标、统计口径、数据收集和抽样方法等，为分享经济数据信息化监管提供基于标准统计、评价体系下生成科学、准确的数据和信息。

3. 分享经济引入第三方监管主体

分享经济参与者的广泛且分散性，运营模式的特色化和专业性，以及发展问题的复杂性和相关主体的权责模糊性等，都表明分享经济监管主体除了相关的参与者、政府及行业协会等，还需要引入第三方监管主体。（1）引入保险机制弥补相关主体权责模糊问题。在分享经济中意外事故多样且频繁发生，而参与者的人身、财产安全等问题的责任人和保障机制却不明确，存在相关的监管主体缺位的现象。需要引入保险机制为分享活动注入责任险、人身险、财产险以及信用险等，转移分享经济的风险隐患，由保险主体承担相关的纠纷和矛盾的调解、理赔者，弥补相关风险保障的盲点。（2）引入第三方账户管理制度。当前，信用积分在分享经济的一些细分市场还不能完全普遍代替押金，押金等预付金问题仍是分享经济监管的重要内容，需要引入第三方来针对分享经济预付金进行独立的账户管理，提供独立的第三方结算服务，将预付金的流向、使用透明化，避免相关企业违约、非法挪用，使资金管理更加的专业、安全。（3）引入第三方征信公司或征信体系。信用体系是分享经济发展的必要要素，但当前分享经济体系内的信用体系还未建立，引入第三方征信公司或信用体系为分享经济监管提供了更多的便利和信用评级参考服务。例如，截至 2018 年 5 月，有 ofo 小黄车、公寓家、神州租车、内啥等 127 个分享平台已接入支付宝旗下的芝麻信用进行免押金服务。

参考文献

[1] 唐亚汇，李凌．分享经济：理论辨析、模式比较与规制思路［J］．经济学家，2017（12）：42－49.

[2] 蒋大兴，王首杰．共享经济的法律规制［J］．中国社会科学，2017（9）：141－162.

[3] 郝凯．分享经济监管的误区及下一步监管的思路对策［J］．电子政务，2017（8）：18－22.

[4] 郑婷予，陈林．“互联网＋”背景下我国分享经济发展研究［J］．宏观经济管理，2017（4）：55－58.

Study on Supervision of Sharing Economy in China

Li Pei　Ding Yang

Abstract: Sharing economy as a mode of economic development that through a multi-angle, multi-level, multi-field, multi-regional, crossed approach to involve all aspects of social production and life, its development wave quickly swept across China, and it is becoming a new kinetic energy for China's economic development. However, the sharing economy has different characteristics from the traditional economy in terms of participants, operating modes, and the resources that people consume, as well as the corresponding special regulatory requirements have emerged. That presents new regulatory challenges and opportunities for innovation in China's current supervisory system. In order to clear away the institutional barriers that hinder the development of China's sharing economic, create adaptive policies and regulations, and create a favorable supervisory environment, this paper's strategic recommendations for the innovation of China's economic supervisory system include: adhere to related principles of innovating supervisory system of the Sharing economy, set up a coordinated and unified supervisory system and innovate supervisory methods of sharing economic.

Keywords: sharing economic, characteristics of development, supervisory system, supervisory approach